KB075951

"다른 사람들은 기술이 교육에 도움이 될지 해가 될지 논쟁하지만, 존 카우치는 좀 더 실제적인 관점에서 접근한다. 교실에서의 기술 이용을 지지하느냐 반대하느냐가 아니라 균형에 대해 이야기한다. 이 책은 모든 부모, 교사, 학교 행정가가 어떻게 21세기형 교육의 방향을 찾아 실로 교육을 재창조할지 잘 이해하는 데 꼭 필요한 안내서다."

: 사이먼 사이넥(《나는 왜 이 일을 하는가?》 저자)

"이 책은 학술 연구와 현실 사이의 간극을 메우고, 교육과 학습과 기술을 통합하는 교육학을 제안한다. 핵심 산업 내부자 개인의 이야기를 통해 새로운 학습의 씨앗을 뿌린다. 이 책을 통해 학생의 잠재력만이 아니라 부모, 교사, 온갖 분야의 리더가 가진 잠재력을 이끌어낼 수 있다!"

: 토드 로즈(하버드교육대학원 교수, 《평균의 종말》 저자)

"존 카우치는 온라인 학습의 개척자다. 기술이 교실에 미치는 영향을 정확히 이해한 최초의 인물 가운데 한 사람이다."

: 살만 칸(칸아카데미 설립자)

"기술 변화가 점점 더 빨라지는 시대에, 우리 교육 시스템은 미래의 요구에 적응하는 법을 배워야 한다. 존 카우치는 '어떻게 가르칠 것인가'만이 아니라 '무엇을 가르칠 것인가'까지 포함해 중요한 교육 문제를 분석해서 더 나은 교육의 미래를 향한 논의를 열어젖힌다."

: 하디 파토비(코드닷오알지 공동설립자)

"존 카우치는 교육에 컴퓨터를 이용한 진정한 개척자다. 카우치의 이야기와 경험은 무척 중요해서, 아이들과 기술에 관심이 있는 사람이라면 모두가 알아야 한다."

: 마크 프렌스키(미래학자, 《미래의 교육을 설계한다》 저자)

"이 책으로, 존 카우치는 '현대 교육의 아버지'로 확실히 자리매김했다. 카우치의 삶과 경험은 변화의 요구에 대한 진정한 성찰과 세계가 이런 변화를 성취할 수 있는 방법을 보여준다. 깊이 있고 진지한 생각이 아름다운 글과 멋지게 엮여 다가올 시대의 모든 교육자들에게 '경전'이 될 것임에 틀림없다!"

: 라디카 리(나이로비국제학교 교장, 《내 구름 속 무지개》 저자)

"존 카우치는 매우 중요한 책을 썼다. 이것은 소집 명령이자, 우리 뇌의 탐구 취미, 현재 학습 구조에 대한 비판, 기꺼이 다르게 생각하려는 의지를 진지하게 받아들이는 책이다. 카우치는 우리 뇌의 타고난 능력을 십분 활용하는 데 미래의 디지털 도구를 어떻게 이용할 수 있는지 명쾌하게 말해준다. 카우치가 적절하게 선언한 대로 '합선을 일으킨 교육을 땜질하려' 하지 말고 '교육의 회로를 새로 바꾸는 일을 시작'할 때다. 여러분의 책장이나 아이패드에 반드시 있어야 할 책이다."

: 존 메디나(분자생물학자, 《브레인 룰스》 저자)

"국가를 발전시켜야 하는 교육 지도자로서 우리가 해야 할 임무는 가속되는 기술 발전과 치열한 세계 경쟁에 쫓기는 복잡한 세상에 나갈 우리 아이들을 준비시키는 것이어야 한다. 모든 아이들이 잠재력을 완전히 발휘하도록 자극할 때 비롯되는 효과는 대단히 놀라운데, 이는 미국 전역의 모든 교실에서 교육 기술을 사려 깊고 체계적으로 결합해야만 실현 가능하다. 학습을 변화시키는 일에 전념하는 교육자뿐만 아니라 주목할 만한 공공교육 시스템을 만들어내는 일에 헌신하는 모든 리더가 이 놀라운 책을 꼭 읽어야 한다."

: 돈 해대드(교육학 박사, 세인트브레인밸리 교육구 교육감)

"존 카우치는 내가 아는 회복탄력성이 가장 큰 사람 가운데 하나다. 개인적으로나 직업상으로나, 카우치의 관심은 항상 학습 최적화에 맞춰져 있었다. 그의 메시지는 망설임이 없었다. 애플의 놀라운 생태계를 활용해 모든 교실에서 삶의 질을 개선하는 방법을 생각하도록 팀을 자극하는 카우치의 방식을 나는 무척 좋아한다. 멀티미디어가 연결된 개인 기기가 갖는 힘과 도전 기반 학습 틀과의 결합에 대한 그의 명쾌한 생각과 옹호 덕분에, 나는 가르치는 방식을 바꿨다. 스티브 잡스는 우주에 흔적을 남기라고 말했는데, 존 카우치는 분명 가장 멋진 흔적을 남긴 사람 중 한 명이다. 카우치를 처음 만난 날부터, 나는 스티브 잡스가 그로부터 왜 그렇게 자극을 받았는지 알 수 있었다. 내 생각에, 이 책은 우리 모두가 교육을 재검토하고 재고하는 일을 거들게 하려고 존이 계획한 대화의 첫 시작일 뿐이다."

: 마르코 토레스(교육자)

교실이 없는
시대가 온다

디지털 시대, 어떻게 가르치고 배워야 하는가

교실이 없는 시대가 온다

존 카우치·제이슨 타운 지음 | 김영선 옮김

어크로스

| 헌사 |

이 책을 스티브 잡스에게 바친다. 잡스는 내가 '다르게 생각'하도록 자극하고 나의 숨은 잠재력을 끌어내도록 도와주었다.

스티브 워즈니악과 재닛 워즈니악에게 바친다. 두 사람은 오랫동안 끊임없이 나를 격려해주었다.

마르코 토레스에게 바친다. 교사로서 선견지명을 가진 토레스는 그의 회사에서 일하는 모든 이에게 영감을 주는 사람이다.

애플에서 내가 이끄는 팀에게 바친다. 이 막강하고 헌신적인 교육자, 프로그래머, 교육 전도사들은 내가 그들의 어깨를 딛고 설 수 있게 해주었다.

윌리엄 랜킨 박사에게 바친다. 훌륭한 대학 교수인 랜킨은 교실에 모바일 기기를 도입한 최초의 인물이다. 이 책 곳곳에서 랜킨의 발상과 통찰을 만날 수 있다.

맬로리 드위널 박사에게 바친다. 드위널 박사는 옥스퍼드대학과 하버드대학 학위를 가진 로즈 장학생으로, 자신의 이력이 가져다줄 수 있는 온갖 호화로운 생활을 포기하고 학교를 열어 어느 누구보다도 도움이 절실한 아이들을 돕고 있다.

세상의 모든 교사에게, 특히 ADE 프로그램의 교사들에게 바친다. 이들은 모든 학생이 독특한 재능을 타고난다는 사실을 안다.

세상의 모든 부모에게 바친다. 우리의 교육 시스템이 알아보거나 성취 가능하게 하는 것보다 훨씬 더 많은 걸 아이들이 할 수 있음을 아는 부모 말이다.

사랑하는 내 아이들 크리스, 티퍼니, 존, 조던, 그리고 손자들에게 바친다. 이들 모두가 내 사설 연구팀에 속해 있으면서 내게 수십 년치 경험을 제공해주었다.

이 중 어느 한 사람이라도 없었다면, 이 책을 쓰지 못했다. 모두에게 감사한다.

누구도 경험한 적 없는 새로운 교육

5학년 학생들에게 테크놀로지 교육을 진행하면서 그것이 학습 과정에 흥분과 참여를 불러올 수 있음을 직접 목격했다. 하지만 내 오랜 친구이자 동료인 존 카우치보다 더 정확히 이런 현상을 이해하고 있는 사람은 드물다. 우리는 1978년에 처음 만났다. 스티브 잡스가 존을 애플의 54번째 직원으로 채용한 직후였다. 신제품 담당 첫 책임자로 부임한 존은 곧 소프트웨어 담당 부사장으로 승진했고, 소프트웨어 팀을 이끌어 그래픽 기능을 활용한 사용자 중심 인터페이스를 만들어냈다.

당시에도 존은 복잡한 생각을 단순화해 전달하는 재주가 있었는데, 오늘날 이런 재주를 가장 필요로 하는 분야는 교육이다. 내 기억에 존은 교육에 열성을 보이지 않은 적이 없었다. 대학에서 학생들을 가르치던 시절이나, 유치원부터 고등학교까지 있는 샌디에이고의 한 학교를 개조하면서 보낸 10년의 시기에 대해 존이 들려준 놀라운 이야기를 나는 아직도 기억한다. 그때는 스티브 잡스가 애플에 돌아온 직후였는데, 애플 사상 최초의 교육 담당 부사장으로 존을 다시 영입한 건 놀라운 일이 아니었다. 이후 교육을 수동적인 전통에서 능동적인 혁신으로 탈바꿈시키려는 애플의 지속적인 노력에서 존은 없어서는 안 될 역할을 맡았다.

이 책은 존이 그 과정에서 겪은 온갖 경험, 그리고 어떤 의미에서는 애플에서 경험한 일들에 대한 내부자의 시선이라 말할 수 있다. 이 책은 스티브 잡스가 지녔던 교육에 대한 열정에서 시작해, 태어나면서부터 디지털 기기에 둘러싸여 성장한 세대인 '디지털 네이티브'들의 두뇌와 정신, 그리고 새로운 학습 틀로 독자를 안내한다. 이 새로운 학습 틀은 오늘날 교육이 당연하게 여기는 소비형/암기형 학습 모델을 더는 쓸모없게 만들어버릴 잠재력을 지니고 있다. 존은 자신의 일화와 실제 교사들의 이야기를 통해 새로운 학습법 및 교수법을 탐색한다. 마지막에는 진정한 개인맞춤형 학습 환경을 예고하는 미래 기술을 슬쩍 들여다보게 해준다. 이런 환경에서는 모든 학생이 자신의 숨은 잠재력을 끌어내 세상을 변화시킬 수 있다. 교수법이나 학습 또는 어떤 능력을 기르는 훈련에 열정을 갖고 있거나 책임이 있는 모든 부모, 교사, 정치인, 활동가, 혁신가, 지도자라면 이 책에서 큰 도움을 얻을 것이라 믿어 의심치 않는다.

스티브 워즈니악(애플 공동 설립자)

| 차례 |

| 일러두기 |
1. 이 책은 2019년 출간된 《공부의 미래》(어크로스)를 재출간한 것이다.
2. 하단의 주석은 옮긴이주로 본문에서 ● 기호로 표기했다.

프롤로그

REWIRING EDUCATION

학습의 패러다임이
바뀐 순간

학교마다 컴퓨터가 단 한 대만 있어도
아이들은 그것을 찾아낼 거라 생각했죠.
그리고 그게 그 아이들의 삶을 바꿔놓을 겁니다.

- 스티브 잡스

내가 자란 시절의 학교 교육은 완전히 암기 위주였다. 우리가 하는 공부는 우리와 관련이 있거나, 창의성을 발휘하게 하거나, 협력이 필요하거나, 도전의식을 북돋는 게 아니었다. 오히려 단기 기억력 이상의 능력이 필요치 않은 정보의 소비에 지나지 않았다. 학생들에게는 단 두 개의 선택지만 있었다. 학습 자료를 암기하거나 못하거나. 게다가 결코 끝날 것 같지 않은 표준 시험standardized test을 치러야 했는데, 그런 시험이 우리가 얼마나 '똑똑'한지 보여준다고 여겼다. 우리는 이런 과정에 따라 판단되고, 꼬리표가 달리고, 분류되었고, 그에 따라 우리의 미래가 나뉘었다.

요즘 나는 강연 도중에 "할 수 있는 건 모두 다 하라!"•고 촉구하며 격려하던 군대 구호를 자주 언급한다. 정말 좋은 교육 시스템의 구호는 이와 같아야 한다. 교육은 마음먹은 것이면 무엇이든 할 수 있고

• "할 수 있는 건 모두 다 하라(Be all you can be)"는 미국 소설가이자 광고 카피라이터인 얼 카터(Earl Carter)가 만든 미군 입대자 모집 구호로 1981년부터 2001년까지 쓰였다. 이 구호에 따라 미국 국방성은 입대하면 군에서 대학 진학 비용을 전액 제공한다고 선전했다.

우리를 멈출 수 있는 건 아무것도 없다고 느끼게 만들어야 한다. 하지만 책상에 앉아 저 전지전능한 시험지를 뚫어져라 쏘아보는 많은 학생들에게는 그렇지가 않았다. 그들은 이런 시험이 모든 걸 의미하고, 교사와 가족과 친구와 미래의 고용주가 나를 어떻게 볼지 규정할 것이라는 경고를 받았다. 나 역시 많은 친구들이 이런 시험에 시달리는 걸 지켜보면서 뭔가 근본적으로 잘못됐다는 걸 알았다. 시험 점수는 많은 사람들로 하여금 '할 수 있는 건 이미 다 했다'고 믿게 만들었다.

나는 항상 내가 모범생이라고 생각했다. 우리 부모님은 밤마다 책을 읽어주고, 학습과 발견에 대한 애정을 불어넣어주었다. 나는 어려서부터 책을 읽었기에 학교에 들어갈 즈음에는 만반의 준비가 되어 있었다. 저학년 때는 정말로 좋았다. 그때는 새로운 걸 발견하고 세상이 돌아가는 방식을 배우려 애쓰는 시기이기 때문이다. 물론 산수와 맞춤법 같은 기초를 익혀야 했지만 그마저도 흥미로웠다. 선생님들이 재미있고 기억에 남을 만한 방식으로 가르쳐주었기 때문이다. 이런 게 학교라면, 나는 정말로 학교를 좋아할 수 있을 것 같았다. 그러다 중학교에 입학했고, 그때부터 모든 게 달라졌다.

갑자기 학교가 재미없고 마치 직장처럼 느껴졌다. 학교는 더 이상 창의성을 높게 평가하거나 원하지 않는 것 같았다. 초등학교 때 우리는 어리고 활력이 넘쳐나는 '열광적인 아이들'이었다. 하지만 중학교에 들어가자 학교는 우리가 더 이상 열광적이지 않기를, 말하자면 우리가 순응해서 학교에 더 잘 맞추기를 기대했다. 탐구는 예상으로,

협력은 경쟁으로, 발견은 암기로 대체되었다. 게다가 예전에는 우리가 가진 독특함을 칭찬했으나, 이제는 성적이 좋고 시험 점수가 높을 때만 칭찬했다.

초등학교에서는 뭔가 다르게 하면 창의성이 있다고 여겼지만, 중학교에서 그렇게 하면 선 바깥을 색칠하는 꼴이라고 보았다. 더는 학습이 보람차지 않고 따분하게 느껴지자, 그게 내가 하는 일에 나타나기 시작했다. 나는 적응해야 한다는 걸 깨달았고, 그래서 점수(평점), 득점(성적), 레벨(학년), 승패(졸업과 중퇴)를 두루 갖춘 이른바 '교육 게임'에 임하는 법을 재빨리 익혔다.

이 교육 게임에서 내가 선택한 캐릭터는 '암기자memorizer'였다. 암기는 나의 강점이 아니었으나 그다지 큰 노력을 들이지 않아도 할 수 있는 일이었고, 그게 게임에서 이기는 방법인 듯싶었다. 많이 암기할수록 성적이 오르고 어른들에게 인정받았다. 동시에 안타깝게도, 몇몇 친구들은 이 게임을 그다지 잘하지 못한다는 걸 알아차렸다. 난 이해할 수 없었다. 초등학교 때부터 줄곧 같이 자랐기에 이 친구들이 얼마나 똑똑하고 창의력이 넘치는지 잘 알았기 때문이다. "도대체 어떻게 된 거야?" 나는 의아했다. 중학교 교과서와 학습지는 아주 간단해 보였다. "그렇게 똑똑한 애들이 어떻게 질 수가 있지?" 마치 그 아이들에게 불리하도록 교육 게임을 조작한 것 같았다.

컴퓨터라는 이상한 나라

고등학교를 졸업할 때 반 친구 하나가 내 졸업앨범에 이렇게 썼다. "아리스토텔레스와 카우치는 이제 동의어다. 문제 암기를 계속하도록!" 칭찬으로 한 말이었으나, 돌이켜보면 그야말로 현 교육 시스템이 가진 가장 큰 약점을 건드리는 것이었다. 오늘날의 교육 시스템은 생각하는 법보다 암기해야 하는 내용에 중점을 두고 있다.

중학교와 고등학교에서 배운 교육 게임의 규칙은 이랬다. 수업 내용을 필기하고, 교과서에서 해당 범위를 읽고, 질문에 답하고, 사실을 암기하고, 시험지의 빈 괄호를 채우기. 그런 다음 우리가 얻은 점수에 기초해서 명예학생단체* 회원, 대학 합격, 장학금 등으로 보상을 받았다. 졸업할 무렵 나는 이 교육 게임을 완전히 이해했다(또는 그랬다고 생각했다).

고등학교 졸업 후 나는 캘리포니아대학 리버사이드 캠퍼스를 다녔다. 그곳에서 암기는 시험 전 벼락치기로 진화했다. 고등학교 때와 똑같은 게임을 하며 1~2학년 동안 이른바 기초과정을 수료했고, 그게 효과가 있는 것 같았다. 그러다가 3학년 때 수강한 물리학 수업이 갑자기 게임 방식을 바꿔놓았다. 그 수업의 마지막 시험은 문제가 달랑 하나였다. "자유공간(진공상태)에서 팽이가 어떻게 움직이는지 설명하시오." 어려운 문제였다. 교수는 강의에서 이 문제를 직접 다룬

---

* National Honor Society. 학업 성취도, 지도력, 봉사, 인성이라는 네 가지 기준에 따라 선발된 미국 고등학교 학생들의 단체.

적이 없었고, 교재에도 이런 내용은 나오지 않았다. 당황하고 낙담해서 점점 더 허둥거리는 소리가 강의실 여기저기에서 들려왔다. 한 학생은 시험지(와 교재)를 쓰레기통에 던져넣고는 강의실을 나가버렸다. 박수갈채가 터져 나왔다. 하지만 나는 박수 치지 않았다. 여전히 망연자실해서 입을 꾹 다문 채 그 문제를 뚫어져라 쳐다보고 있었을 뿐이다. 뭐라고 써야 할지 알 수가 없었다. 답을 떠올릴 수 없으면, 나는 진 것이었다.

그 시험 문제가 내 인생을 바꿔놓고 있었다. 남은 대학생활 동안 그리고 평생 동안 내가 갈 길을 외우려고 하는 건 아무 소용이 없으리란 사실을 깨달았다. 교육은 암기가 아니라 생각하는 법을 배우는 것이며, 책 한 권 읽는다고 해서 생각하는 법을 터득할 수 있는 건 아니었다. 나는 단기적 성공에나 먹힐 게임을 하고 있었다. 하지만 내가 따르는 게임 규칙은 이 새로운 게임과 실생활에 아무런 쓸모가 없었다.

대학교 3학년 말에 나는 원예학과 강의를 들었다. 이 수업은 내 경력 목표는 말할 것도 없고 학습에 대한 인식을 바꾸는 데에도 커다란 영향을 미쳤다. 원예학과 강의를 신청한 건 오로지 원예학과가 IBM 컴퓨터와 컴퓨터 프로그래밍 강의를 제공하는 몇 안 되는 학과 가운데 하나였기 때문이다. 나는 도전을 요구하는 프로그래밍과, 거기에는 단 하나의 정답이 없다는 사실에 매료되었다. 이 과정을 통과하려면 팽이의 움직임을 설명하는 물리학 시험과 마찬가지로 암기에만 의존할 수 없었다. 논리와 시각화, 다시 말해 발견으로 이끌 수 있는 사고 유형이 필요했다. 어떤 동급생들은 강의가 어려워서 낙담했지만, 나는 도전해볼 만하다고 느꼈다. 더 중요한 건, 정말로 효과적인 학습이 되려면 문제해결 과정에 기반을 두어야 한다는 사실을 알게 되었다는 점이다.

원예학과 강의를 듣는 동안 나는 컴퓨터와 그것이 가진 끝없는 잠재력에 푹 빠져들었다. 어떤 삶을 살든 내 삶에서 컴퓨터가 중요한 역할을 하게 되리라고 확신했다. 하지만 당시 캘리포니아대학 리버사이드 캠퍼스에서는 컴퓨터공학 학사학위를 받을 수 없었기 때문에, 다른 대학으로 옮겨야 했다. 아프리카의 옛 속담은 "수심을 알아보려고 두 발을 모두 담그지는 말라"고 했지만, 나는 새로 발견한 관심사로 그렇게 해보고 싶었다! 컴퓨터공학 학사학위를 주는 대학을 찾기 시작했고, 캘리포니아대학 버클리 캠퍼스를 찾아냈다. 그곳에서 학사학위와 석사학위를 받은 다음 컴퓨터공학 박사 과정을 시작했다.

컴퓨터공학 공부는 나를 흥분시켰다. 컴퓨터를 할 때마다 권한을 부여받아 자신감이 솟아나는 것 같았다. 갑자기 속박에서 풀려난 사람이 가질 법한 그런 느낌이었다. 나는 무엇이든 할 수 있다고, 다시 한번 '할 수 있는 건 모두 다 할' 수 있다고 느꼈다. 마치 마법처럼 문이 열려 내가 이전에 그 존재를 알지 못했던 세계가 모습을 드러낸 것 같았다. 나는 이상한 나라에 처음 발 들여놓은 앨리스였다.

1972년 나는 세계에서 가장 크고 가장 높이 평가받던 기술 기업인 휴렛팩커드에 취직했다. 나는 내가 매우 중요한 일을 하고 있다고 느졌다. 그러다가 몇 년 후에 전화를 한 통 받았다. 전화를 건 사람은 커다란 이상을 가진 인물이 이끄는 작은 회사에 대해 이야기했고, 이 인물은 내 삶을 영원히 바꿔놓을 터였다.

디지털 네이티브의 탄생

"자네가 스티브 잡스를 만나봤으면 좋겠군." 전화를 건 사람이 말했다.

"누구요?" 내가 물었다.

"애플컴퓨터 설립자 말일세."

휴렛팩커드의 옛 상사였던 톰 휘트니 박사한테서 전화가 온 건 1978년 여름 어느 맑고 화창한 날이었다. 휘트니 박사는 그 무렵 애플컴퓨터라는 유망한 스타트업 기업의 기술 담당 부사장이 되었다. 나는 5년 동안 휴렛팩커드에서 컴퓨터 프로그래머이자 소프트웨어 책임자로 있었지만, 애플에 대해서는 거의 들어본 적이 없었다. 게다가 왜 톰이 로스앨터스의 자기 집으로 나를 불러 그 회사 설립자를 만나게 하려는 건지 잘 몰랐다. "알았어요." 나는 톰에게 말했다. "한번 들르죠." 물론 그 전화를 끊었을 때, 내가 곧 내 인생을 바꾸고 나를 상상도 못한 곳으로 데려갈 엄청난 여정을 시작하게 되리라고는 꿈에도 몰랐다.

스티브 잡스와의 첫 만남은 좋은 경험이었다. 잡스는 좀 괴짜였고, 자신의 비전에 대해 그토록 열정적인 사람은 지금껏 만난 적이 없었다. 아직 존재하지 않는 것들이 마치 기정사실인 듯이 말했고, 이른 바 개인용 컴퓨터가 온갖 것을 실현시킬 수 있는 잠재력을 가진 발명품이라고 장담했다. 중앙컴퓨터와 소형컴퓨터 업계 출신인 나로서는 어떻게 받아들여야 할지 잘 몰랐지만, 분명 흥미진진한 이야기였다!

첫 만남에서 나는 스티브가 하드웨어 전문이고 소프트웨어 전문가를 찾고 있다는 사실을 알게 되었다. 날 만나려 한 것도 그 때문이었다. 스티브는《사이언티픽 아메리칸Scientific American》에도 대략 소개된 한 연구 결과에 대해 이야기했다. 일정한 거리를 움직이는 데 어느 동물이 가장 적은 양의 에너지를 사용하는지 분석한 내용이었다. "콘도르가 일등이네." 스티브가 말했다. "인간은 콘도르에게 못 미치지. 우리 순위는 그 목록에서 상위 30퍼센트쯤 되는 위치에 해당해!" 그런 다음 이번에는 실험 방법을 바꿔 인간이 자전거에 올라탔다. 인간이 같은 거리를 자전거로 달린다면 얼마나 효율적일까? 스티브는 흥분하여 말했다. "자전거를 탄 인간이 콘도르를 일방적으로 이겨버렸지!" 스티브가 말했다. "개인용 컴퓨터가 그렇게 할 수 있다네. 정신의 자전거인 셈이지. 그건 유사 이래 가장 놀라운 도구야."

스티브는 자전거가 우리의 신체 능력을 증폭시키는 것과 마찬가지로 기술이 '우리의 지적 능력을 증폭'시킨다고 보았다. 기술이 인류가 이미 도달한 곳으로 더 빠르고 효율적으로 우리를 데려갈뿐더러, 그 너머를 발견하고 새로 만들어내서 예전에 없던 혁신을 이루게 해줄 수 있을 터였다. 1960년대에 대학생이었던 나는 거리에서, 버클리 시민공원에서, 베이에리어* 곳곳에서 일어난 사회 혁명을 직접 목격했다. 하지만 스티브가 본 대로, 사람들에게 권한을 부여해줄 진정한 사회 변혁은 기술일 터였다.

첫 만남 후 곧바로 스티브는 내게 쿠퍼티노에 있는 밴들리1 건물의 애플 사무실로 와달라고 했다. 거기서 그는 애플에서 같이 일하자고 제안했다. 나는 약간 회의적이었다. 휴렛팩커드에서 우리는 25만 달러에 판매할 대형 컴퓨터를 만들고 있었지만, 애플은 2500달러에 판매할 작은 개인용 컴퓨터를 만들고 있었다. 게다가 애플의 급여는 4만 달러로 한도가 정해져 있었다. 스티브가 애플을 단지 경제적 이익을 가져다줄 대상으로만 보지 않고 자신의 비전을 공유할 사람들을 원했기 때문이다. 휴렛팩커드보다 급여가 적기는 했지만, 이 새로운 개인용 컴퓨터의 세계가 아주 흥미롭다는 사실은 인정하지 않을 수 없었다.

나는 생각해보겠다고 말하고 휴렛팩커드 사무실로 돌아왔다. 하지만 스티브가 얼마나 끈질긴지 아는 데는 오랜 시간이 걸리지 않았다. 금요일 밤에 가족과 함께 집에 있는데 초인종이 울렸다. 내가 내다봤을 때 손에 상자를 들고 웃으면서 문 앞에 서 있는 사람은 다름 아닌 스티브였다. "이봐, 존." 스티브가 말했다. "세상을 바꿀 준비가 됐나?"

집 안으로 들어온 스티브는 상자에서 애플II를 꺼내더니 세 살짜리 아들 크리스토퍼가 앉아 있던 식탁에 올려놓았다. 그러고서 크리스

● 샌프란시스코만 연안 지역.

토퍼에게 작동법을 알려주었다. 크리스(크리스토퍼의 애칭)는 금세 애플 II에 빠져들었다. "네가 뭘 좀 아는구나, 크리스." 스티브가 아들에게 말했다. "네 아빠가 아저씨 회사에 와서 일하면, 네가 이걸 가져도 좋아." 나는 웃음을 터뜨릴 수밖에 없었다.

스티브와 나는 기술, 컴퓨터, 그리고 그가 가진 원대한 비전의 가능성에 대해 계속 이야기를 나누었다. 스티브가 우리 집을 나설 무렵에는 나 역시 그 무한해 보이는 가능성을 믿기 시작했다. 하지만 결정적인 영향을 미친 건 주말 동안 지켜본 크리스의 행동이었다. 크리스는 주말 내내 애플II를 '타고 달'렸다. 텔레비전도 통 보지 않고 그 개인용 컴퓨터에 들러붙어 앉아서 이것저것 살펴보더니 세 살짜리가 할 수 있으리라고는 생각지 않았던 걸 만들어냈다. 무엇보다 중요한 건 크리스가 무척 즐겁게 뭔가를 배우고 있었다는 점이다. 교사나 부모가 시켜서가 아니라 아이가 원해서 말이다. 나는 아들의 상기된 얼굴에서 스티브의 비전을 볼 수 있었다.

토요일에 나는 크리스에게 컴퓨터에 너무 정붙이지 말라고 했다. 내가 애플에서 일하지 않게 되면 돌려보내야 하기 때문이었다. 그 제안을 받아들여도 될지 확신이 서지 않았다. "간단해, 아빠." 크리스가 말했다. "그냥 한다고 그래." 다음 주에 나는 휴렛팩커드를 그만두고 스티브 잡스와 함께 일하는 애플의 54번째 직원이 되었다.

이후 수십 년 동안 컴퓨터 기반 기술이 전 세계 아이들의 삶 속으로 들어가는 걸, 나는 운 좋게도 맨 앞줄에 앉아 지켜보았다. 크리스의 경우 기술에 대한 관심이 가실 줄 몰랐다. 고등학교 때는 사실상 전문가가 되어서 이미 프로그램을 기획하여 설계하고 작성할 수 있었다. 게다가 캘리포니아고등학교 역사박람회에서 디지털 인터랙티브 프레젠테이션을 선보여 심사위원들의 감탄을 자아냈다. 크리스는 펜실베이니아대학에서 컴퓨터공학 학위를 받았고, 첫 직장은 이베이 웹사이트를 설계한 팀이었다. 요컨대 크리스는 새로운 '디지털 네이티브'(이들에게 기술은 도구가 아닌 탐구 환경이다) 세대의 최초 주자가 되었다.

전혀 다른 세대, 디지털 네이티브

표준화된 교육 시스템의 가장 큰 결함

1부

준비 없이 도착한 세상

전혀 다른 세대, 디지털 네이티브

어제 가르친 그대로 오늘도 가르치는 건
아이들의 내일을 빼앗는 짓이다.

- 존 듀이

디지털 네이티브digital native란 말은 교육자이자 미래학자인 마크 프렌스키Marc Prensky가 2001년에 쓴 논문에서 처음 소개했다. 대체로 1979년 이후에 태어난 사람들이 이에 해당한다.[2] 개인용 컴퓨터, 전자게임, 태블릿, 그리고 마침내 휴대전화로 이루어진 디지털 세상에서 성장한 첫 세대를 말한다. 예를 들어 오늘날 고등학생들은 구글이 생겨난 이후에 태어나서 인터넷이 없는 세상은 알지도 못한다. 이들은 도서관 대출증을 본 적조차 없을 것이다. 그 대신에 검색 엔진, 위키피디아, 유튜브 같은 즉각적인 웹 기반 자료에 의존해 답을 찾는다. 올해 대학을 졸업한 사람들은 2007년 아이폰이 처음 나왔을 때 아직 초등학생이었다. 현재 중학교 1학년생 5명 가운데 4명은 자기 휴대전화를 갖고 있으며, 필요하면 언제든 풍부한 콘텐츠와 앱을 이용할 수 있다.[3] 이런 변화가 중요한 이유는 이들 기기가 미치는 영향력 때문만이 아니라 이들 기기에 활력을 불어넣는 플랫폼과 생태계 때문이기도 하다. 어떤 사람들은 오늘날 디지털 네이티브들이 '앱 세대'로 성장하고 있다고 말한다.[4] 어른들은 흔히 현대 기술을

'도구'라 하지만, 디지털 네이티브들은 그냥 자신이 살아가는 환경의 일부라 여긴다. 우리 세대가 전기를 인식하는 방식과 다르지 않다. 어렸을 때 나는 전기를 '이용'하지 않았다. 전기는 그냥 존재할 뿐이었다.

이런 까닭에 프렌스키는 이렇게 말한다. "디지털 네이티브는 그들 선배와는 근본적으로 다른 방식으로 정보를 생각하고 처리한다." 사실 많은 인지신경과학자들은 이와 의견이 다른데, 세대와 무관하게 모든 뇌가 정보를 다르게 처리한다고 주장한다. 하지만 디지털 네이티브는 기술을 통해 엄청난 양의 정보에 노출되며, 이것이 뇌에서 일어나는 변화의 수와 속도를 크게 증가시킨다는 것을 부정하는 사람은 없다. 사실 오늘날 아이들은 기존의 그 어떤 교과서보다도 모바일 앱에서 더 많은 걸 발견하고 학습할 수 있다. 프렌스키는 이렇게 말한다. "교육이 맞닥뜨린 가장 큰 문제는 교사가 시대에 뒤처진 디지털 이전의 언어를 갖고서 거의 완전한 디지털 언어를 사용하는 이들을 가르치려 한다는 점이다." 현재의 교육 시스템은 디지털 네이티브와는 너무나 다른 요구를 가진, 아주 다른 세상의 아주 다른 아이들을 가르치기 위한 것이었다.

아주 다른 세상의 아주 다른 아이들

오늘날 우리는 기술 혁신이 빠르게 일어나는 세상에 살고 있다. 변화를 일으킬 새로운 발명품을 가진 스타트업 기업이 매일 생겨나는 것 같다. 창의성 넘치고 최신 기술로 무장한 전 세계의 선지자들은 현 상황을 무너뜨리고 비효율적인 설계를 수정해서, 시대에 뒤진 시스템을 업그레이드하고 전체 산업을 재편한다. 단 하나, 교육은 제외하고 말이다. 지난 세기에 우리의 교육 시스템에는 혁신적인 변화가 없었다. 학교와 교실 차원에서 일부 성공을 보여준 경우에도 그 이상의 가능성으로 확대되지는 못했다.

한 야심찬 발명가 이야기를 해보자. 이미 몇 가지 발명품으로 성공을 거둔 그는 교육 개혁에 관심을 가졌다. 많은 사람들과 마찬가지로 지루한 교과서와 강의가 아닌, 아이들을 가르치는 더 나은 방법이 필요하다고 생각했다. 그는 우리의 교육 시스템을 바꿔야 한다는 사실을 깨달았다. 그래서 현존하는 최첨단 기술을 이용해 우리가 기존에 알고 있던 그 무엇과도 다른 것을 발명했다. 대중매체까지 이 발명품에 열광하며 그것이 교육을 완벽히 혁신하리라고 선언했다. 따분한 교과서는 이제 과거의 유물이 될 터였다. 모든 학생이 평등하게 배울 수 있을 터였다. 줄 맞춘 책상과 학교 종이 있고, 교사가 학생들 앞에 서서 수업을 하는 전통적인 교실은 곧 역사 속으로 사라질 터였다. 이 발명품은 교육용 영화educational film라 불렸는데, 1911년 토머스 에디슨이라는 사람이 만들었다.

이후 한 세기 동안 에디슨의 발명품이 교육 문제를 썩 잘 해결하지 못했다는 사실은 분명하다. 우리의 학교나 교실이 그다지 달라지지 않은 까닭이다. 하지만 대체 어떻게 그럴 수가 있을까? 에디슨은 이미 1877년에는 사진, 1879년에는 전구, 그리고 1891년에는 영화촬영용 카메라로 세상을 바꿔놓았으나, 교육에서는 흔적 하나 남기지 못했다. 모든 시대를 통틀어 가장 뛰어난 발명가 중 한 명으로 손꼽히는 인물이 교육 개혁을 가로막는 장애물을 극복할 수 없었다면, 과연 오늘날 우리가 그것을 극복할 수 있을까? 무엇을 변화시켜야 할까?

우선 교육용 영화라는 에디슨의 발상에 무슨 문제가 있는지 살펴보는 게 도움이 될 수 있다. 실제로 여러 지식인이 이 발명품의 실패를 예측했다. 가장 주목할 만한 인물은 심리학자 존 듀이John Dewey다. 듀이는 아이들이 실제 현장에서 직접 해보며 상호작용하는 학습을 통해 가장 잘 배운다는 점에 주목하면서, 교육용 영화가 기발하기는 하지만 실용성이 떨어진다고 주장했다.[5] 영화로 학습 내용을 보고 앉아 있는 것은 교사가 직접 가르치는 내용을 듣고 앉아 있는 것과 별반 다르지 않다고 그는 생각했다. 진정한 학습은 수동적인 관찰이 아니라 능동적인 참여가 필요한, 사회적이고 상호작용하는 과정이라고 주장했다.[6]

에디슨의 교육용 영화가 실패한 이후 수많은 선지자, 혁신가, 교육 개혁가가 그의 선례를 따라 차세대 혁신을 시도했다. 그리고 차례차례 실패했다. 이유는? 듀이가 옳았다. 지루한 내용을 이런저런 매체로 옮긴다고 해서 지루해지지 않는 건 아니고, 그런 식으로는 학습을 개선할 수 없다. 학습을 개선하는 데 기술 못지않게 중요한 것이 잠재력이다. 잠재력을 수단 삼아 증명된 학습법을 통합하고 교사에게 권한을 부여해 학습을 더 잘 전달하게 하지 않는 한, 교육 개선은 실패할 수밖에 없다. 우리가 원하는 교육의 미래를 확보하려면 기술과 학습을 통합해야 한다. 고무적인 사실은 현재 진행되는 혁신과 앞으로 일어날 혁신들이 이 둘을 통합하고 있다는 것이다. 따라서 미래는 밝아 보인다. 게임 방식을 바꿔놓은 에디슨의 발명품인 전구처럼 말이다. 하지만 그러려면 변화가 필요하다.

애플에서 장기근속한 교육 담당 부사장이자 네 아이의 아버지인 동시에 손자를 둔 할아버지로서, 나는 감사하게도 기술과 혁신이 직접 해보면서 가르치고 배우는 놀라운 방식을 가능하게 만드는 상황을 목격하고 있다. 나는 세계 구석구석을 찾아다니며 직접 최고와 최악의 교육 시스템들을 둘러보았다. 지금까지 수십 년 동안 교육과 기술 분야에 종사하면서 정부, 지역, 학교, 교사, 기업, 부모가 교육 시스템 개선을 위해 다양한 방법을 시도하는 것을 지켜보았다. 이런 변화는 크게 두 가지 방식으로 제안되었다. 시스템 일부를 보수하는 방식과 시스템 전체를 교체하는 방식 말이다. 안타깝게도 둘 중 어느 쪽도 변화를 일으킬 수 있을 것 같지 않다.

패치로 해결할 수 없는 것

교육을 개선하는 가장 흔한 방법은 에디슨의 교육용 영화 같은 단기 해결책을 쓰는 것이다. 단기 해결책은 보통 교육의 한 가지 측면(이 경우에서는 학습을 재미있고 흥미롭게 만들기)을 해결하려 한다. 오늘날 '익스플레이너explainer'라 불리는 교육용 영상이 바로 이를 성공적으로 해내고 있다. 지루한 수업을 다큐멘터리 같은 만화로 바꿔놓으면 수업이 좀 더 흥미로워진다. 이런 영상은 흥미롭고 유익한 만큼 수십 년 전부터 있었지만(스쿨하우스 록[●]을 기억하는가?), 여전히 학교에서 교육을 제공하는 방식에 별다른 변화를 끼치지 못하고 있다.

나는 해결해야 할 교육의 특정한 부분을 소프트웨어 업계 사람들이 말하는 이른바 '버그bug'로 보고 싶다. 컴퓨터의 버그는 시스템을 의도치 않은 방식으로 작동시키는 결함 있는 코드다. 기술자는 이 버그를 해결하기 위해 처음부터 다시 시작해서 전체 프로그램을 제작할 수도 있지만, 이는 효율성이 떨어진다. 그래서 대신에 당면한 문제를 빠르게 해결하기 위한 작은 개선책인 패치patch를 개발한다.

이런 일은 교육 분야에서도 일어난다. 시스템 자체를 손보기보다 빠른 패치(더 많은 시험, 학급 규모 줄이기, 교과 과정을 새로운 틀로 업데이트하기)로 교육의 버그를 해결하는 편이 훨씬 더 쉽다. 하지만 버그를 빠르게 해결하는 게 꼭 나쁜 건 아니라는 점을 분명히 해두자. 코피가 날 때 이를 막으려면 분명 화장지가 쓸모 있다. 코피를 멎게 하는 근본적인 해결 방법은 아니지만 말이다. 따라서 내 말은 구멍 난 교육을 땜질하는 게 아무짝에도 쓸모없다기보다는 한계가 있다는 뜻이다. 게다가 이런 식의 방법은 흔히 소소한 해결책을 제공할 뿐이어서 확대하기가 어렵다. 패치는 너무 작아서 특히 디지털 네이티브가 맞닥뜨린 교육의 근본 문제를 해결할 수가 없다.

두 번째로 흔히 도입하는 교육 개선 방법은 정반대다. 공공교육 시

● 1973년부터 미국 ABC 방송에서 방영한 교육용 만화. 수학, 과학, 문법, 사회 등 각기 다른 주제에 관한 내용을 3분짜리 노래로 만든 것이다.

스템을 무너뜨리고 사립학교나 자율형 공립학교* 또는 온라인 학교 같은 완전히 다른 것으로 교체하는 방식이다. 이는 컴퓨터를 통째로 쓰레기통에 버리고 새로 사는 것과 같다. 물론 새로 구입한 컴퓨터도 몇 년 지나면 구식이 되리란 사실은 무시된다. 실제로 '무어의 법칙' 이라는 유명한 견해가 있다. 이 법칙에 따르면, 새로운 컴퓨터의 처리 속도가 18개월마다 두 배로 증가한다! 처리 속도만이 아니다. 모든 기술 변화가 기하급수적인 속도로 일어나고 있다. 새 스마트폰이나 태블릿을 장만한 지 겨우 1년 만에 새로운 모델로 바꾸는 경우가 얼마나 허다한가? 최신 하드웨어를 따라가는 건 어렵고 비용이 많이 드는 일이다.

교육에서도 마찬가지다. 거의 해마다 서로 다른 교육 개혁가가 교육 시스템 전체를 폐기하고 새로 시작해야 한다고 제안한다. 최근에는 사립학교, 자율형 공립학교, 온라인 학교 같은 발상이 교육 시스템 전체를 다시 생각하는 더 나은 방식으로 제안되고 있다. 이런 모델들은 일부 성공을 거두기도 했으나 사실은 이들이 교체하려는 시스템만큼이나 정적이고, 기술과 마찬가지로 복잡하고 비용이 많이 들면서도 실제로 기존 시스템보다 더 나은지도 보장할 수 없다.

안타깝게도 교육 시스템을 땜질해 보수하는 선택도, 비슷하게 정적인 또 다른 시스템으로 교체하는 선택도 성공할 수 없다. 그 이유

---

* charter school. 미국 공립학교가 안고 있는 문제에 대응하는 한 가지 방편으로 1990년대부터 설립되기 시작했다. 주 정부의 인가(charter)를 받은 주체가 주 정부의 지원과 기부금으로 예산을 충당하되 학교 운영은 사립학교처럼 자유롭게 할 수 있는 공립학교다.

는 세상이 끊임없이 변하고 있기 때문이다. 사회가 변하고, 지도자가 변하고, 기술이 변하고, 가족이 변하고, 아이들이 변하고, 우리의 기대도 변한다. 교육에도 무어의 법칙이 어느 정도 존재한다. 기술 발전이 가속화되면서 새로운 세대의 학생들은 그들 특유의 요구에 따라 부모 세대와는 다른 세계에 깊이 빠져든다. 진정하고도 유일한 해결책은 이런 아이들과 함께 배우고 적응하고 변화하는 것이다.

모든 아이에게 최고가 될 시스템

컴퓨터와 마찬가지로 교육이 현세대(디지털 네이티브)의 요구에 부응하려면 준비된 시스템이 필요하다. 또 변화에 발맞춰 그 시스템을 설계하고 발전시키고 시행할 역량과 민첩성을 갖춘 지도자가 필요하다. 지금까지는 그렇지 않았다. 우리의 교육 시스템이 대부분 구식이라 접속이 잘 안 돼서, 여기에 의지하는 사용자, 즉 학생과 교사의 요구에 부응하는 데 어려움을 겪고 있다. 교육의 보수(땜질)와 교체(처음부터 다시 시작하기)는 답이 아니다. 정말로 필요한 일은 교육의 회로를 새로 바꾸는 것이다. 다시 말해 교육 운영체제를 업그레이드해서 학생, 교사, 부모, 사회를 더 잘 연결하고, 학교가 창의성과 혁신적 사고를 키울 수 있게 해야 한다. 교육 시스템의 회로를 완전히 바꿔야만, 계획하는 업그레이드가 합선을 일으킬지 모른다는 두려움 없이 새로운 변화에 적응할 수 있다. 말하자면 수동적인 교육 모델에서 벗어나 능동적인 학습 모델로 이행할 수 있다.

교육의 회로를 새로 바꾼다는 건 오늘날 우리가 교육에서 맞닥뜨린 가장 큰 도전에 응한다는 뜻이다. 어떻게 학습 관련 연구와 현재 기술을 이용해서 오늘날 학생들의 요구에 더 잘 부응하도록 개인맞춤형 학습 경험을 제공할 것인가 하는 도전 말이다. 그러려면 아이들과, 이들을 가르치는 교사들을 어떻게 동기부여하고 훈련시키고 발전시키고 평가하고 판단할지에 대해 지금까지와는 다르게 생각해야 한다. 또 이것은 아이들이 배워서 성공을 거둘 수 있는 잠재력이 무한함을 알고서 그 잠재력을 끌어내야 한다는 뜻이다.

현재의 교육 시스템이 일부 아이들에게는 세계 최고이겠지만, 모든 아이들에게 최고가 되기를 나는 바란다. 불행하게도 내가 어렸을 때 해야 했던 교육 게임이 지금도 계속되고 있고, 그것이 불평등을 양산하고 있다. 모든 게, 심지어 지금 우리가 만족하는 것도 더 좋아질 수 있다. 그런데 흥미롭게도 개선을 가로막는 교육 시스템의 결함은 우연히 생겨난 게 아니라 의도적으로 만들어진 것이다.

2장

REWIRING EDUCATION

·
·

표준화된 교육 시스템의
가장 큰 결함

우리 학생들은 근본적으로 달라졌다.
오늘날 학생들은 더 이상 우리의 교육 시스템이
가르치려 했던 그 아이들이 아니다.

- 마크 프렌스키

새로운 개념을 독특하고 흥미로운 방식으로 즐겁게 배우는 학생들로 가득 찬 교실을 잠시 그려보자. 이 교실에서 교사는 거의 수업을 하지 않는다. 학급의 모든 학생이 다른 방식으로, 다른 속도로 학습한다는 걸 알기 때문이다. 따라서 교사는 표준화된 교과 과정을 가르치는 대신, 학생 각자가 동일한 주제를 다루되 다른 분야를, 다른 속도로 공부하게 한다. 기본적으로 교사는 학습을 각 학생 개인에게 맞춘다.

　이런 시나리오를 말하면 교육계 사람들은 대개 가볍게 싱긋 웃고는 곧바로 무시한다. "그게 이상적이죠. 하지만 희망사항일 뿐이에요." 어떤 사람은 유토피아 같은 꿈이라고 했다. "그건 미국에서 큰 규모로는 이뤄질 수 없을 겁니다." 또 어떤 사람은 고개를 절레절레 흔들며 미소 짓더니 이렇게 말했다. "그렇게 돼야겠죠. 하지만 이 나라에서 그렇게 되려면 기적이 일어나야 할 거예요."

　하지만 그들이 모르는 사실이 있었다. 내가 말한 시나리오대로 개인맞춤 학습이, 그것도 미국 전역에서 이미 이루어진 적이 있다는 사실 말이다. 1800년대 초에는 전통적인 교실 하나짜리 학교에서 교사가 바로 이런 방식으로 가르쳤다.[7] 내가 이야기하는 건 미래의 일이 아니라 과거의 일이었다.

　그렇다면 무슨 일이 일어난 걸까? 어째서 우리는 개인맞춤 학습을 포기했을까? 역사가들은 수십 가지 이유(예를 들면 인구 증가)를 댈 수 있겠지만, 그 변화는 1856년 3월 20일 펜실베이니아주 필라델피아에서 일어난 일로 거슬러 올라간다. 나중에 이 일은 다음 100년 동안 개인맞춤 학습 및 교수법이 종말을 고한 시작점이었던 것으로 드러난다. 교육 역사의 흐름을 바꾼 건 전쟁이나 불황이나 암살이 아니라 프레더릭 테일러Frederick Taylor라는 사람이 품은 한 가지 생각이었다.

'학년 수준'의 함정

프레더릭 테일러는 또래들과 별반 다른 구석이 없는 아이였다. 퀘이커교도 집안에서 태어났는데, 아버지는 부유한 변호사였고 어머니는 적극적인 노예폐지론자였다. 테일러는 어머니로부터 홈스쿨링을 받은 후 외국에 나가 공부했다. 그런 다음 뉴햄프셔주 엑시터에 있는 상류층 사립학교인 필립스엑시터아카데미에 다녔다. 스티븐스공과대학에서 학사학위를 받은 후 기계 엔지니어로 일하며 빠르고 효율적으로 일하는 요령을 익혔다. 실제로 남들보다 훨씬 더 효율적으로 일을 처리했던 그는 다른 사람들은 왜 효율적이지 못한지 의문을 품었다. 테일러는 공장 노동자가 일부러 일을 게을리 하는 거라며 경멸

했고, 이것이 고용주의 수익에 손해를 끼친다고 생각했다. 이를 개선하기 위해 테일러는 효율성과 생산성을 폭넓게 연구하여 그 결과를 1911년《과학적 관리법》이라는 책으로 내놓았다.

효율성과 생산성의 극대화에 열의를 가진 테일러의 생각은 미국 전역을 휩쓸었고, 그의 책은 가장 영향력 있는 경영 지침서의 하나가 되었다. 테일러의 개념은 온갖 종류의 일과 조직을 완전히 바꿔놓았다. 일을 누구나 할 수 있는 작은 개별 과업으로 쪼개 많은 산업에서 '낭비'(와 숙련 노동자)를 없앴다. 그 결과 숙련된 전문가에게 높은 임금을 지불할 필요가 없어졌기 때문에 고용주는 많은 돈을 절약하게 되었다. 이는 또 숙련된 전문가를 대체하려면 비숙련 노동자가 엄청나게 많이 필요하다는 뜻이었다. 경영자는 똑똑한 노동자를 필요로 하지 않았고 원하지도 않았다. 테일러주의에 따라 생산성과 생산량을 극대화하려면, 똑똑해지는 건 경영진의 일이고 노동자는 자기가 맡은 과업만 정확히 해내면 되었다.

일이 질보다 양과 동일시되기 시작한 건 이때부터였다. 얼마나 잘하느냐가 아니라 얼마나 빨리 하느냐가 중요했다. 속도는 계량화하기가 훨씬 쉬웠기 때문에 이를 이용해 책임을 물었다. 과학적 관리론으로 활력을 얻은 산업은 효율성을 떨어뜨리는 고객맞춤이나 창의성이 아니라 표준화에 중점을 두었다. 이는 포드자동차 설립자인 헨리 포드 같은 사람들이 조립라인과 비숙련 노동자들을 늘려 대량생산하기 위해서 자동차 제조를 표준화하는 것으로 이어졌다. 표준화된 세계에서는 항상 개인보다 조직이 먼저였다.

당시 많은 노동자들이 앤드류 카네기나 J. P. 모건 같은 기업가가 되기를 꿈꾸었다. 이것은 산업이 계속해서 급속도로 성장하려면, 비숙련 일자리를 채울 아무 생각 없는 값싼 노동력을 계속 만들어내야 한다는 뜻이었다. 세계 최고 부자이자 당대의 가장 유명한 기업가인 존 D. 록펠러는 이런 노동력을 만들어내려면 일찍부터 시작하는 게 최선책이라고 생각했다. 말하자면 아이들을 이런 노동력으로서 더 잘 준비시키려면 교육을 바꿔야 한다는 뜻이었다.

록펠러가 석유 생산과 정제 독점기업인 스탠더드오일트러스트의 우두머리*로서 알았던 게 하나 있다면, 돈을 더 많이 버는 방법이었다. 업계에서 최정상에 오르기란 여간 힘든 일이 아닌 만큼, 록펠러는 그 자리를 놓치고 싶지 않았다. 록펠러가 초등학교 교육에 관심을 갖게 된 건 이 때문이었다. 록펠러 같은 사람들에게 회사가 지속적으로 성장해 성공하려면 열심히 일하는 비숙련 종업원의 대량공급이 절실히 필요했다. 이런 사업주에게는 다행스럽게도, 과학적 관리 이면에 감춰진 생각이 교육을 포함한 모든 산업에 걸쳐 큰 인기를 끌었다.

테일러의 책이 출간되고 1년 후인 1912년, 교육계는 교육의 패러다임을 바꾸는 저술과 맞닥뜨렸다. 학교 기반 교육의 목적을 재검토하는 이 글은 커다란 반향을 불러일으켰다. 이 글에 따르면, 교육의 목적은 더 이상 아이들에게 삶을 준비시키는 게 아니라 그 시대에 필요

---

* 저자는 굳이 '우두머리(head)'라는 단어를 써서 테일러주의에 따르면 똑똑하게 생각하는 일은 비숙련 노동자가 아니라 고용주의 일임을 강조한다.

한 노동력을 준비시키는 것이었다. 이 글은 근본적으로 비숙련 노동자를 계속 이용하는 방법에 관한 지침서였던 셈이다. 이 글은 이렇게 말한다.

우리는 이런 사람들이나 이들의 아이들을 철학자나 학자나 과학자로 만들고 싶은 생각이 없다. 이들 가운데서 작가, 연설가, 시인, 또는 문인을 키우지 않을 것이다. 뛰어난 예술가, 화가, 음악가의 배아를 찾지 않을 것이다. (……) 변호사, 의사, 전도사, 정치인의 배아도 찾지 않을 것이다. (……) 이런 일을 하는 사람들의 공급은 충분하다. 우리가 제시하는 과제는 아주 단순할뿐더러 대단히 아름답다. (……) 우리는 아이들을 작은 공동체로 조직해서 아이들의 아버지들과 어머니들이 불완전한 방식으로 하고 있는 일을 완전한 방식으로 하도록 가르칠 것이다.[8]

이 글을 써서 발표한 단체는 다름 아닌 록펠러가 설립해 후원하는 자칭 일반교육위원회General Education Board였다. '테일러주의자'들은 정규 교육의 목적이 '평균의 학생을 위한 표준 교육'을 제공하는 것이어야 한다고 열렬히 주장했다. 이는 근본적으로 높은 수준의 사고를 독려하거나 창의성을 키우기보다는 산업 현장의 생산직을 위해 준비시켜야 한다는 뜻이었다. 흥미롭게도, 학교가 학생들에게 무엇을 준비시켜야 하는지에 대한 논쟁은 오늘날에도 이어지고 있다.

이후에 등장한 테일러주의 추종자 가운데 한 사람은 심리학자 에드워드 손다이크Edward Thorndike다. 손다이크는 학교 표준화를 열렬히

지지했다. 아이들을 능력에 따라 분류해 그들이 살아가면서 적재적소에 '채용'될 수 있어야 한다고 믿었다. 그래야만 학교가 운영 자금을 대고 자원을 효과적이고 효율적으로 이용할 수 있다고 주장했다. 손다이크 같은 사람들은 모든 학생이 평등하지 않으며, 더 우수한 학생들에게 초점을 맞춰야 한다고 생각했다. 그의 관점에 따르면, 능력이 뒤처지는 학생은 감히 똑같은 기회를 누릴 수 없었다. 이런 학생들은 근본적으로 공장 노동자이고 그런 대우를 받아 마땅했다.

테일러, 손다이크, 그리고 그 추종자들에게는 어떤 일을 하든 항상 '최선책'이 있었다. 여기서 벗어나는 건 결국 생산성을 낮춰 더 큰 낭비를 불러올 터였다. 그리고 그 최선책은 표준화를 의미했다. 교사들은 갑자기 새로운 훈련을 시작했다. 이제 교사는 학생의 실력 향상 정도가 아니라 특정한 시험을 통과하는 학생 수를 책임져야 했다. 올바른 교육 방법과 잘못된 교육 방법이 있었고, 올바른 방법으로 가르치지 않으면 해고되었다. 학생들은 각자의 능력과 무관하게 똑같은 내용을, 똑같은 방식으로, 똑같은 속도로 배웠다. 이 효율성 모델에 평균의 학생이 어떤 나이에 어떤 방식으로 수학을 배울 수 있다고 되어 있으면 정확히 그렇게 되어야 했다. 이런 발상에서 나온, 불평등은 타고나는 것이라는 생각이 미국의 산업혁명 후기 단계에 학교를 재정의해서 교육 시스템을 완전히 표준화하기 시작했고, 이것이 오늘날까지 지속되고 있다.[9]

1915년 59세 생일 다음 날 테일러는 폐렴으로 사망했다. 그는 비즈니스계에서는 전설이 되었지만 교육에서, 특히 개인 학습 경험을 개선하려 노력하는 우리 같은 사람들에게는 최악의 인물로 남았다.

미국의 교육 역사를 되돌아보면, 우리 가족의 교육 역사와 비슷해서 놀라게 된다. 1867년에 태어난 증조부는 초등학교 3학년까지 교육받았다. 1902년에 태어난 조부는 중학교 2학년까지, 1926년에 태어난 어머니는 고등학교까지 교육받았다. 그리고 1947년에 태어난 나는 우리 집에서 처음으로 대학을 졸업하고 컴퓨터공학 석사학위도 받았다. 내 아이들은 모두 대학교육을 받았다. 때문에 나는 적어도 우리가 바람직한 방향으로 나아가고 있다고 낙관한다. 그 과정이 너무 더디고 아직 극복해야 할 문제가 많이 남아 있기는 하지만 말이다.

우리를 지배하는 교육 시스템

이제 산업혁명 이후 한 세기가 지났다. 정치인, 학교 행정가 등은 해마다 더 엄격하게 교육하고 모든 아이들에게 동등한 학습 기회를 제공해야 한다고 주장한다. 하지만 여전히 표준화 모델이 우리의 교육을 지배하고 있는 것이 현실이다. 우리는 유치원부터 고등학교까지, 교실의 모든 학생이 재능, 선호, 강점, 약점 또는 배경과 무관하게 '학년 수준'에 이르도록 가르칠 것을 교사에게 기대한다. 그래서 결국에는 내가 수십 년 전에 했던 것과 똑같은 교육 게임을 익힌 암기자가 성공하기 십상이다.

그렇다면 이를 어떻게 바꿔야 할까? 쉽지 않겠지만, 우리 내부로부터 시작한 다음 외부로 나아가야 한다고 생각한다. 다시 말해 기술을 이용하기 전에 심리를 이해해야 한다. 우리의 신념을 교육 시스템 또는 개혁 또는 땜질용 패치에 담기 전에, 우리 아이들에게 심어주어야 한다. 모든 아이들이 배워서 성공할 수 있음을 알고 믿어야 한다. 끝없는 평가와 책임 정책으로 인한 압박감 때문에, 많은 교사가 알게 모르게 과거의 테일러주의자처럼 학습에 어려움을 겪는 학생들을 '그저 이해력이 떨어지는' 아이로 치부해버린다. 어려움을 겪는 학생을 대하는 이런 태도는 무관심해서가 아니다. 생존을 위해서이거나, 안타깝지만 진도를 계속 나가야 한다는 사실을 정당화하는 방어기제이거나, 학급 전체가 뒤처질 위험이 있어서다! 이는 표준화된 교육 시스템의 가장 큰 결함이다. 표준화된 교육 시스템은 시간표를 만들어 개별 학생이 아닌 학급에 보조를 맞춰 학습을 진행한다. 하지만 학급은 개인이 아니어서 가르칠 수 없고, 또 배울 수도 없다. 학급에 있는 개별 학생들만이 학습하고 성공을 거둘 수 있다. 교육의 회로를 새로 바꾸는 일에 성공하려면 다른 무엇보다 학생 개인에, 그런 다음 학습법, 교수법, 그리고 적절한 기술의 이용에 초점을 맞춰야 한다.

우리는 시스템을 바꿀 수 없으며 사람들을 바꿀 수 있을 뿐이다. 그런 다음 사람들이 협력해 시스템을 변화시켜야 한다. 하지만 우리가 가진 가장 강력한 무기는 우리 자신을 변화시킬 수 있는 능력이다. 정말로 모든 아이가 학습해서 성공을 거둘 잠재력을 가지고 있다고 믿는지 스스로 묻는 것부터 시작해야 한다. 내심 믿지 않는다면, 아무리 개혁을 추진한다 한들 의미가 없으며, 아무리 기술이 있다 한들 도움이 되지 않을 것이기 때문이다. 내가 스티브 잡스나 다른 특출한

리더들과 함께 일하면서 배운 게 하나 있다면, 변화는 언제나 안에서부터 시작해 바깥으로 뻗어나간다는 것이다. 일단 우리가 마음속 깊이 믿으면, 아이들도 자신을 믿기 시작하고, 그래서 아이들이 자기 안에 있는 줄도 몰랐던 잠재력을 끌어내는 데 도움이 될 것이다.

왜 모두가 똑같이 배워야 한다고 생각할까

'무엇을 배우는가'보다 더 중요한 것

소비/암기형 학습의 종말과 새로운 학습 유형

잠재력을 이끌어내는 학습 공간의 설계

대본이 아니라 리얼리티가 필요하다

2부

모두가 놓치고 있었던
공부의 본질

왜 모두가 똑같이
배워야 한다고 생각할까

교육은 더 이상 지식 전달에 주력할 게 아니라
새로운 길을 택해 인간 잠재력을 발산하게 해야 한다.

- 마리아 몬테소리

토드는 전형적인 부진아였다. 오래전부터 행동과 동기부여에 문제가 있었기 때문에 초등학생 시절 내내 어려움을 겪었다. 고등학교에 다닐 때는 방과 후에 남거나 정학을 당하는 일이 많았고, 결국 평점 0.9점을 받아 중퇴했다. 거기다 학교 문제만으로 충분치 않다는 듯, 임신한 여자친구와 앞으로 태어날 아이를 돌봐야 했다. 결국 토드는 시급 5달러도 안 되는 곳에서 일하면서 복지수당을 받았다. 아는 사람들은 토드가 착하고 똑똑하며 잠재력 있는 아이였다고 말했다. 중간에 무언가가 잘못된 게 분명했다. "나는 우리의 학교 시스템에 맞지 않는 사람이었다." 토드는 몇 년 후 이렇게 회상했다.

사람들은 흔히 학교에서 어려움을 겪거나 성적이 나쁘거나 중퇴하는 아이들이 게으르거나 멍청하다고 말한다. 좀 더 동정심이 있는 사람들은 부모의 관심 부족, 실력 없는 교사 또는 개입 프로그램 운영 자금 부족 탓으로 돌릴지 모른다. "하지만 토드 같은 아이들이 우리 책임이라면 어떨까요?" 나는 미국 전역의 교육자와 학교 행정가들에게 강연하면서 이따금 묻는다.

그러면 많은 사람들이 혼란스러운 얼굴로 나를 쳐다본다. '그 아이가 어째서 우리 책임이지?' 그들은 생각한다. '무엇보다 우린 토드를 알지도 못한다고!'

맞는 말이다. 그 사람들은 토드를 모른다. 그런데 토드가 어떻게 살아왔는지 몇 가지 사실만 듣고도 토드에 대해, 또는 토드의 가족이나 교사나 이용 가능한 자원에 대해 성급하게 추정해버린다. 진짜 문제는, 토드가 낙제한 원인이 무엇인지를 묻기보다 토드에 대해 쉽게 단정하는 우리의 경향이다. 이것이 현재 우리의 교육 시스템이 가진 주된 결함이다. 우리는 학생들이 잠재력을 드러낼 수 있게 이끌기보다, 우리가 추정하는 바에 근거해서 그들의 잠재력을 제한한다.

낙인찍기

교육의 회로를 바꾸는 일에 성공하려면, 기술이 아니라 심리학과 더불어 시작해야 한다. 아이들의 성공 잠재력에 관한 끈질긴 오해가 있는데, 아이들을 돕기 전에 이 오해부터 헤아려봐야 한다. 토드 같은 경우에서, 우리는 이해할 수 없는 복잡한 문제를 지나치게 단순화하려는 심리에 사로잡힌다. 심리학자들이 '원인의 지나친 단순화 오류fallacy of the single cause'라고 부르는 이것은 아주 복잡한 문제에 대해 한 가지 이해하기 쉬운 답을 찾게 만든다. 이 답은 우리가 어떤 문제를 처음 인식하기는 했으나 아직 그 주변 사정을 모두 알기 전에 가장 먼저 떠올리는 '원인'이다. 우리는 우리가 주변 사정을 모두 알지 못한다는 사실조차 모를 수 있다. 마치 무언가로부터 멀어질수록 더 단순해 보이는 것과 마찬가지다. 예를 들어 텔레비전 보도와 뉴스 클립 역시 이런 편견을 전한다는 점을 깨닫지 못한 채, 토드에 관한 기사를 읽고서 순식간에 토드를 다 안다고 생각할지 모른다.

원인의 지나친 단순화 오류는 인지편향이라는 심리 현상과도 관계가 있다. 인지편향은 우리 개인의 경험이나 상황에 근거해 다른 사람이나 사건을 판단하는 것이다. 예를 들어 교사가 잘 가르치지 못하는 바람에 고등학교를 중퇴한 사람이라면, 토드의 이야기를 듣고서 잠재의식에 따라 토드의 문제 역시 교사가 잘 못 가르친 탓이라고 비난할지 모른다. 토드가 아닌 자기 자신에 대해 생각하고 있음을 깨닫지 못한 채 말이다. 사회복지사라면 매일 보는 게 그런 것이기 때문에, 사회경제적 요인을 탓할 수도 있다. 심리학자는 정신 또는 정서 문제를 탓할지 모른다. 또 역경을 딛고 학교에서 성공하는 방법을 찾은 사람은 토드가 열심히 노력하지 않았다고 탓할지 모른다. 모두가 자신이 겪어봐서 안다고 생각한다!

사실 한 사람이 실패하는 원인은 이 중 어느 것도 아닐 수 있고, 그중 몇 가지일 수도 있으며, 이 모두일 수도 있다. 만약 우리가 의식하지 못하면 인지편향은 위험하다. 개인의 믿음이 잘못된 법을 만들고 잘못된 규정을 시행해서, 잘못된 이유로 잠재된 가능성을 억제할 수 있기 때문이다. 마찬가지로 확증편향도 위험하다. '이게 원인'이라고 단정하고 나면, 진짜 원인을 알려 하기보다 잠재의식에 따라 우리 자신이 옳음을 증명하기 위해 모든 노력을 기울인다. 우리 이론이 옳지 않다는 게 밝혀지더라도 옳다는 증거를 열심히 찾아보면, 거의 언제나 정당화하는 방법을 찾을 수가 있다.

학생의 성공에 대한 생각이 우리 마음에서 생겨난다는 사실을 알고, 그런 생각을 의식적으로 거부함으로써 학생의 성공 또는 실패에는 우리가 모르는 더 많은 원인이 있음을 인정하는 것이 진정한 변화를 일으키는 첫걸음이다. 우리의 편견을 인정하는 것이 교육의 회로를 새로 바꾸는 일에서 가장 중요한 부분이다.

장밋빛 안경*으로 바라본 로즈

다행히도 토드는 고등학교를 중퇴하고 오래지 않아 그가 학교에 맞지 않는 아이임을 이해하고 받아들인 멘토들을 만났다. 멘토들은 토드에게 그가 가진 열정을 따르라는 조언과 함께, 지나간 일은 잊어버리라고, 부정적으로 말하는 사람들 얘기는 듣지 말라고 용기를 북돋아주었다. 현재 어디에 있는지 또는 과거에 어디에 있었는지는 중요하지 않으며, 토드가 원하는 건 무엇이든 할 수 있다는 확신을 심어주었다. 시간이 걸렸으나 마침내 토드는 그렇게 믿기 시작했고, 자신이 정말로 원하는 건 무엇이든 할 수 있다고 확신하게 되자, 상황이 달라지기 시작했다. 그로부터 몇 년 후 토드는 과거를 잊고 대학에 입학했다. 예전에는 불가능한 꿈이라 여겼던 목표였다.

---

* 원문은 'rose-colored glasses'로 낙관적인 견해를 의미한다. 여기에서는 토드 로즈(Todd Rose)의 이름이 갖는 뜻을 살려 장밋빛 안경으로 옮긴다.

토드는 존경받는 하버드대학 교수이자 하버드교육대학원 지성·두뇌·교육 프로그램의 책임자인 토드 로즈Todd Rose 박사다. 또 개개인의 기회연구소Center for Individual Opportunity 공동 설립자이자 센터장이면서, 획기적인 교육 연구로 유명하다. 토드는 심리학 학사학위를 가지고 있고, 하버드대학에서 석사학위와 박사학위를 받았다. 보스턴 지역신문인 《임프로퍼 보스터니안The Improper Bostonian》은 토드를 '보스턴 지역에서 가장 똑똑한 사람 중 한 명'으로 선정했다. 보스턴이 하버드대학과 MIT의 본고장이라는 사실을 고려하면, 이는 대단한 성과다.[10] 토드는 또 《나는 사고뭉치였습니다》와 《평균의 종말》이라는 책을 써서 비평가들의 찬사를 받았다. 이들 책에서 토드는 개개인학science of the individual으로 알려진 것에 대한 획기적인 연구를 공유한다.

그는 이렇게 말한다. "우리는 모두 어느 정도 부적응자라서 사회가 요구하는 틀에 적응하는 법을 알아내려 애쓰면서 젊은 시절 대부분을 보낸다." 두 개의 눈송이가 똑같지 않은 것처럼, 우리 각자는 독특한 개인이며 이런 개별성은 중요하다. 사람들을 개인으로 이해해야만, 말하자면 평균이라는 잣대를 가지고 우리를 다른 사람들과 비교평가하는 것을 거부해야만, 우리는 삶에 진정한 변화를 일으키는 법을 배울 수 있다.

"사회는 우리 각자가 학교, 직업, 인생에서 성공하려면 어떤 협소한 기대에 따르라고 강요한다." 로즈 박사는 이렇게 말한다. "우리는 모두 다른 사람들과 비슷해지려 노력한다. 더 정확히 말하자면, 더 나은 사람들하고만 비슷해지려 노력한다." 많은 사람들이 의식적이건 아니건 어린 토드가 실패했다고 보았다. 로즈의 이야기는 다시 한번 말해준다. 어려움을 겪는 아이를 볼 때 우리 뇌는 본능적으로 그 아이에게 부진아라는 (또는 더 나쁜) 꼬리표를 붙이려 한다는 사실을 자각하고서, 이런 본능을 억제해 장밋빛 안경을 쓰고 아이를 보려 노력해야 한다고.[11]

성공 잠재력

우리 모두가 확증편향에 빠질 수 있음을 인정하고 나면, 이런 상황에 맞닥뜨릴 때 스스로 알아차리고 물리칠 수 있다. 로즈 박사의 개개인성 연구는 상식이 이미 우리에게 말해주는 것, 즉 모든 사람은 다르다는 걸 과학적으로 보여준다. 신체만이 아니라 학습 방식과 속도에서도 그렇다. 또 사물을 보고 정의하는 방식도 다르다. 물론 사전이 일반적인 정의를 제시해줄 수는 있지만 제각각 다양한 의미로 받아들일 것이다.

예를 들어 '성공'이 무슨 뜻이냐고 물으면 독자들은 이 말을 경제적 성공과 동일시할지 모르지만, 나는 경제적 이익과 무관하게 어떤 사람이 특정한 분야에서 갖는 영향력과 동일시할 수 있다.

학생의 성공을 무엇으로 볼지도 마찬가지다. 학생의 성공이란 무엇인가 하는 물음에는 정답이 없다. 평점, 시험 점수, 합격/불합격, 학습 진도 등 다양한 답이 나올 수 있다. 다시 말해 성공은 절대적인 개

넘이 아니라 상대적인 개념이다. 어떤 사람의 성공 잠재력이 그런 것처럼.

내가 모든 학생이 성공 잠재력을 가지고 있다고 믿는 건 이런 이유에서다. 이 말이 반드시 모든 학생이 교과서 전체를 암기해서 표준화된 시험을 통과할 잠재력을 가지고 있다는 뜻은 아니다. 모든 학생이 각자의 방식으로 성공할 잠재력을 가지고 있다는 말이다. 상대성이 중요하다. 어떤 사람이 자기의 성공 잠재력에 '부응하는'지 아닌지는 그야말로 관점의 문제다.

똑같이 똑똑하다고 여겨지는 남자아이와 여자아이가 있다고 생각해보자. 우리가 할 일은 두 아이 각자가 잠재력을 완전히 발휘하고 있는지 알아내는 것이다. 남자아이는 학교에서 전부 'A'를 받고 공부 말고는 잘하는 게 거의 없다. 특별활동 시간에는 축구를 하는데, 축구에 관심이 없고 자신이 축구를 잘 못한다는 사실도 안다. 그렇지만 체력이 좋으므로 정말로 원한다면 축구를 더 잘할 수 있다는 점은 분명하다. 한편 여자아이는 'B'와 'C'를 많이 받지만, 그녀의 부모는 딸이 전부 'A'를 받을 수 있다는 걸 안다. 부모는 그 증거로 딸의 놀라운 바이올린 연주 실력을 든다. 여자아이는 시간이 날 때마다 바이올린을 연습한다. 음악 시간에는 악보로 보거나 귀로 들은 음악을 모두 기억할 수 있지만, 다른 수업에서는 어려움을 겪는다. 부모는 딸이 다른 수업에서 열심히 노력하지 않는다고 여긴다.

이런 상황에서 남자아이는 자신이 가진 잠재력을 극대화하고 있는 걸까? 여자아이는 그런 걸까? 아니면 둘 다 그렇거나 아무도 그렇지 않은 걸까? 남자아이의 영어 교사와 축구 코치에게 물으면 서로 답이 다를 것이다. 여자아이의 수학 교사에게 물으면 아니라고 하겠지만, 음악 교사는 수학 교사의 말에 동의하지 않을 것이다.

이 사례의 요점은 먼저 무엇을 위한 잠재력인가 하는 물음에 답하지 않고서는, 아이가 자신의 잠재력에 부응하는지 아닌지 결정할 수 없다는 것이다. 예를 들어 성적과 연관된 학업 잠재력만 이야기한다고 해보자. 어떤 학생이 영어에서는 'A'를 받지만 수학에서는 'B'나 'C'를 받는다면 어떨까? 이는 아이가 수학에서 잠재력을 완전히 발휘하고 있지 않다는 뜻일까? 아이의 수학 실력을 더 깊이 파고들다가, 아이가 분수와 소수는 완전히 익혔지만 기하학은 어려워한다는 사실을 알게 된다. 또 특정한 유형의 기하학 문제만을, 그리고 특정한 방식으로 배울 때만 어려워한다는 사실도 알게 된다. 부모나 교사가 한 아이만 놓고 이런 것들을 알아내는 데도 많은 노력이 든다. 그런데 우리는 'B'나 'C'라는 성적만 보고서 아이가 특정한 과목에서 어려움을 겪고 있다고 쉽게 결론지어버린다. 학생의 성공과 미래는 흔히 잠재력의 문제가 아니라 인식의 문제다. 게다가 인식은 성공이나 잠재력처럼 상대적이므로, 아이의 성공에 대한 우리의 기대 역시 상대적일 수밖에 없다. 이때 기대는 잠재력의 실현에 직접적인 영향을 미칠 수 있다.

교사는 자주 진퇴양난에 빠진다. 꾸준한 진도를 유지하며 학생들에게 적절한 노력을 요구할지 아니면 수업 진도를 늦춰서 모든 학생이 내용을 완전히 익히게 할지 선택해야 한다. 정해진 속도로 가르쳐서 30명의 학생이 모두 목표에 도달하게 하는 게 이상적이겠지만, 그게 실현 가능하지 않다는 걸 우리는 안다. 나중에 보겠지만 적응형 기술은 이런 문제를 해결하는 데 아주 중요한 역할을 할 수 있다. 하지만 기술은 그것을 작동시키는 소프트웨어만큼만 잘해낼 수 있을 뿐이고, 소프트웨어를 만드는 건 인간이다. 이 소프트웨어를 최적화하는 방법을 알려면 먼저 우리 자신을, 즉 무엇이 중요하고 중요하지 않은지, 그리고 학생들에 대한 우리의 기대가 무엇이고 무엇이어야 하는지를 이해해야 한다.

　많은 전문가가 모든 학생에게 똑같이 높은 기대를 가져야 한다고 주장한다. 이를 위한 가장 효과적인 수단으로 학년 수준이라는 기준을 들먹인다. 그러면서 "모든 학생에 대해 똑같이 높은 기준을 유지하지 않으면, 아이들의 진짜 잠재력을 믿지 않음으로써 그들의 마음을 다치게 할 것"이라고 한다. 학교 활동가, 정책 입안자, 행정가, 그리고 선의의 정치인들이 이런 주장을 한다. 기대 설정에 가장 유용한 도구로서 발전 지표를 들먹이는 지지자들을 포함해 많은 사람들이 '현실성'을 유지하는 데 찬성하면서 이렇게 주장한다. "만약 우리의 기대가 현실성이 없으면, 아이들에게 실패의 누명을 씌우게 될 것이다.” 현실성을 옹호하는 사람들은 대개 교사들, 특히 위험한 환경에 처한 학생들을 가르치는 교사들이다.

양쪽 모두 어느 정도 일리가 있다. 그렇다, 우리는 모든 학생에게 높은 기대를 가져야 한다. 자신과 더 잘 관련지을 수 있는 방식으로 학습할 때 아이가 개념을 파악할 수 있는 가능성이 더 높다는 것을 간과하기 쉽다. 아이들은 대개 학습 능력이 떨어지는 게 아니라 우리가 가르치는 방식으로는 학습할 수 없을 뿐이다. 현실화하려는 노력에서 목표를 낮게 설정하는 바람에, 학생들이 성장할 수 있는 기회를 가로막을까 봐 염려스럽다. 아이가 가르치는 내용을 이해하지 못하는 것은 아이 책임이 아니다. 다른 방법을 찾아내 아이의 학습을 돕는 것이 교사나 부모의 몫이다.

한편 학생에 대한 기대가 모든 학생이 제때 동일한 시점에 해내야 한다는 식이 되어서는 곤란하다. 그보다는 아이의 능력에 따라 상대적이어야 한다. 이 말은 학생이 복잡한 분수의 나누기를 할 수 있을 거라 기대하지 않는다는 뜻이 아니다. 다만 5학년 넷째 달 셋째 주에 그럴 거라 기대하지는 않는다는 뜻이다! 5학년인데 덧셈과 뺄셈밖에 못한다면, 이 학생에게 당장 기대할 수 있는 것은 곱셈과 나눗셈 익히기일 것이다. 하지만 앞으로의 기대는 분수 또한 완전히 익히는 것이 될 것이다. 높은 기대가 당장의 기대와 같은 뜻일 필요는 없다. 대신에 기대는 당장의 기대와 앞으로의 기대처럼 단계적이어야 한다.

표준 시험은 아이의 발전을 포착하지 못한다. 비슷한 학년의 다른 학생들과 지식을 비교해 평가할 뿐이다. 내 친구 하나가 “표준 시험이 정확히 평가하는 건 학생이 표준 시험에 얼마나 잘 대비할 수 있는가 하는 것뿐이다!"라고 말한 대로, 개별 학생의 성공 또는 학습 잠재력을 판단하는 방법으로는 별로 효과가 없다. 안타깝게도 교사들은 학생들이 표준 시험에서 받은 점수에 따라 평가를 받고 때로는 보수를 받기 때문에, 두 가지 생각 사이에서 갈팡질팡한다. 말하자면 평등성을 믿지만, 시험에 통과하는 것을 우선하는 교육방식을 계속해야 하는 것처럼 느낀다. 이는 교사 자신에 대한 기대뿐 아니라 많은 학생에 대한 교사의 기대 또한 꺾어놓는다.

이런 어려운 문제가 모든 학생이 높은 수준의 성취를 거둘 수 있는 가능성을 낮춘다. 그렇다, 내가 아무리 심리 현상과 단계별 기대에 대해 설명해도, 많은 사람들이 여전히 회의적인 반응을 보인다. 그들은 모든 아이에게 한계란 없다는 말을 내심 믿지 않는다. 사람들이 성취할 수 있는 것에는 한계가 있다고 생각하기 때문이다. 더 나은 성취를 이루는 사람들은 타고난다고 믿는다. 이런 믿음은 수십 년 동안 격렬히 벌어진 오래된 논쟁, 즉 본성 대 양육 논쟁과 닿아 있다.

모든 아이는 비범해질 수 있다

19세기 후반, 프랜시스 골턴Francis Galton이라는 몸집이 왜소한 생물통계학자가 학습 능력은 유전된다는 이론에 강한 흥미를 갖게 되었다. 골턴은 우생학의 아버지로 알려져 있다. 우생학의 그릇된 발상과 실천은 '인간의 유전자 품질 개선'을 목표로 했고, 이에 자극받은 아돌

프 히틀러는 1925년에 악명 높은 《나의 투쟁》을 썼다. 이것은 결국 히틀러의 (특히) 유대인 몰살 시도와 세계대전으로 이어졌다. 그렇지만 골턴이 품은 거창한 발상은 우생학만이 아니었다. 그는 '본성 대 양육'이라는 관용구에도 책임이 있기 때문이다. 골턴은 1869년 천재와 탁월성에 대한 생각을 쓴 책 《유전하는 천재Hereditary Genius》에서 이 개념을 자세히 다루었다.

본성 대 양육 논쟁은 수십 년 동안 교육 이론을 지배해왔다. 본성 이론의 지지자들은 대체로 지능과 능력은 타고나는 것이고, 따라서 우리는 타고난 만큼만 학습하고 성취할 수 있을 뿐이라고 믿었다. 이들은 우리 모두가 특정한 방식으로 태어난다고, 즉 어떤 사람은 똑똑하게, 또 어떤 사람은 건강하게 타고나고, 또 어떤 사람들은 아무런 능력도 타고나지 않는다고 주장했다. 다시 말해 우리의 잠재력은 유전자 안에 있다는 것이다.

이 논지의 반대편에 있는 사람들은 본성보다 양육이 중요하다고 믿는다. 이들은 우리가 백지 상태로 태어나고, 가장 중요한 건 성장하고 발전하는 환경이라고 주장한다.[12] 이 논쟁은 오늘날에도 교육계에서 어느 정도 계속되고 있다. 하지만 최근 연구 결과는 그 답이 본성이냐 양육이냐 하는 식으로 그렇게 간단하지 않다고 말한다.

물론 지능에 영향을 미치는 것을 포함해서 부모로부터 유전자를 물려받기는 하지만, 환경(말하자면 우리가 경험하는 것들)이 유전자가 발현하는 방식을, 그리고 심지어 유전자가 발현할지 말지를 결정하는 열쇠라는 것이다. 현재 가장 유망한 새로운 과학연구 분야 중 하나는 후성유전학이다. 후성유전학은 유전자(말하자면 본성)의 발현이 고정되어 있지 않고 역동적이라고 주장한다. 그것은 시간이 지나면서 변화할 수 있고 또 변화한다. 환경(말하자면 양육)이 영향을 미치고 협력해서 유전자가 적응하게 한다. 이렇게 생물체의 유전자는 환경 요인과 공조하고, 따라서 '본성이냐 양육이냐'가 아니라 '본성과 양육'이 되어야 한다. 정말로 중요한 건 이 둘 사이의 협력이다.

신경학자들은 이제 상호작용론interactionism이라고 하는 후성유전학의 한 분야를 연구하고 있다. 상호작용론은 유전자가 지능과 어떻게 역동적으로 상호작용하는지에 중점을 둔다. 지금까지 이뤄진 연구에 따르면 신경학 관점에서 '좋은' 유전자를 타고나는 사람의 이점은 어떤 것을 특정한 방식으로 더 빠르게 학습할 수 있는 것이다. 그렇지만 우리가 무슨 일을 어떻게 하고 누구와 어울리는지 등이 우리의 뇌와 유전된 지능 수준을 변화시킬 수 있다는 것은 현재 분명하게 밝혀진 사실이다. 《우리 안의 천재성》의 저자인 데이비드 셴크David Shenk가 말한 대로 "사람은 자신의 행동으로 자기 유전체(게놈)의 습성에 영향을 미칠 수 있다." 따라서 논쟁의 양편이 모두 어느 정도는 옳고, 또 어느 정도는 틀렸다.[13]

아, 이제 반박하는 소리가 들려온다. "타고난 지적 능력이 부족하거나 지적 능력을 습득하지 못한 학생은 어떨까? 솔직히 이런 학생들에게 높은 수준의 성공을 기대해야 할까? 어쩌면 테일러주의자들 말이 맞아! 우린 생산직 노동자가 필요하거든! 어쨌든 누군가는 화장실을 청소하고 공장 생산라인을 가동시켜야 해, 안 그래? 모두가 그렇지 않다는 걸 아는데, 왜 아이들은 모두가 평등하다고 생각해야 하지?" 이들은 모든 사람이 똑같이 만들어지지 않았고, 이 때문에 교육이 평등에 중점을 두어서는 안 된다는 생각을 정당화하려 한다. 이들은 "일부 아이들의 잠재력에 대해서는 기대를 단계화하기보다 낮춰야 한다"라고 생각한다. 나는 여기에 강력히 반대한다. 모든 아이가 비범하도록 준비시켜야 한다고 믿는다. 이는 모든 아이가 그럴 기회를 이용할 수 있게 한다는 뜻으로, 양질의 교육과 더불어 시작된다. 그런 다음 아이 스스로 내린 결정에 의해서건 아이의 통제를 벗어난 환경에 의해서건 삶이 개입하고, 그 과정에서 좀 더 평범한 많은 역할을 채우게 될 것이다.

이런 주장을 하는 사람들은 평등성과 독특성을 혼동하고 있다고 생각한다. 독특성은 개별성(말하자면 우리가 누구인지)과 관련되는 반면, 평등성은 기회(말하자면 우리가 무엇을 할 수 있는지)와 관련된다. 다시 한번 로즈 박사의 연구가 지적하는 대로, 우리는 모두 독특성을 타고났으며 그것을 평생토록 유지하는데, 이건 좋은 일이다. 하지만 우리 모두가 균등하게 태어나지는 않았는데, 다행히도 이는 달라질 수 있고 달라져야 한다. 앞으로 보게 되겠지만 기술은 제대로 이용하면 세상 사람들이 일찍이 알았던 교육의 가장 큰 균형 장치 가운데 하나가 될 수 있다. 하지만 우선 우리 자신의 편견과 잠재력을 이해하는 일이 중요하다. 그래야만 다음 단계로, 다시 말해 아이들이 잠재력을 실현하도록 동기부여를 하는 단계로 넘어갈 수 있다.

4장

REWIRING EDUCATION

•

'무엇을 배우는가'보다
더 중요한 것

교육이란 들통을 채우는 일이 아니라
불을 지피는 일이다.

- 윌리엄 버틀러 예이츠

성공의 가장 중요한 요소는 동기부여다. 만약 성공할 동기를 충분히 가지고 있다면 성공하지 못하도록 가로막기란 아주 어려운 일이 될 것이다. 교육에서도 마찬가지다. 학생이 무언가를 배우길 간절히 원한다면, 나쁜 부모에 형편없는 교사와 학교가 가세하더라도 배우는 것을 막을 수가 없다. 이게 아이들이 노래 가사를 줄줄 외우면서도 5분 전에 배운 수학 공식은 까먹는 이유다. 비디오게임에 나오는 캐릭터가 내는 복잡한 문제를 풀 때는 비판적 사고능력을 사용하면서도 서술형 수학 문제 앞에서는 그 능력을 활용하지 못하는 이유다. 또 프로 선수를 꿈꾸는 남자아이들이 매일 몇 시간이고 농구를 할 시간은 있으면서 수학 숙제를 할 시간은 없는 이유다.[14] 이 모든 일은 동기부여가 가장 중요한 까닭이다. 아이가 무언가를 배우는 데 어려움을 겪는다면, 대개 학습 능력이 떨어져서가 아니라 그것이 배울 만한 가치가 있는지 스스로 납득하지 못하기 때문이다.

동기부여의 중요성을 강조할 때마다 나는 우리 딸아이 티퍼니 이야기를 들려주곤 한다. 오빠 크리스는 공부를 잘했지만, 티퍼니는 학교에서 어려움을 겪었다. 그래서 우리는 티퍼니에게 학습장애가 있을지 모른다고 걱정했다. 어떤 주제에 대해 학교에서 배우건 집에서 우리한테 직접 배우건, 티퍼니는 항상 이해하는 데 시간이 많이 걸리는 듯했다. 하지만 공예와 관련해서는 어떤 주제든 언제나 잘했다. 티퍼니가 중학교에 입학할 무렵, 딸아이의 가정교사였던 릴리안 리버먼은 티퍼니가 미술에 재능이 있고 시각적-동적 학습자 유형이라는 사실을 재빨리 알아차렸다. 리버먼은 티퍼니가 손으로 중세 유럽 도시의 모형 주택과 엘리자베스 시대풍의 인형을 만드는 것을 도왔다. 뭘 만들 때면 티퍼니는 항상 함박웃음을 지었다. 하지만 나는 티퍼니가 만들기에 가진 열정을, 좀 더 전통적인 학업 영역에서 평범한 성과를 보이는 것과 관련지을 생각을 하지 못했다.

대학에 들어간 티퍼니는 심리학을 전공했다. 그때쯤에는 집중하는 법을 익혀서 공부를 곧잘 했다. 하지만 대학 2학년 때 한 여학생회[**] 회원이 우연히 티퍼니의 작품을 보고서 '뿅 가고' 말았다. "이거 정말 기가 막힌데! 너, 미술에 재능을 타고났구나. 대체 왜 심리학과에서

---

[*] sweet spot. 야구 방망이 등으로 공을 칠 때 힘을 많이 들이지 않으면서 원하는 방향으로 멀리 빠르게 날아가게 하는 지점. 원래 스포츠 분야에서 쓰는 용어였으나, 다양한 분야에서 최적화된 상태를 나타내는 뜻으로 폭넓게 쓰인다.

[**] 미국 대학의 여학생만으로 이루어진 사교단체.

시간을 허비하고 있는 거니?" 이 말에 충격을 받은 티퍼니는 곧 전공 공부를 그만두고 미술을 향한 자신의 열정을 따르기로 마음먹었다. 그래서 오티스-파슨스디자인대학으로 옮기고 전공을 패션으로 바꾸었다. 그 후 티퍼니는 더 이상 공부에 어려움을 겪는 일이 없었다. 자기가 정말 좋아하는 일을 하고 있었기 때문이다. 적절히 동기부여가 된 학생이라면 성공이 그다지 멀리 있지 않다.

티퍼니가 오티스에서 공부하기 시작한 지 얼마 되지 않았던 때를 기억한다. 티퍼니는 어릴 적 인형을 만들 때와 똑같은 미소를 지으며 내게 말했다. "타고난 재능과 열정을 깨닫기까지, 전 교육이라는 공을 산 위로 힘겹게 밀어 올리면서 14년을 보냈어요. 이제 마침내 산 아래로 그 공을 쫓아 내려올 수 있게 됐어요!" 티퍼니는 나중에 그 학교에서 심벌 상을 받는 영예를 누렸다. 모든 학생이 가장 탐내는 상 가운데 하나였다.

내가 부모로서 티퍼니를 보며 배운 건, 아이가 공부를 잘하지 못하면 대개 부모와 교사가 모두 아이에게 분명 문제가 있다고 생각한다는 점이다. 티퍼니가 학교에서 학습장애를 겪었던 것은 순전히 동기부여의 부족 때문이었음이 드러났다. 일단 자기 열정과 재능의 '최적지점'을 알고 이용하기 시작하자, 티퍼니는 자기가 가진 진정한 잠재력을 실현할 수 있었다.

티퍼니를 보면서, 아이를 가르치는 건 아이가 타고난 재능, 관심사, 열정을 찾아내도록 돕는 것이어야 한다는 믿음이 더 강해졌다. 거의 모든 아이가 이른바 최적 지점을 가지고 있음을 나는 여러 해 동안 봐왔다. 때로는 최적 지점을 쉽게 찾을 수 있다. 누구든 잘하는 것에 열정을 보이는 경향이 있기 때문이다. 그리고 이런 열정이 애당초 그것을 잘하는 이유일 가능성이 크다. 하지만 많은 아이들이 자기가 무엇에 열정을 가지고 있는지 모르거나, 열정을 느끼지 않는 것을 잘하거나, 또는 그리 잘하지 못하는 것에 열정을 보이기도 한다(어른도 마찬가지다). 따라서 교육자와 부모의 주된 목표는, 아이가 잘하는 것과 배우고 싶어 하는 것을 알아내 배워야 할 것과 결부지어서, 자신의 최적 지점을 찾아내도록 돕는 것이어야 한다고 나는 생각한다. 물론 언제나 말이 행동보다 더 쉬운 법이지만 말이다.

효과적인 학습의 전제조건

사람들, 특히 교실을 가득 채운 학생들에게 동기부여하는 법을 배울 때 꼭 알아두어야 할 것이 있다. 교사는 학생에게 동기부여하는 법을 배우는 게 아니라 시간이 흐르면서 스스로 알아가야 한다는 점이다. 무엇이 최선의 기준이고 교수법인지에 대해 온갖 주장이 있지만, 학생이 배우고 싶을 정도로 마음이 끌리거나 동기부여를 받지 않으면 거의 효과가 없다. 이와 반대로 동기부여가 아주 잘된 학생은 수준 이하의 수업과 최소한의 자원에 맞닥뜨려서도 무엇이든 배울 수 있다(그리고 배울 가능성이 크다).

나는 동기부여가 효과적인 학습의 전제조건이라고 생각한다. 여기에 동의하지 않는 교육자는 그다지 많지 않을 것이다. 하지만 동기부여에 대해서는 거의 가르치지 않거나 심지어 교육대학원에서도 이야기하지 않는다. 다루더라도 선택과목인 교육심리학에 한 단원을 포함시키는 정도에 그친다.

왜일까? 누구나 동기부여의 중요성을 잘 알고 있는데도, 왜 동기부여에 대해 더 자주 이야기하지 않을까?

가장 주된 이유는 양적 평가의 어려움 때문이다. 시험 점수만 보고서는 아이의 동기부여 수준을 알 수가 없다. 아이에게 물을 수는 있으나, 이는 학자들과 실무자들이 의존하는 양적 분석과는 거리가 멀다. 여론조사나 설문조사 같은 건 질적 영역에 더 가까워서, 흔히 명백한 실증적 증거라기보다는 입증되지 않은 증거로 무시된다. 질적 평가를 위해 학생에게 설문지를 주거나 여론조사를 하더라도, 솔직한 답변보다는 어른이 듣고 싶어 하는 답을 내놓을 가능성이 크다. 그렇지만 동기부여가 학생의 성과에 어떤 영향을 미치는지에 관한 양적 자료 없이도, 무엇이 효과가 있고 무엇이 효과가 없는지 조사하고 연구한 동기부여 이론은 많다.[15]

자기결정이론

동기부여 이론 가운데 단연코 가장 많이 연구되어 일반적으로 인정받고 있는 것은 자기결정이론self-determination theory, SDT이다. 이 이론은 주로 사람들에게 내재된 욕구와 성장을 이해하는 데 관심이 있다. 이 이론의 공동 개발자인 에드워드 디시Edward Deci와 리처드 라이언Richard Ryan[16] 은 현재 전 세계에서 가장 많이 인용되는 심리학자들이다. 두 사람의 자기결정이론에 관한 학술 논문은 동기부여에 관한 가장 권위 있는 연구로 여겨진다. 교육의 회로를 새로 바꾸기 위해, 자기결정이론에서 가져올 몇 가지 핵심 내용이 있다. 이것이 학생의 동기부여를 더 잘 이해하는 데 도움이 될 것이다.

자기결정이론은 사람들의 선택과 그 선택의 이유를 주목한다. 더 구체적으로 말하면 그 선택이 다른 사람이나 다른 무언가에 영향을 받은 것인지 아니면 아무런 영향을 받지 않은 것인지를 살핀다. 예를 들어 어떤 학생이 수학 문제를 풀면서 여가 시간을 보낸다면, 그 이유는 시험에서 'A'를 받기 위해서일까, 아니면 그야말로 단지 수학이 너무 좋아서일까? 자기결정이론에 따르면, 후자가 내재적 동기라면 전자는 외재적 동기에 속한다.

물론 내재적 동기와 외재적 동기 사이에 걸친 또 다른 동기가 있을 수 있다. 자기결정이론은 이를 고려해 어느 한쪽이 얼마나 우세한지 살핀다. 이 두 유형의 동기부여가 갖는 차이는 다음과 같이 생각하면 쉽게 이해된다. 앞선 예에서 언급한 비디오게임이나 농구를 하는 아이들처럼 자기 안의 무언가에 의해 동기부여를 받을 때 내재적 동기라 하고, 시험 점수나 등급, 상 또는 교사나 부모나 코치 등 주로 외부 요인으로부터 동기부여를 받을 때 외재적 동기라 한다.

자기결정이론을 지지하는 교육자들은 우리가 아이들에게 내재적 동기부여를 더 바란다고 주장한다. 많은 연구에 따르면, 내재적으로 동기부여될 때 학습이 더 오래 지속되고, 해당 주제를 더 잘 이해하며, 더 오래 기억한다. 아이가 학교 공부를 잘하기 위해서는 내재적인 동기부여가 중요하지만, 그러기는 정말 어려운 일이다.[17]

하지만 특정한 유형의 외재적 동기는 단기적으로 긍정적 결과를 가져다주는 것으로 밝혀졌다. 학습에 관한 지식이 있는 거의 모든 교육자, 연구자, 행정가, 공무원이 내재적 동기가 더 중요하다고 생각하는 데 반해, 우리의 전체 교육 시스템이 등급이나 시험 점수 같은 외재적 동기에 의거해 설계되고 시행되어왔다는 건 얄궂은 일이다. 외재적 동기는 단기에 좋고, 우리의 교육 시스템은 외재적 동기에 초점을 맞춰 설계되었다. 내재적 동기는 장기에 더 낫고, 우리의 교육 시스템은 내재적 동기에 의거해 설계되어야 한다. 우리는 이미 내재적 동기를 뒷받침하는 연구 결과에 맞춰 교육 시스템의 회로를 새로 바꿀 수 있다. 그전까지는 많은 학생들에게 학습에 대한 내재적 애정을 키워주는 데 어려움을 겪을 것이다. 교육의 회로를 새로 바꾸는 문제와 관련해서, 이 둘을 구분하는 게 중요하다. 앞으로 보게 되겠지만, 기술은 이 두 유형의 동기부여에 효과적으로 사용될 수 있다.

동기부여의 네 가지 비결

동기부여를 뒷받침하는 과학과 심리학이 정말로 많지만, 대부분 복잡한 문제들과 마찬가지로 (그리고 테일러주의자들은 그렇게 믿을지 모르지만) 학습 동기를 자극하는 '한 가지 올바른 방법'이란 건 없다. 맥락 속에서 모든 변수를 고려해야 한다. 오늘 나에게 동기가 되는 것이 내일은 그렇지 않을 수도 있다. 어떤 게임은 동기를 부여하는 반면 다른 게임은 그렇지 않을 수 있다. 그렇기는 하지만, 나 자신이나 다른 사람의 경험에서 나온 유익한 제안과 비결이 많다. 가장 중요한 몇 가지를 소개한다.

1. 선택

첫 번째는 선택과 관련이 있다. 아이에게 학습 방식의 선택권을 주면 학습에 더 호감을 갖게 하는 데 큰 도움이 될 수 있다.[18] 아이의 마음이 끌릴수록 더 동기부여가 되어서, 계속 학습에 참여하게 된다. 아이에게 동기부여를 하는 것은 가르치는 주제가 아니라 그 주제를 가르치는 방식이라는 뜻이다. 학습을 재미있고, 호감이 가고, 아이와 관련성을 갖도록 만드는 게 거의 모든 학습의 성공 열쇠다.

학생의 선택과 동일한 방식으로 작용하는 것이 학생의 압박감이다. 유소년 스포츠 경기에서 볼 수 있었던 특성이 이제 교육으로 넘어가고 있다. 부모들이 경기를 지켜보며 화를 내는 그런 특성 말이다. 부모들이 사방에서 아이가 성공을 거두도록 점점 더 압박하고 있다. 압박은 스트레스를 유발하고, 스트레스는 온갖 부정적인 결과로 이어진다. 나 역시 부모이기 때문에, 모든 부모들이 자기 아이에게 가장 좋은 것을 주고 싶어 한다는 것을 잘 알고 있다. 내 말은 아이들이 더 잘하도록 '밀어붙이지' 말라는 게 아니다. 아이가 뭔가를 하도록 자극하려면 적어도 그것에 대한 발언권을 아이에게 주어야 한다는 말이다. 아이가 자기 목표에 감성과 지성을 쏟도록 하는 게 그 목표의 성취를 돕는 비결이다.

최근에 어떤 부모가 4학년짜리 아이에게 이렇게 말하는 것을 들었다. "뭐든 세계 최고를 목표로 삼을 게 아니라면 애쓸 필요 없어." 그 4학년짜리가 틀림없이 느꼈을 좌절감을 나도 똑같이 느꼈다. 그리고 우리 두 사람이 똑같은 의문을 가졌으리라 확신한다. "왜?"

그로부터 며칠 후 '최고'가 아니라고 꾸지람 들은 그 불쌍한 아이에 대해 가까운 동료와 이야기를 나눴다. "부모들은 그렇게 아이가 어린 시절 대부분을 희생하는 게 정말로 그럴 만한 가치가 있다고 생각하는 걸까?" 내가 물었다. "아이도 그 문제에 대해 발언권을 가져야 하지 않을까?" 동료는 입장을 바꿔서, 만약 그 아이가 내 아들이고 최고가 되고 싶다며 부모가 밀어붙여주기를 바란다고 말하면 어떻게 할지 물었다. "음, 그런 상황이라면 나는 아마도 그렇게 할 거야. 그건 아이의 선택이니까." 나는 이렇게 대답했다.

"그럼 힘든 일이 시작되자마자 아이가 마음을 바꿔서 그만두고 싶다면 어쩔 건데?" 동료가 물었다. "그렇게 하도록 놔둘 거야? 훌륭한 사람은 중도에 포기한다는 생각을 비웃을 거라고 설명해줄 거야, 아니면 결국 그 노력이 성공할 가능성이 없다고 생각해서 그만두게 할 거야?"

나는 뭐라 대답해야 할지 몰랐다. 이것은 많은 부모가 자주 씨름하는 어려운 문제다. 더 나은 미래를 위해 현재를 희생해야 할까? 우리 아이들이 그래야 할까?

내가 아는 방법 하나는, 이 문제에 대해 결정을 내리려면 그전에 정말로 아이를 이해해야 한다는 것이다. 아이가 그만두고 싶다고 말하는 그 목표가 단지 부모의 꿈이 아니라 진정 아이 자신의 꿈이라면, 나는 아이가 포기하도록 내버려두고 싶은 충동을 억제할지도 모른다. 하지만 아직 그럴 수 있는 동안에는 아이가 탐구하고 발견하고 놀면서 그냥 아이로 있게 내버려두는 게 더 낫다. 아이가 정말로 동기를 가질 때에야, 마법은 일어난다. 부모가 있든 없든 말이다.

2. 현실성

두 번째 비결은 현실성과 관련이 있다. 나는 무슨 일이든 가능하다고 굳게 믿는 편이다. '불가능'이라는 말을 거의 쓰지 않는데, 살아오면서 불가능하리라 생각한 일이 일어나는 걸 자주 봤기 때문이다. 스티브 잡스가 말한 거의 모든 일이 처음에는 불가능하다고 여겨졌다. 애플에서 불가능한 것을 가능하게 만드는 법을 배운 경험 덕분에, 나는 모든 '현실적인' 생각을 싫어한다. 큰 꿈을 가진 아이와 이야기를 나누는 경우에 특히 그렇다. 이런 많은 꿈이 실현될 가능성이 크지는 않지만, 그렇다고 꼭 그런 일이 일어나지 말라는 법은 없다.

나와 함께 이 책을 작업한 제이슨은 고등학생들과 이야기를 할 때 다소 특이한 방법을 쓴다. 예를 들어 아이들에게 "프로 선수가 꿈인 사람?" 하고 물으며 대화를 시작한다. 그러면 거의 모든 남자아이들이 손을 든다. "난 너희가 해내리라 믿어. 그걸 이루도록 내가 도와주지." 제이슨이 이렇게 말하면 몇몇이 어리둥절한 표정을 짓는다. 그런 큰일을 어떻게 해내겠다는 건지 궁금한 학생들만이 아니라, 제이슨이 왜 중퇴가 아니라 프로 스포츠에 대해 이야기하는지 의아해하는 학교 행정가들까지 말이다!

프로 선수로 성공할 가능성은 1퍼센트 미만이고, 교실에 있는 모든 사람들이 그 사실을 안다. 그렇다면 왜 제이슨은 아이들에게 그런 말을 하는 걸까? "어떻게 할 건데요?" 누군가 묻는다.

제이슨은 이렇게 대답한다. "자, 우리 모두가 그게 어렵다는 걸 알아. 그러니 차근차근 얘기해보자. NBA 농구를 예로 들어보자고. 너희가 NBA에 들어갈 가능성을 가장 높여주는 게 뭘까?" 제이슨이 묻는다. 어김없이 떠오르는 생각은 듀크, 캔자스, 켄터키 같은 메이저 대학 농구팀에서 뛰는 것이다. 이때 제이슨이 나선다. "맞았어." 그가 맞장구를 친다. "만약 너희가 그런 대학 팀에서 뛴다면 NBA에 들어갈 가능성이 아주 높아지지. 그러니 우선 그 학교들 가운데 하나에 들어가도록 노력해야겠지? 이렇게 하는 거야. 너희는 기량이 NBA 수준에 이르도록 노력하고, 나는 너희가 메이저 대학에 들어갈 수 있도록 도와줄게." 그 말에 모든 학생들이 씩 웃는다. 얼굴에 희망이 피어오르면서 흥분으로 들뜬다.

무슨 일이 일어난 걸까? 제이슨은 중퇴 직전인 고등학생들이 메이저 대학에 들어갈 수 있는 가능성을 떠올리며 흥분하게 만들었다. 아이들은 그게 어려운 일이라는 걸 알지만 불가능하지 않다는 것도 안다. 제이슨 자신이 고등학교를 중퇴했지만 결국 하버드대학에 들어갔다고 말해준 까닭에, 학생들은 자기도 성공할 가능성이 있다고 꽤 확신한다. 하지만 그 첫 단계는 학교에서 성공하는 것이다. 바로 지금 말이다!

이 아이들에게 대부분의 어른들은 냉정하리만치 '현실성' 있게 조언한다. 아이들에게 성공할 가능성이 아주 낮다는 점을 상기시키면서 허황된 꿈일랑 버리고 좀 더 현실적인 차선책을 모색하라고 말한다. 물론 선의에서 그러는 것이긴 하다. 하지만 아이들은 그 말을 이렇게 받아들인다. "그건 어려운 일이야. 너한텐 너무 어려운 일이지. 널 믿을 수가 없어. 넌 1퍼센트 안에 들 만큼 특별하지 않거든." 우리 아이들에게 이런 일이 일어나게 해서는 안 된다. 더 현실성 있는 것이라는 해로운 생각을 퍼뜨려 꿈을 죽여서는 안 된다. 대신에 그게 무엇이든 아이가 원하는 것과 아이에게 필요하다고 생각하는 것을 결부시킬 방법을 찾아야 한다.

'현실성 있는' 것은 다르게 생각하고 창의성을 발휘하는 우리의 능력을 파괴한다. 제한된 현재의 기대 또는 우리에게 '현실적으로 생각하라'고 조언하는 사람의 한정된 기대에 우리를 가둔다. 결국 우리가 현실성 있다고 여기는 건 우리의 이웃, 직장 동료, 친구가 그렇다고 여기는 것과 아주 다를 수 있다. 나는 휴렛팩커드에서 이를 경험했다. 초기에 우리는 끊임없이 현실적이 되라는 말을 들었다. IBM은 '컴퓨터 사업을 소유하고' 있고 '견고한 요새를 공격해서는 절대로 안 될 일'이기에, IBM과의 경쟁은 불가능하다고 했다. 하지만 다행히도 우리는 그 말을 듣지 않았다.

3. 실패

세 번째 비결은 실패 및 의식적 연습이라는 생각과 관계가 있다. 우리는 잘하는 일에 중점을 두고 잘 못하는 일은 멀리하려는 경향이 있다. 부모, 교사, 또는 코치가 실패를 장려하고 기대한다는 메시지를 전하지 않는 한, 아이들은 실패를 나쁘게 볼 가능성이 크다는 뜻이다. 결국 이것이 우리가 무엇에서든 최고 수준에 도달하는 걸 가로막는다. 우리는 실패를 과정 중의 한 걸음, 또는 배우는 과정의 일부라고 보지 않는다. 실패는 실패일 뿐이라고 여긴다. 하지만 우리는 실패를 감수하고 배우는 게 아니라 실패 덕분에 배운다.

애플은 언제나 혁신으로 유명했다. 하지만 아주 초창기부터 스티브가 우리에게 기대한 것은 외부에서 애플에 대해 들었을지 모르는 거의 모든 이야기(스티브가 우리에게 과거를 무시하고 현재의 한계를 넘어 미래를 만들어내길 기대했다는)와 정반대되는 것이었다. 장기적인 성공을 향해 나아가는 과정에서 발생하는 단기적인 실패는 오히려 장려할 만한 일이었다. 사실상 단기에 실패하지 않으면 충분히 혁신적이지 않다는 뜻이었다. 우리는 경계를 더 확장하기 위해 밀어붙여야 했고, 그건 시행착오(시도와 실패)를 통해서만 가능했다. 성공으로 가는 과정에서 실패할 수 있는 권한이 결국 우리를 경쟁자와 다르게 만들었다.

나는 아이들의 지적인 실패를 인정할뿐더러 장려해야 한다고 생각한다. 실패야말로 더 잘하기 위한 훈련이 될 수 있기 때문이다.

나는 수십 년 전부터 모든 사람이 독특한 재능을 타고났으며, 수학과 관련되건 과학, 예술, 글쓰기, 문제해결, 놀이 또는 다른 무언가와 관련되건, 우리 안에는 천재성이 숨어 있다고 주장했다. 초기에는 입증되지 않은 증거밖에 없었다. 하지만 1990년대 초에 심리학자이자 전문성에 관한 연구자인 안데르스 에릭슨Anders Ericsson 등이 양적 연구 조사와 실험을 진행해서 설득력 있는 증거를 제시했다. 그에 따르면, 우리가 선택한 주제에 특정한 방식으로 접근할 경우 그 주제에서 거의 모든 수준의 전문성에 도달할 수가 있다.

알다시피 에릭슨의 연구 결과에 자극을 받은 사람은 나 혼자만이 아니었다. 오래잖아 미국에서 성과 향상에 대한 관심이 높아지면서, 이 주제에 관한 몇 권의 책이 베스트셀러가 되었다. 여기에는 제프 콜빈Geoff Colvin의 《재능은 어떻게 단련되는가?》와 말콤 글래드웰Malcolm Gladwell의 《아웃라이어》, 대니얼 코일Daniel Coyle의 《탤런트 코드》가 포함된다. 2016년 에릭슨은 마침내 이 주제를 다룬 《1만 시간의 재발견》을 공동집필했다. 이 책들은 각자 다른 각도에서 전문성을 다룬다. 많은 사람들이 헤드라인을 장식한 재능, 성공, 전문성 같은 낱말을 통해 이 책들을 인식하고 있지만, 근본적으로 학습을 다루고 있다. 세계 최고의 성과를 내는 사람이 될 필요는 없지만 더 나은 성과를 낼 필요가 있는 모든 학생들에게 이 책들이 이야기하는 바를 어떻게 적용할지 알아내는 게 내 목표였다.

에릭슨이 전문가의 성과에 관한 연구에서 내린 결론에 따르면, 우리가 흔히 타고난 재능이라고 말하는 건 사실 연습의 결과다. 이 말이 너무 빤하게 들릴지 모르지만, 함정은 습관적 연습regular practice이 아니라 의식적 연습deliberate practice(이 개념은 글래드웰의 책 《아웃라이어》를 통해 많은 사람들에게 알려졌다)이 필요하다는 점이다. 의식적 연습은 '반복과 주입'이나 암기 훈련 같은 게 아니다. 이들의 유용성은 극히 제한적이다. 필요한 건 현재 수준을 넘어서기 위한 반복된 시도라고 에릭슨은 말한다. 이런 시도에서 실패할 때마다 무언가를 배우고 난이도가 매번 높아진다. 비디오게임에서 한 레벨을 통과하면 캐릭터가 더 강화되는 것처럼 말이다. 충분히 오랜 시간 동안(연구에 따르면 1만 시간 정도) 연습하면 그 분야에서 전문가 수준에 이를 가능성이 최고조에 달하는데, 그 사람이 타고난 재능을 가진 분야라면 특히 그렇다.[19]

에릭슨의 획기적인 연구에 따라, 앞서 말한 저자들은 모차르트부터 마이클 조던까지, 천재성이나 재능을 타고난 것이 아니라 의식적 학습 과정을 통해 습득한 개인의 일화를 소개한다. 학생의 동기부여와 학습 잠재력이라는 맥락에서 볼 때, 이것은 모든 학생이 학습 능력을 가지고 있고, 학생의 집중력을 높이는 최선책은 가르치는 방법을 개선하는 것임을 말해준다. 그리고 그 과정은 실패의 연속일 것이다.

4. 열정적 끈기*

동기부여의 마지막 비결은, 학습하려면 실패가 필요하지만 실패를 받아들이고 처리하는 데 끈기가 필요하다는 점을 부모, 교사, 지도자가 잊지 않는 것이다. 윈스턴 처칠의 말대로 "강점이나 지능이 아니

---

* 앤절라 더크워스는 《그릿》에서 '모래처럼 작고 단단한 물질'을 비롯해 '꿋꿋함, 투지, 기개'를 뜻하는 단어 '그릿(grit)'을 '열정적 끈기'라는 뜻으로 사용한다.

라 끊임없는 노력이 우리의 잠재력을 끌어내는 열쇠다." 이를 고집이라 하건 인내심, 회복력 또는 열정적 끈기라 하건, 교육의 회로를 새로 바꾸려면 학생들이 지닌 이런 성격 특성을 키워주는 방법을 찾는게 꼭 필요하다.

앤절라 더크워스Angela Duckworth는 심리학자이자 펜실베이니아대학 교수로, 《그릿》이라는 책의 저자로 유명하다. 더크워스의 연구는 지능과 성취의 관계에 중점을 두기보다, 어째서 개인이 가진 인지능력 외의 다른 차이가 성공을 더 잘 예측해주는 지표가 되는지를 검토한다. 이것이 더크워스를 '열정적 끈기'로 이끌었다.

더크워스가 정의하는 열정적 끈기는 장기 목표를 꾸준히 추구하는 능력이다. 더크워스는 아이비리그 대학 학부생들의 평점, 웨스트포인트육군사관학교의 신입생 훈련 프로그램 통과 비율, 그리고 전미 철자법대회의 순위를 연구했다. 아이큐나 표준 시험이 장기 성공의 지표로서는 부족하다는 사실을 더크워스는 보여주었다. 누가 성공하고 누가 성공하지 못하는지에 대한 예측과 가장 긴밀한 연관을 갖는 것은 열정적 끈기였다. 더크워스는 이렇게 결론지었다. "힘든 목표를 성취하려면 재능만 필요한 게 아니라 시간이 흐름에 따라 지속적이고 집중적으로 재능을 쏟아야 한다." 이는 끈기가 어떤 점수 평가보다도 성공을 더 잘 예측해주는 변수임을 뜻한다.

더크워스의 연구 결과는 이런 의문을 제기한다. 열정적 끈기는 타고나는, 내재적이고 유전되는 특성일까, 아니면 가르칠 수 있는 걸까? 이에 대해 일부 반론이 있기는 하지만, 더크워스는 실제로 열정적 끈기를 가르칠 수 있음을 증명하는 과정에 있고, 몇몇 주요 연구들은 증명을 시도하고 있다.[20] 이는 좋은 소식이지만, 나는 동기부여의 역할에 더 많은 관심을 쏟아야 한다고 생각한다.

유전자가 환경에 따라 다르게 발현되는 것과 마찬가지로, 열정적 끈기 같은 성격 특성은 상황에 달려 있다. 내 생각에 열정적 끈기는 특정한 목표를 달성하도록 얼마나 동기부여되는지에, 자기결정이론 식으로 말하자면 왜 그것을 성취하고 싶은지에 달려 있다.

학습 동기

흔히들 교육에서 성취도 격차가 지속적인 문제라고 말한다. 주로 인종과 사회경제적 지위에 따라 학생 집단 사이에 학업 성취도가 큰 차이를 보인다. 하지만 동기부여 격차에 대해서는 이야기하지 않는다. 나는 학습 동기부여가 아주 잘된 아이들과 그렇지 않은 아이들 사이에 동기부여 격차가 존재한다고 생각한다. 안타깝게도 많은 학생들이 내재적으로 동기부여되지 못하고 있다. 그렇다고 해서 이 학생들이 높은 수준의 성취와 성공을 거둘 수 없다는 뜻은 아니다. 다만 이 학생들에게 동기를 부여하는 다른 방법을 찾아야 한다는 말이다. 토드 로즈는 멘토들이 그를 믿어주고 마침내 그 또한 자신을 믿기 시작하면서 동기부여되었다. 티퍼니는 그녀의 재능을 알아본 다른 사람들로부터 왜 그 재능을 사용하지 않느냐는 질문을 받으면서 동기부여되었다. 또 내 막내아들 조던처럼 스스로 동기를 찾는 사람들도 있다. 이런 사람들을 (때로는 아주 이상한 걸 배우려고) 배움의 여정으로 이끄는 것은 열렬한 자기주도성이다.

2001년 어느 날, 고등학교 1학년이던 조던이 학교에서 돌아와 말했다. "과학 프로젝트를 해야 해요." 나는 뭘 할 생각인지 물었고, 조던은 이렇게 대답했다. "1995년에 처음 발견돼서 현재 32개 주에서 보고된 기형 개구리에 관한 책을 읽고 있어요. 무엇이 그런 기형을 일으켰는지 정말 궁금해요." 나는 선생님도 그 답을 알지 못하고, 아마도 도서관에 그걸 다룬 책이나 과학 잡지도 없을 거라고 지적했지만, 조던은 단념하지 않았다.

조던은 조사에 착수해 세 가지 이론이 있음을 알아냈다. 오존층 파괴로 인한 자외선, 개구리가 사는 연못으로 흘러 들어간 농약, 그리고 기형 개구리들한테서 발견된 기생충. 조던은 그 기생충에 대해 기고한 교수에게 이메일을 보낼 거라고 했다. "이 기생충을 찾을 수 있는 곳을 알아볼 거예요. 기생충의 DNA를 채취해서 사지 발생과 관련 있다고 알려진 단백질과 비교해보려고요." 조던은 DNA 염기서열을 보내면 그게 기존에 존재하던 것인지, 말하자면 특허를 받거나 공개되어 있는 것인지, 그리고 무엇과 일치하는지에 관한 정보를 받을 수 있는 웹사이트를 알고 있었다.

오래잖아 조던은 그 교수, 그러니까 뉴욕주 호위크대학의 스탠리 세션스 박사한테서 답신을 받았다. 세션스 교수는 고등학생이 자신을 찾아낼 정도로 자기 연구에 흥미를 갖고 있다는 사실에 즐거워하는 것 같았다. 그는 "그 기생충이 우글거리는 달팽이가 사는 오리건주 포틀랜드 외곽의 연못을 보여줄 수 있다"고 약속했다. 그는 오리건주에서 조던과 만나기로 했고, 얼마 후 조던은 과학 프로젝트에 도움이 될 만한 건 모두 담아오기 위해 디지털카메라와 아이북(애플에서 만든 노트북)을 들고서 길을 떠났다.

조던은 기형을 일으키는 기생충의 숙주가 달팽이라는 사실을 알게 되었다. 조던과 세션스 교수는 달팽이 몇 마리를 드라이아이스와 함께 포장해서 뉴욕으로 보냈다. 두 사람은 전자현미경으로 달팽이에서 기어나오는 기생충들을 볼 수 있었다. 교수는 조던에게 기생충의 DNA를 추출해 증폭시키는 방법을 가르쳐주었고, 조던은 기생충의 DNA 염기서열을 앞서 말한 웹사이트에 제출했다. 돌아온 답변은 그 기생충이 사지 발생과 관련 있다고 알려진 단백질과 98퍼센트 일치한다고 확인해주었다. 조던은 연구 결과를 작성하면서, 그 상황이 "테러범이 비행기 조종실에 들어가 조종사를 제거하고 비행기를 다른 방향으로 돌린 것과 비슷하다"라고 썼다.

조던의 연구는 고등학교 과학경진대회에서 상을 받았다. 몇 주 후 조던은 스탠퍼드대학의 유명한 생물정보학 전문가인 더그 브러틀래그로부터 연락을 받았다. 그는 여름 동안 스탠퍼드대학에서 지내며 연구를 계속할 생각이 있는지 물었다. 조던은 "없다"고 딱 잘라 말했다. "여름엔 야구를 해야 하거든요!" 얼마 후 나는 비행기에서 《USA 투데이》를 읽다가 흥미로운 기사를 보았다. 예일대학이 기형 개구리 연구를 위해 260만 달러의 보조금을 받았지만 16세의 조던이 이미 인터넷에 그에 관한 자신의 연구 결과를 발표했다는 내용이었다.

나는 잠재력에서 자기주도성의 역할을 강조하기 위해 이 이야기를 즐겨 한다. 조던은 점점 스스로 동기를 갖게 되었다. 이제 내가 할 일은 아이에게서 조금 물러나 요청이 있을 때마다 아이에게 내재된 주도성을 지지하는 것뿐이었다. 안타깝게도 모든 아이에게 조던 수준의 자기주도성이 있지는 않지만, 모두가 이런저런 방식으로 학습 동기를 부여받을 수 있다. 좋은 소식은 아이들에게 동기를 부여하는 데 효과적인 방법들이 알려져 있다는 점이다. 하지만 그중 무엇이 아이 개개인에게 동기를 부여하는지 알아내는 건 우리가 할 일이다.

동기부여 면에서 교육의 회로를 새로 바꾼다는 건 아이들이 자신의 최적 지점을 찾아내도록 돕고, 학습과 자기결정에 대한 내재적 애정을 격려해 북돋우며, 아이들이 원하는 일을 하면서 원하는 만큼 성공할 수 있다고 믿는다는 뜻이다. 이는 더 많은 자신감, 열정적 끈기, 자기주도성, 그리고 궁극적으로는 더 나은 학습으로 이어진다.

소비/암기형 학습의 종말과 새로운 학습 유형

배움은 우연히 이뤄지는 게 아니라
열정과 성실로 추구해야 한다.

- 애비게일 애덤스

캐런 브레넌Karen Brennan 교수는 하버드교육대학원의 'T-553: 학습, 교수, 기술' 수업 첫 시간에 100여 명의 학생들에게 한 가지 과제를 내준다. 교육의 목적이 무엇이라고 생각하는지 한 문장으로 써내라고 하는 것이다. 그러면 이미 이 주제에 일생을 바치고 있는 대학원생들은 다소 단순해 보이는 이 과제에 살짝 당황해서 서로 둘러보곤 한다!

학생들은 몇 분 동안 컴퓨터로 자신이 생각하는 교육의 목적을 한 문장으로 작성해 제출한다. 그러면 조교가 모아 학생의 이름을 지운 다음 스마트보드에 그 문장들을 띄운다.

항상 나오는 답이 있다. "취업 준비", "대학 입시 준비", "비판적 사고력 가르치기", "좋은 시민으로 성장시키기", "스스로 생각하는 법 익히게 하기" 등. 하지만 이 외에도 수업 때마다 새로운 답이, 때로는 창의적인 답이 많이 나온다. 브레넌은 똑같은 문장을 본 적이 없다.

"여러분은 뭐가 보이나요?" 브레넌이 묻는다. "모두 다르네요." 학생들이 대답한다. 모든 학생 하나하나가 교육의 목적에 대해 다른 생각을 가지고 있음이 드러난다.

브레넌 교수가 이렇게 질문하는 목적은 학생들이 교육의 목적이 무엇이어야 하는지에 대해 만장일치로 결정짓게 하려는 게 아니다. 저마다 교육의 목적을 다르게 이해할 뿐만 아니라 똑같이 이해하는 사람은 아무도 없다는 점을 학생들이 의식하게 하려는 것이다! 이는 학생들에게 눈이 번쩍 뜨이는 경험이다. 이를 통해 바로 수업 첫날에 자신이 가진 편견, 추정, 선입견을 검토하지 않을 수 없기 때문이다. 우리는 다른 사람들도 우리처럼 생각한다고 믿는 경향이 있다. 하지만 사실은 그렇지가 않다. 같은 목표를 공유하는 사람들조차 말이다. 같은 학교에서 같은 수업을 듣는 이 100명의 예비 교육 전문가들조차 교육의 역할에 대해 의견이 일치하지 않는다면, 미국 전역에 있는 수백만 명 학생들의 교육 상황을 개선하기란 어려운 일이 될 수밖에 없다.

사람들이 교육의 목적에 의견 일치를 볼 수 없는 건 사실이지만, 교육의 목적에서 가장 핵심적인 부분이 학습이라는 데는 대부분 동의한다. 학생이 제대로 교육받고 있는지 아닌지는 의견이므로 증명할 수 없지만, 제대로 학습하고 있는지 아닌지는 평가할 수 있다. 일단 우리 자신의 편견을 더 잘 알고, 모든 학생에게 성공 잠재력이 있다고 믿고서, 학습 동기를 부여하기 시작하고 나면, 다음 단계는 좀 더 폭넓은 개념의 교육으로부터 좀 더 좁은 의미의 학습으로 초점을 이동하는 것이다.

학습이란 무엇인가

브레넌 교수는 수업 첫날 학생들에게 교육의 목적에 대한 의견을 묻는 동시에 배운다는 것, 즉 학습이 무엇을 뜻한다고 생각하는지도 한 문장으로 작성하게 한다(가르친다는 것이 무엇을 뜻한다고 생각하는지도 작성하게 하지만 이건 나중에 다룬다). 교육과 마찬가지로 학습에 대한 정의도 언제나 다양하게 나온다. 그래서 먼저 우리가 사용하는 낱말의 뜻을 정확히 밝히는 게 중요하다고 생각한다. 사전에서 '학습'을 찾아보면, 대단히 많은 의미가 있다. '무언가에 대한 지식을 습득하는 것', '무언가를 알거나 익히게 되는 것', '무언가를 암기하는 것' 등.

그중 우리가 가장 흔히 알고 있는 의미는 '무언가에 대한 지식을 습득하는 것'이다. 이 정의에서 '지식'이란 정보를 말한다. 즉 이 정의는 무언가를 배운다는 건 무언가에 대한 정보를 얻는 것이라고 말하고 있다. 내가 보기에 이는 학습이 아니라 조사다. 정보 면에서 일부 유용한 단기 학습이 일어날 수는 있지만 진정한 학습이 일어나는 조짐은 없다.

두 번째 정의인 '무언가를 알거나 익히게 되는 것'도 기본적으로 마찬가지다. 정보의 장기적 활용보다는 일시적으로 기억에서 꺼내오는 것(인출)을 언급한다.

마지막으로, '무언가를 암기하는 것'은 내가 생각하기에 최악의 학습 정의다. 무언가의 정의를 (암기해서) 말할 수 있다는 게 실제로 그것에 대해 알고 있다는 뜻은 아니기 때문이다. 그 차이는 이렇다. 암기란 우리 뇌 안에 고정된 정보를 저장하는 것인 반면, 학습은 그 정보가 무엇을 의미하는지, 그 정보를 다양한 맥락에서 가장 잘 이용하는 방법은 무엇인지 이해하는 것이다. 암기는 학습이 아니다. 오히려 복잡한 학습 과정의 작은 요소일 뿐이다.

단순화해보자면, 나는 학습이 인출(사실을 찾아내기), 암기(기억하기), 이해(활용하기)라는 세 가지 서로 다른 일이 모여서 일어나는 활동이라고 생각한다. 오늘날에는 기술이 사실의 인출은 극히 쉽게 만들고 암기는 거의 쓸모없게 만들어서, 이해만 남았다. 이해는 이 요소들 가운데 가장 중요하다. 학습은 사실 자체를 아는 게 아니라 그 사실을 어떻게 활용할지, 그것으로 무엇을 할지 이해하게 되는 것이다. 사실이란 퍼즐 조각일 뿐이지 퍼즐 자체가 아니다. 퍼즐이 생소하면 시간을 들여 퍼즐의 조각들을 암기하거나 퍼즐이 작동하는 방식을 이해해서 모든 퍼즐 조각들을 맞추는 데 능숙해질 수 있다.

강연에서 교육과 학습에 대한 생각을 이야기할 때면, 나는 이 둘을 비교해 잘 요약한 101쪽의 표를 공유한다.

초임 교사 시절 벤 오린Ben Orlin은 삼각법을 배우는 고등학교 1학년 학생들에게 물었다. "π/2의 사인값은 뭐죠?" 학생들이 일제히 대답했다. "1이요!" 아이들은 뒤이어 이렇게 외쳤다. "작년에 배웠어요." 오린은 그해 하반기에야 "학생들이 실은 '사인sine'이 뭘 의미하는지도 모른다"는 사실을 알게 되었다. "학생들은 사실을 암기했을 뿐이었다." 오린의 학생들에게 "수학은 논리적 발견과 깊이 있는 탐구의 과정이 아니라, 운rhyme이 안 맞아 따라 부르기 가장 어려운 가사집이

	교육	학습
전체 패러다임	전달	발견
사회구조	계급제	공동체
상황	교실	세계
환경	모의	실제
내용	고정적	개방적
과제	수단	틀
활동	소비와 반복	구성과 창작
기반	행정 중심	학생 중심
평가	교사 주도	사회 주도
과정	표준화	개별화
동기부여	외재적	내재적
기대	성적과 자격증	실력과 경험

윌리엄 랜킨 박사 제공

었다." 이 학생들은 수학을 잘하려면 어떻게 해야 하는지 애써 알려고 하지 않았다. 오린은 이렇게 말했다. "수업 10분 전에 필요한 사실을 암기했다가 수업이 끝나고 10분 후에는 잊어버리는 거죠." 오린의 학생 가운데 정말로 삼각법을 배웠다고 말할 수 있는 사람은 아무도 없다. 이들은 수학적 사실에 대한 답밖에 알지 못하기 때문이다.

오린의 이야기는 내가 경험했던 교육 게임을 떠올리게 한다. 주제를 이해하는 것은 필요치 않았다. 그저 암기해야 하는 것을 외웠다가 금방 잊어버렸다. 팽이 문제를 맞닥뜨리기까지는 말이다!

진정한 학습이란 다양한 맥락 속에서 무언가를 이해(또는 파악)하는 것이라고 받아들이고 나면, 우리가 학교에서 하고 있는 많은 일들이 잘못되어 있음을 바로 깨닫게 된다. 교육의 회로를 바꾼다는 건 결국 오늘날 학생들이 배우고 싶어 하는 것을 가르치는 방식을 바꾼다는 뜻이다. 더 이상 그저 학습할 내용을 나눠주고 의미 없는 사실을 암기하게 해서는 안 된다. 아이들이 새로 알게 된 사실과 비판적이고 창의적인 사고능력을 결합해서 궁극적으로 새로운 것을 발견하고 이해하고 만들어내도록 가르쳐야 한다. 어쩌면 나만 그런지 모르지만, 이 한 문장이 교육의 목적을 꽤 잘 표현하는 것 같다.

브레인 룰스

브레너 교수가 강의실에서 단어의 의미를 가지고 하는 실험은 대단히 흥미롭다. 교육 전체를 관통하는 중요한 주제, 즉 사람들은 모두 다르다는 점을 아주 분명하게 보여주기 때문이다. 학생, 교사, 부모, 행정가, 연구자 들은 저마다 독특한 배경, 강점과 약점, 편견, 동기부여, 목표, 꿈, 관점, 학습 능력, 그리고 심지어 두뇌를 가지고 있다.

《브레인 룰스》의 저자 존 메디나John Medina는 수십 년 동안 뇌를 연구했으며, 복잡한 개념을 단순화하는 데 뛰어나다. 메디나의 연구는 이른바 '직장, 가정, 학교에서 살아남아 성장하기 위한 열두 가지 원칙'을 중심으로 한다. 메디나는 전문 지식이 없는 일반 사람들의 언어로 수면, 스트레스, 생존 등 뇌에 영향을 미치는 다양한 요인을 소개하는 한편 많은 시간을 할애해 뇌 회로 자체를 다룬다. "우리가 평생 동안 학습하는 것이 우리 뇌의 물리적 형태를 바꿔놓는다." 어떻게 시각, 청각, 촉각, 후각 등 입력된 온갖 감각 자료가 작용해 뉴런들을 새롭게 연결하는지(이는 차례로 새로운 기억으로 이어진다)[21] 설명하면서 메디나는 이렇게 말한다.

"모든 사람의 뇌 회로는 동일한 사건을 앞에 두고서도 서로 다르게 연결된다." 토드 로즈의 개개인학이 사회학 및 심리학의 관점에서 우리 모두가 얼마나 다른지 보여줬다면, 메디나의 연구는 우리의 뇌가 물리적으로도 얼마나 다른지 보여줌으로써 이를 뒷받침한다. "사람마다 뇌의 발달 속도와 양상이 다르기 때문에 두 사람이 똑같은 뇌 회로도를 갖는 경우란 없다." 우리의 뇌는 그야말로 서로 다르게 '회로가 연결'되어 있다. 이는 차례로 우리가 무언가를 다르게, 다른 방식으로, 그리고 다른 속도로 배운다는 의미다. 이것이 교육이 표준화에 의존할 때 가장 큰 문제가 된다. 그야말로 표준적인 (평균의) 학습자란 없다.

이 모두는 무엇을 의미하는 걸까? 내가 보기에 이러한 사실들은 우리 모두가 서로 다르기만 한 게 아니라 얼마나 독특한지를 한층 더 증명해준다. 또 우리는 시간이 흘러도 우리 자신이라는 면에서 독특하다. 엄밀히 따지면 40년 전의 나와 지금의 나는 여전히 동일한 사람이겠지만, 당시의 나 가운데 얼마나 많은 부분이 현재의 나일까? 시간이 흐르면서 뇌의 물리적 형태가 달라지고, 그와 더불어 열정과 동기 또한 변화하며, 그 사이 수많은 경험이 쌓이면서, 나는 완전히 다른 사람이 되었다고 말해도 과언이 아니다. 이것은 비단 나만이 아니다. 아이들이 자라면서 겪는 변화는 어른들이 겪는 변화를 시시해 보이게 한다. 변화하는 건 호르몬만이 아니다. 아이들의 뇌도 변화한다! 그리고 뇌가 변화할 때, 학습 등을 처리하는 방식도 달라진다.

관련성 요인

2014년 스탠퍼드대학 의대의 한 연구진은 다양한 연령대의 아이들이 수학 문제를 어떻게 학습하는지 관찰했다. 그 결과 유아는 초등학생이나 10대나 성인과는 아주 다르게 학습한다는 사실이 밝혀졌다. 연구자들에 따르면 "아이들이 나이를 먹을수록 손가락을 세어 문제를 푸는 방식에서 차츰 기억에서 사실을 인출하는 방식으로 바뀌었다."

《네이처 뉴로사이언스Nature Neuroscience》에 발표된 이 연구 결과는 유아들이 문제를 해결할 때 거의 오로지 뇌의 해마와 전전두엽 피질(이 둘은 함께 단기기억 또는 '작업' 기억을 담당한다)만 사용하는 반면, 10대와 성인은 신피질(장기기억을 담당한다)이라는 뇌 부위에 더 많이 의존한다는 사실을 보여주었다.[22]

다시 말해 유아의 뇌는 이용할 만한 장기기억이 적기 때문에 셈을 할 때 손가락 이용과 같은 접근 가능한 자원을 동원해 문제를 해결하려 한다. 아이들이 커가면서 기억을 더 많이 습득할수록, 인출할 수 있는 기억의 선택 폭이 더 넓어진다. 상황이 흥미로워지는 건 이 시점에서다.

학습 관점에서 아이의 기억에 대해 말할 때 사실의 상기를 언급하는 경향이 있지만, 사실의 상기는 실제적인 학습보다는 암기와 훨씬 더 관련이 있다. 학습할 때 우리의 기억은 열심히 작동해서 사실만이 아니라 경험도 불러낸다. 우리의 많은 경험은 장기기억 안에 저장된 채 불러내면 이용될 준비가 되어 있다. 우리는 나이가 들수록 의식하건 의식하지 않건 경험을 통해 끊임없이 새로운 것을 학습하고, 이런 경험들을 더 잘 연결시킬 수 있다. 그래서 새로운 것을 접하면 뇌는 열심히 작동해서 그것을 이해하기 위한 기억을 찾아내려 하고, 이는 새로운 정보나 개념을 거리를 두고 보는 데 도움이 된다. 우리는 항상 이런 관련성을 찾고, 더 많은 기억에 접근할수록 새로운 문제에 관련짓고 새로운 개념을 파악하기가 더 쉬워진다.

이렇게 관련을 짓는 것은 우리가 세계를 이해하는 방식의 하나다. 뿐만 아니라 이 관련성 요인이 왜 어떤 사람은 남들보다 어떤 것을 더 쉽게 학습하는지 설명하는 데 도움이 된다. 그런 사람들은 어떤 새로운 정보나 개념에 관련지을 기억이 더 많기 때문이다. 학습은 똑똑한 정도보다는 기존에 축적된 경험의 정도와 더 많은 관계가 있는 것으로 밝혀졌다.

교육자들은 이 연구 결과로부터 많은 걸 배울 수 있다. 아마도 우리는 내용을 암기하는 데 힘을 쏟기보다는 새로운 정보를 학생의 장기기억에 이미 저장되어 있는 오래된 정보와 연결하는 방법을 찾는 데 더 많은 노력을 들여야 할 것이다. 학생에게 새로운 개념을 가르치는 가장 효과적인 방법은 학생이 이미 알고 있는 것과 관련짓는 것이다. 이것이 학습이 더 개별화되어야 하는 이유다.

개인맞춤 학습

개인맞춤 학습이란 학생 각자에게 맞춰 학습한다는 뜻이다. 이는 테일러주의자들이 처음 만들어낸 이후 지금까지 두루 적용되는 방식을 사용하는 대신, 학생 개개인에 따라 가르치고 배우는 방식이다.

분명히 하자면, 개인맞춤 학습은 교사와 학생의 비율이 1 대 1이어야 하고, 모든 학생이 다른 교과서를 가지고 다른 시험을 치러야 하며, 모두가 따로 학습해야 하거나 집에서 공부시키는 게 학교에 보내는 것보다 더 낫다는 뜻이 아니다. 이런 해결책이 일부 아이들에게는 효과가 있을 수 있지만, 교육 전체를 다룰 때는 그다지 현실성이 없다. 개별 학습은 성공적인 교수 및 학습의 중요한 바탕이고, 교육의 패러다임을 변화시킬 단 하나의 최고 해결책이지만, 개별화를 고립과 혼동해서는 안 된다.

개인맞춤 교과 과정이 더 효과적인 이유는 학생들에게 관련성이 있을수록 학습하기가 더 쉬워진다는 연구 결과와 동일하다. 학습 결과를 개선하기 위해 설계하는 교육 방식은 학생과의 관련성을 높이기 위해 어느 정도 개별화를 허용해야 한다. 오늘날 이를 실행하는 데 가장 큰 장애물은 개인맞춤 학습을 효율적인 규모로 설계하기가 어렵다는 점이다. 하지만 기술이 이를 바꿔놓고 있다. 가장 중요한 점은, 우리는 적응형 학습 소프트웨어로 더 작은 규모의 창의적 해결책을 찾고 있다는 것이다. 따라서 개인맞춤 학습을 위한 해결책을 찾는 것은 시간문제다.

학습을 개별화하는 방법은 많다. 기술을 이용한 개별화 방법에 대해서는 뒤에서 알아볼 것이다. 하지만 심리학 영역에서 보았을 때 학습을 개별화하는 한 가지 최선책은 개인의 학습 유형을 고려하는 것이다. 학습 유형이라는 말은, 모든 사람이 다르게 학습하고(이는 사회학과 생물학 연구에서 증명되었다), 이런 차이를 범주화해서 개인이 선호하는 학습 방식(들)을 확인할 수 있다는 생각에 근거한 몇 가지 비슷한 이론을 언급하는 데 널리 쓰인다. 예를 들어 '시각형 학습자' 또는 '체험형 학습자'라는 말을 들어봤을 것이다. 다양한 학습 유형이 제안되었으나, 그중 대표적인 것은 시각형(보면서 학습), 청각형(들으면서 학습), 운동형(만지거나 활동하면서 학습) 이 세 가지다.

학습 유형을 지지하는 사람들은 학생이 자신의 유형에 맞는 방식으로 학습할 때 가장 학습을 잘한다고 믿는다. 이상적인 교실 상황이라면 교사는 각 학생의 학습 유형을 일찌감치 알아보고, 같은 학습 유형을 가진 학생들끼리 학급을 나눈 다음, 각 집단에 맞는 방식으로 가르칠 것이다. 하지만 현실에서 교사는 대체로 학생들이 어떤 학습 유형을 가졌는지 알지 못하고, 더구나 학생들의 학습 유형을 구별하는 적절한 시스템도 갖추고 있지 않다.

일반적인 학습 유형 이론 가운데 VAK가 있는데, 시각형visual, 청각형auditory, 운동형kinesthetic의 머리글자를 따서 만든 이름이다. 여기에 촉각형tactile을 포함한 VAKT와 읽기형reading을 포함한 VARK도 있다.

VAK 모델은 1970년대에 연구자인 월터 버크 바브Walter Burke Barbe와 그의 동료들이 처음 제안했다. 이들은 사람들이 자신의 학습 유형을 이용하면 더 쉽게 학습한다는 사실을 알아냈다.[23] 예를 들어 시각형 학습자라면 다른 사람들이 하는 것을 지켜봄으로써 학습 효과를 높일 수 있다. 청각형 학습자는 그 주제에 관한 오디오북을 들어서, 운동형 학습자는 컴퓨터 앞에 앉아 몸을 움직여 해봄으로써 학습을 더 잘할 수 있다. 학습 유형을 지지하는 사람들은 이 모든 유형을 결합하는 게 가장 좋은 학습 방법이라고 인정하지만, 만약 사람들에게 선택하라고 하면 보통은 선호하는 방식이 있고 그 사람에게는 그게 다른 방식보다 효과가 더 좋다고 주장한다.

내 아들 존은 학교에서 전부 'A'를 받으며 승승장구했지만, 초등학교 4학년에 올라가면서부터 힘겨워하기 시작했다. 학교 상담사는 존과 대화를 나눈 후 '이기적인 동기가 강하고', '문제가 많은 학생'이라는 보고서를 내게 보냈다. 나는 완전히 당황하고 말았다. 나는 아이큐 검사를 지지하는 사람이 아니었지만(호기심이 아이큐 100의 가치가 있다고 믿는 편이다!), 이번만은 앞장서서 존이 아이큐 검사를 받게 했고, 그 결과 아무런 문제도 없었다. 하지만 그러다가 아내와 나는 '지능 구조Structure of Intellect'라는 특수한 종류의 지능 검사가 있다는 것을 알고 존에게 이 검사를 받게 했다. '학습 양상'을 판단하는 이 검사는 존이 눈 근육의 추적에 문제가 있으며, 그것 때문에 읽는 데 어려움을 겪는 것이라고 말해주었다. 또 이 검사에 따르면 존은 '시각형-운동형 학습자'였다. 존은 대부분의 사람들이 하는 방식 또는 학교가 가르치는 방식으로 학습하지 않는다는 뜻이었다. 존 같은 학생은 무언가를 보고 만지고 조작할 때 가장 학습을 잘할 수 있다. 반면 알다시피 우리 교육 시스템은 암기를 통해 가르치도록 설계되어 있다. 이런 시스템은 존 같은 아이들을 무시한다. 우리는 검사 결과에 따라 존이 시각형-운동형 학습 기회를 더 많이 접할 수 있도록 했고, 이러한 시도는 전통적인 학교 공부를 보충하는 데 도움이 되었다. 이런 변화가 존의 학업 성취에 큰 차이를 만들어내는 걸 보고 나는 전율했다.

존은 고등학교를 중퇴했지만, 오리건주 벤드에 있는 한 대학을 찾아냈다. 그곳은 존의 관심사와 학습 유형에 맞는 교육을 제공했고, 이후 존은 서배너미술디자인대학 건축과를 우등으로 졸업했다. 현재는 팩PACK이라는 건축회사를 운영하고 있다. 누나 티퍼니가 자신의 '최적 지점'을 알게 된 후 성공을 거뒀다면, 존은 자신의 학습 유형을 찾으면서 성공을 일궜다.

존의 경험을 지켜보면서, 나는 학교가 가르치는 방식과 학생들이 원하고 필요로 하는 학습 방식 사이에 차이가 있음을 처음으로 인식하게 되었다. 특히 학습 장애나 독특한 학습 유형을 가진 아이들에게, 학교 과목은 힘겨운 장애물에 지나지 않는다. 우리의 학교 시스템이 아이들의 잠재력 실현을 돕는 데 어려움을 겪는 이유는, 학습 유형을 포함해 아이들이 가진 독특성을 인정하지 않기 때문이다. 학교가 아이들의 잠재력을 실현하도록 도우려면 사람마다 학습하는 방식이 다르다는 것을 인식해 학습을 좀 더 개별화해야 한다.

학습 유형과 다소 관련이 있는, 또 하나의 중요한 개념은 다중지능 이론이다. 심리학자 하워드 가드너Howard Gardner는 1983년에 쓴 책 《지능이란 무엇인가?》에서 이 이론을 제시했다. 이는 아이큐 검사 같은 표준화된 검사로 측정할 수 있는 지능이 단 하나의 유형이라는 생각을 문제 삼는다. 가드너는 단 하나가 아닌 여덟 가지 다양한 지능이 있다고 보고, 모든 사람이 똑같은 방식으로 똑같은 개념을 학습할 수 있다는, 널리 알려진 오해에 이의를 제기한다. 그는 이렇게 말한다. "한 가지 지능이 있다고 믿는 사람들은 우리가 다목적용 중앙컴퓨터를 한 대 가지고 있고, 그것이 삶의 모든 영역에서 우리가 어느 정도로 성과를 거둘지 결정짓는다고 생각한다. 그에 반해 다중지능을 믿는 사람들은 우리가 비교적 자율적인 컴퓨터를 여러 대 가지고 있다고 생각한다. 언어 정보를 추정하는 컴퓨터, 공간 정보를 추정하는 컴퓨터, 음악 정보를 추정하는 컴퓨터 등."[24] 학습 유형을 고려하든 지능 유형을 고려하든 또는 둘 다 고려하든, 학생들에게 더 잘 다가가 가르칠 수 있는 방법을 선택할 때는, 학급을 가르친다는 잘못된 생각에서 벗어나 학급에 앉아 있는 개인들을 가르친다는 사실을 아는 게 가장 중요하다.

일단 학생들의 학습 능력 그리고 이들의 요구에 부응하기 위한 개인맞춤 학습의 중요성을 이해했다면, 그다음에는 학생들의 인지적 최적 지점을 찾아내야 한다.

근접발달영역The Zone of Proximal Development, ZPD 이론은 심리학자인 레프 비고츠키Lev Vygotsky가 1930년대에 발전시켰다. 근접발달영역은 학습자가 혼자서 할 수 있는 것과 도움이 필요한 것 사이의 간극을 살피기 위한 방법으로 제시되었다. 근접발달영역은 널리 알려진 대로 서로 다른 학습 '영역'을 나타내는 세 개의 동심원으로 시각화된다. 가장 안쪽 원은 안전지대(이미 할 수 있는 것)이고, 그다음이 성장지대(여기서 대부분의 학습이 일어난다), 그 바깥은 공황지대(여기서는 다른 사람의 도움이 필요하다)다. 목표는 학습자가 성장지대에 도달해 머물게 하는 것이다.

앞서 이야기한 동기부여의 최적 지점(열정과 재능이 만나는 곳)과 비슷한 근접발달영역은 말하자면 인지적 최적 지점이다. 비고츠키에 따르면, 이 지점에서 학습이 가장 잘 일어난다. 이 두 가지 최적 지점을 위해서는, 학생이 자신의 인지적 최적 지점을 찾아내도록 돕는 것을 목표로 삼아야 한다. 학습하기에 너무 쉽거나 어려우면 문제가 될 수 있다. 따라서 아이 각자의 근접발달영역을 찾아내서, 특히 이 부분에 집중하자는 발상이다.

협력 학습

개별화하지 않고 공동으로 할 때 학습이 가장 잘 일어나는 경우도 있다. 1990년 하버드대학에서 7년째 학생들을 가르치던 에릭 머주어Eric Mazur 교수의 강의는 알아듣기 쉬우면서 탁월했다. 그래서 머주어 교수의 물리학 개론 강의는 주로 의예과와 공학과 학생들에게 인기가 있었다. 그러나 머주어 교수는 자신이 교사로서 거둔 성공이 '완전한 착각, 카드로 만든 집'이라는 사실을 알게 되었다.

이런 깨달음을 촉발한 건 애리조나주립대학 교수 데이비스 헤스턴스David Hestenes가 《미국물리학지American Journal of Physics》에 쓴 기사였다.[25] 헤스턴스 교수는 물리학의 가장 기본적인 개념 중 하나인 '힘'을 학생들이 얼마나 이해하고 있는지 확인해보려고 일상의 언어로 표현한 아주 간단한 시험 문제를 만들었다. 그런 다음 미국 남서부 지역 수천 명의 대학생들을 대상으로 시험을 치렀다. 놀랍게도 시험 결과는 학생들이 물리학 개론 강의에서 배운 게 '거의 없음'을 보여주었다. "한 학기 동안 물리학 강의를 듣고도, 학생들은 학기가 시작될 때 가지고 있던 잘못된 생각을 여전히 갖고 있었다."

헤스턴스는 이렇게 말한다. 학생들은 방정식과 공식을 더 잘 다루게 되었지만 "그게 실제로 무엇을 의미하는지"를 이해하는가 하는 문제에서는 "기본적으로 아리스토텔레스의 논리학으로, 다시 말해 수천 년 전으로 되돌아갔다." 예를 들어 많은 학생들이 뉴턴의 제3법칙을 외워서 수치로 표현된 문제에 적용할 수는 있었지만, 무거운 트럭과 가벼운 자동차 사이의 충돌 같은 실생활의 사건에 대해 물으면 무거운 트럭이 더 큰 힘을 가한다고 자신 있게 말했다(물체의 무게는 그것이 가하는 힘과 무관하다).

머주어 교수도 학생들에게 물리학의 기초 개념을 이해했는지 알아보기 위해 이 시험을 냈다. 시작부터 바로 경고 깃발이 올라갔다. 한 학생이 손을 들더니 이렇게 물었다. "이런 문제에 어떻게 답해야 하죠? 선생님이 가르쳐주신 대로 해야 할까요, 아니면 이런 문제에 대해 제가 보통 생각하는 방식대로 해야 할까요?"

머주어 교수에게는 실망스럽게도, 이 간단한 시험은 학생들이 물리학의 기초 개념을 제대로 이해하지 못했음을 보여주었다. 3분의 2에 달하는 학생들이 현대의 아리스토텔레스들이었다. 머주어 교수는 자기반성을 하지 않을 수 없었다. "아주 맥 빠지는 순간이었죠." 그가 말했다. "결국 난 좋은 선생이 아니었던 거죠. 어쩌면 내가 가르친 학생들이 멍청한 것인지도 모르고요. 이 시험이 뭔가 잘못된 거 같았어요. 함정이 있는 시험인 거죠! 나 자신에게 책임이 있다는 걸 인정하기가 너무 어려웠어요."

결국 "나는 지금껏 가르쳐오면서 해본 적이 없는 일을 했죠. '이 문제에 대해 서로 토론해볼까요?'라고 학생들에게 제안했어요." 이 이야기가 처음 실린 기사에서 머주어 교수가 말한 대로 "곧바로 강의실이 떠들썩해졌다. 150명의 학생들이 그 헷갈리는 문제에 대해 일대일 대화로 서로 이야기를 나누기 시작했다."

"완전 혼돈상태였죠." 머주어 교수가 말했다. "하지만 3분도 안 돼서 학생들은 알아냈어요. 아주 놀라운 일이었죠. 나는 10분이나 들여 이걸 설명하려고 애썼거든요. 하지만 학생들이 그러더군요. '네, 이해했어요. 넘어가요.'"

머주어 교수가 계속해서 말했다. "이런 거예요. 한 학생이 올바른 답을 알고 다른 학생들은 모를 때, 전자가 후자를 설득할 가능성이 더 높은 거죠. 누군가 올바른 답을 알고 있을 때, 틀린 답을 가진 이들이 그를 설득하기는 어려워요." 더 중요한 건 교수보다 동료 학생이 학생들에게 영향을 미칠 가능성이 더 크다는 점이다. 그리고 이것이 여기서 가장 중요한 부분이다. "최근에 이걸 배운 학생이라면 어느 부분에서 막히는지 아는 거예요. 자기도 그랬던 게 오래전 일이 아니기 때문이죠." 머주어 교수도 열일곱 살 때 이 부분에서 막혔으나, 당시에 그게 얼마나 어려웠는지 지금은 기억하지 못했다. 그러니 처음 배우는 학생이 어떤 어려움에 맞닥뜨리는지 이해하지 못하는 게 당연했다.

이 혁신적인 학습 방식이 '동료 교수법peer instruction' 또는 '쌍방향 학습법interactive learning'으로 성장했다. 이 교육법은 물리학을 훨씬 넘어 퍼져나갔고 미국 전역의 대학에 뿌리를 내렸다. 최근에 머주어는 전 세계 곳곳에서 이 주제에 관해 100여 차례 강연을 했다. 2012년 《하버드매거진Harvard Magazine》에 실린 자신의 교육법에 대한 기사에서 머주어는 이렇게 설명했다. "학생들은 교과서 방식의 문제는 잘 풀었어요. 온갖 수단, 그러니까 적용할 공식을 알고 있었거든요. 하지만 그건 기계적으로 문제를 푸는 것이었죠. 학생들은 간단한 서술형 문제에도 허둥거렸어요. 그런 문제를 풀려면 공식 배후에 있는 개념을 진짜로 이해하고 있어야 하거든요."[26]

그런 다음 머주어는 교사가 할 수 있는 바를 이렇게 요약했다. "교사의 과제는 학생들과 협력해서 여러 학문에 기반한 콘텐츠를 현재 실생활에서 일어나고 있는 일과 연결지어, 학생들이 자신이 속한 공동체에 변화를 일으키는 경험으로 바꾸는 것입니다."

학생들이 직장에 들어가면 현실의 문제를 해결하라는 요구를 받을 것이다. 그렇다면 실생활에 대한 적극적인 모의실험에서 시작하는 것보다 더 좋은 방법이 무엇일까? 학생들의 뇌는 연습을 통해 취업 전 수년 동안 실제 업무 환경에서 일할 준비를 하게 될 터이다.

정규 교육의 목적이 분명해지고 학습, 관련성, 다중지능, 학습 유형을 잘 이해해서 개별 학습 경험과 협력 학습 경험을 학생 개개인에게 더 잘 맞출 수 있게 되었다면, 다음 단계는 학생들이 학습할 수 있는 물리적 공간과 디지털 공간을 의도적으로 계획해서 이 모두를 촉진하는 것이다.

잠재력을 이끌어내는
학습 공간의 설계

뇌가 선천적으로 잘하는 것과
정반대되는 학습 환경을 만들고 싶은 사람이라면
저 빌어먹을 교실을 만들 것이다.

- 존 메디나

지금껏 나는 전 세계 수백여 개 학교와 교실을 둘러봤는데, 그 물리적 공간 대부분이 얼마나 구식인지 그리고 그 안에서 일어나는 일들이 얼마나 구태의연한지 놀랍기만 하다. 학생들은 거의 일직선으로 줄을 맞춘 책상에 조용히 (또는 다소 어수선하게) 앉아 있고, 교사는 교실 앞에서 수업을 한다. 하지만 알다시피 표준 규격에 맞는 학습자란 없다. 따라서 학생들이 표준화된 교실에서 표준화된 교과서를 읽고 표준 시험을 치르면서 학습하게 해서는 안 된다. 디지털 네이티브들은 참여하고 어울리고 공유하고 자기 삶과 관련 있는 것을 만들어내려는 욕구를 가지고 있다. 하지만 대개 그것을 가능하게 하는 전용 학습 환경에 접근할 수가 없다. 학생들이 마음껏 활동할 수 있도록 일부러 만든 물리적 학습 공간과 디지털 학습 공간을 더 잘 이용할 수 있게 해주어야 한다.

교육 미래학자 데이비드 손버그David Thornburg는 《사이버 공간의 모닥불Campfires in Cyberspace》에서 세 유형의 학습 공간에 대해 이야기한다. 일 대 다수 교육을 위한 모닥불형, 다수 대 다수 교육을 위한 물웅덩이형, 일대일 교육을 위한 동굴형이 그것이다.[27] 이 장에서는 손버그가 말하는 학습 공간에 대해 내가 이해한 바를 공유하고, 거기다 내가 생각하는 네 번째 공간인 산꼭대기형을 덧붙일 것이다(나는 몇 년 전부터 산꼭대기형이라는 말을 써왔는데, 손버그는 최근에야 이와 비슷한 인생형 공간을 덧붙였다). 내 경험으로 보건대 가장 효과적인 학교와 교실은 이 모든 형태의 공간을 어느 정도 포함하고 있다.

모닥불형 학습 공간

이야기가 다른 사람들과 정보를 공유하는 가장 효과적인 방법 중 하나라는 것은 잘 알려진 사실이다. 공유된 내용을 듣는 사람이 자기 식으로 각색해 미래 세대에게 다시 전달할 때, 극적인 이야기로부터 얻은 최고의 교훈을 평생토록 기억하기가 쉽다. 역사적으로 이야기를 듣고 말하는 최적의 장소 가운데 하나는 모닥불 주변이었다. 거기서 부모, 조부모, 그리고 집단의 지도자가 허구와 실화를 결합해서 자신의 지혜를 공유했다.

모닥불형은 보통 한 사람이 동시에 많은 사람들에게 이야기하는 일 대 다 모델의 예다. 손버그의 말대로, 일 대 다 모델은 지난 세기에 학교에서 가장 널리 이용한 학습 공간 형태다. 교사가 흥분해서 교실을 이리저리 돌아다니며 학생들에게 직접 이야기를 하거나 초청 연사가 실생활에서 얻은 지혜를 공유해 이론이 생기를 띠도록 돕는다. 일 대 다 모델은 제대로 되면 효과가 좋지만, 유감스럽게도 대개는 그렇지가 않다.

교사가 교실 앞에 가만히 서서 단조로운 목소리로 수업을 하는 동안 학생들은 졸음과 싸우는 것도 일 대 다 모델의 한 형태이지만, 이건 모닥불형이 아니다! 중요한 건 공유하는 내용보다 공유하는 방식이다. 내용이 아닌 기술이다. 능수능란한 이야기로 정보를 전달해야 효과가 좋다. 1987년 큰 영향을 미친 미 교육부의 한 연구는 이런 결론을 내렸다. "동기부여 수준이 낮고 학업 능력이 떨어지는 학생들도 이야기를 들려주는 상황에서는 듣고 읽고 쓰고 열심히 노력할 가능성이 커진다."[28]

실제 모닥불의 물리적 속성과 비슷하게 설계된 교실 환경에서 이야기를 들려주며 수사적인 질문을 이용하면, 그 효과가 더 커질 수 있다. 예를 들어 책상을 줄 맞춰 놓기보다 원 모양으로 놓으면(하나의 큰 원이건 몇 개의 작은 원이건) 사회적 강화*가 일어나고 모두가 서로를 볼 수 있기 때문에 더 나은 선택일 수 있다.

이제 기술 덕분에, 우리는 디지털을 이용한 가상의 방식으로도 모닥불에 기반을 둔 학습을 경험할 수 있다. 스카이프Skype, 아이챗비디오iChat Video, 아이튠스유iTunes U, 또는 실시간 방송이 가능한 유튜브 등을 통한 화상 회의가 그런 예다. 매사추세츠주 케임브리지에 있는 볼드윈초등학교 학생들은 기술자, 과학자, 유명 저자들이 심지어 지구 반대편에서 지식과 경험을 공유하고 실시간으로 질문을 받아 답

---

* 침샘을 자극하는 맛있는 음식과 같은 본능적 혹은 무조건적인 자극이 아니라 그 사회 구성원들이 인정하는 심리적 강화를 말한다.

을 해주는 온라인상의 모닥불을 수시로 '찾아'간다!

교육의 회로를 바꾼다는 건 일 대 다 교수법 같은 전통 방식을 버린다는 뜻이 아니다. 전통 방식을 학생들이 졸기보다 참여하게 하기 위한 방법으로 이용한다는 뜻이다.

물웅덩이형* 학습 공간

모닥불형이 전문가 한 명이 다양한 학습자들과 정보를 공유하는 공간이라면, 손버그의 두 번째 예인 물웅덩이형은 사람들이 함께 모여 개인 대 개인 방식으로 정보를 공유하고 서로 협력하는 공간이다. 이런 물웅덩이형 학습 공간은 공식적인 것이든 비공식적인 것이든 모두 가능하다. 예를 들어 직장에서 사람들이 만나 정보와 생각을 공유하는 다양한 공간을 생각해보자. 전통적으로 휴게실, 그리고 심지어 복사기 주변도 이런 장소였다. 내가 휴렛팩커드에 다닐 때, 회사는 분명히 이런 목적으로 모닝 커피와 도넛을 제공하는 구역을 복도에 두었다. 엔지니어, 디자이너, 그리고 여러 부서의 다양한 팀원들이 아침에 여기서 만나 수다를 떨면서 전날 진행한 일이나 현재 하고 있는 일에 대해 논의하고 의견과 생각을 공유했다. 애플에서는 금요일 오후의 맥주파티가 이런 역할을 했다.

물웅덩이형이 중요한 이유는 다양한 배경, 관점, 일화를 가진 사람

---

* watering hole. 원래는 열대 지방에서 야생동물들이 물을 마시러 모여드는 물웅덩이를 뜻하는데, 휴게실, 사교장, 술집 등을 뜻하기도 한다.

들이 자신의 발상과 생각을 서로 공유하는 기회를 제공함으로써 일대 다 모델에서 놓칠 수 있는 다양한 생각을 허용하기 때문이다.

교육에서는 협력을 촉진하기 위한 물웅덩이형 공간이 사실상 존재하지 않는다. 학생들은 보통 점심시간에도 친구들과 앉아 학교보다는 다른 것에 대해 수다를 떤다. 대학에서는 흔히 도서관 로비가 물웅덩이형 공간으로 이용되지만, 유치원부터 고등학교까지는 그런 것도 없고 도서관은 대화가 금지된 조용한 장소로 여겨진다. 물웅덩이형 공간과는 정반대다.

물웅덩이형과 관련해 유치원부터 고등학교까지의 교육기관과 대학 간의 또 다른 차이는 바로 협력 개념 그 자체다. 대학에서는 협력이 권장될뿐더러 대개 요구된다. 내가 고등학생이었을 때 협력은 부정행위로 여겨졌다. 모든 프로젝트는 1인 프로젝트였고 예외는 없었다. 집단 프로젝트와 공동작업의 가치가 서서히 인정되면서 상황이 달라지고 있다. 하지만 내가 찾아가는 많은 교실이 여전히 '모든 학생이 각자 스스로'라는 사고방식을 고집하고 있다. 이런 사고방식으로는 대학과 직장 모두 협력과 공유를 요구하는 현실에서 아이들이 성공을 거둘 수 있도록 준비시킬 수 없다.

학교 바깥에 비공식적 물웅덩이형 공간을 만들어 권장할 수는 있지만, 이런 공간은 공식적으로 학교의 영역에 속해 있을 때 학습 공간으로서 더 효과를 발휘한다. 아이들은 대부분 학교가 그다지 재미있다고 생각하지 않으며, 재미있다고 생각하는 아이들도 대개 친구들을 만나 이야기하고 어울리는 게 재미있다고 말한다. 학습량 때문에 학교가 재미있다고 여기는 학생은 드물다. 이를 바꿀 수 있을 것 같지는 않지만, 아이들이 이야기를 더 많이 나눌 수 있도록 학습 과정의 설계 방식을 바꿀 수는 있다.

학교나 교실 환경에 곧바로 물웅덩이형 공간을 만들지 못할 이유는 없다. 최적으로 설계된 유치원 및 초중등학교와 교실은 의도적으로 학습자를 위한 물웅덩이형 공간을 만들어놓았다. 거기서 학생들은 ① 현재 수업에 관한 독자적인 결론을 공유하고 ② 집단 기반 환경에서 발견하고 탐구하며 ③ 다른 학생들로부터 피드백을 이끌어내고 ④ 학습자이자 동시에 교사가 되며 ⑤ 기술을 적절하게 이용하도록 요구받는다.

마지막으로 페이스북, 텀블러, 스냅챗 같은 SNS, 위키피디아와 레딧* 같이 대중 참여로 해결책을 얻는 크라우드소싱 사이트, 애플의 아이워크나 구글독스 같은 공유 문서 편집기, 그리고 월드오브워크래프트와 같이 여럿이 동시에 참여할 수 있는 온라인 게임이 인기를 끌면서 최근 폭발적으로 증가하는 현상은 사람들이 함께하기를 얼마나 원하고 필요로 하는지를 보여준다.

동굴형 학습 공간

손버그는 세 번째 학습 공간을 동굴에 비유한다. 동굴형 학습 공간에

---

* 레딧(Reddit)은 소셜 뉴스 웹사이트로 글을 등록하면 다른 사용자들의 투표에 의해 '업(up)' 또는 '다운(down)'이 결정되어 순위에 따라 주제별 부문이나 초기 화면에 올라간다.

서 학습자는 혼자 시간을 보내며 글을 쓰고, 코딩을 하고, 조사하고, 검토하고, 생각하고, 계획하고, 다른 공간으로부터 얻은 정보를 되새기는 시간을 갖는다. 동굴형은 우리가 세계를 이해하려 애쓰면서 이미 아는 것과 새로 얻은 정보를 통합할 때, 다른 사람들로부터 배우거나 다른 사람들과 협력하게 하기보다는 우리 내부에 있는 것과 접촉할 수 있게 해준다.

혼자 되새겨보는 시간을 가져야 하는 학습 과정에서 초인지[•]가 필요하다는 것은 여러 연구가 일관되게 보여준다.[29] 하지만 교육 전문가들은 학생들의 협력, 집단 작업, 협동이 효과적으로 실행되지 않는다 하더라도 그것이 갖는 중요성에 대해 자주 논의하는 반면, 동굴형 학습 공간에 대해서는 대개 간과한 채 설계 과정에서 거의 고려하지 않는다. 또 중요한 건 동굴형 공간이라고 해서 사방이 둘러싸여 있을 필요는 없다는 점이다. 동굴형 공간으로 이용할 수 있기만 하면 된다.

때로 도서관에서 구석에 따로 떨어져 있는 책상을 볼 수 있는데, 이것이 개방적 동굴형 공간의 한 형태다. 이 자리는 대개 사람들이 가장 먼저 차지하기 때문에 가장 얻기 어렵다. 이런 곳은 시끄러운 공적 세계에서 조용히 홀로 있는 느낌을 준다. 이런 공간에서 외부의 지식이던 정보는 내부의 이해로 전환된다. 자연에서 찾을 수 있는 다른 동굴형 공간으로는 사람들이 혼자 앉아 있거나 걸을 수 있는 공원

[•] metacognition, 자신의 사고과정에 대한 자각과 이해.

또는 오솔길, 그리고 쉬면서 생각을 정리할 수 있는 해변 또는 호수가 포함될 수 있다. 이런 곳들은 학교와 교실을 설계할 때 직접 만들어 넣어야 하는 유형의 물리적 공간이다. 나는 오스트레일리아와 멕시코의 학교들에서 특별히 설계한 텐트와 가구를 이용해 동굴처럼 만든 걸 본 적이 있다. 한계가 있다면 우리 상상력의 한계일 뿐이다.

동굴형 공간의 효과적인 이용에서 문제가 되는 것은, 우리가 학습자에게 그가 일반적으로 배우는 아주 특정한 학습 내용을 적극적으로 되새기기 위해 이 공간에서 시간을 쓰도록 요구하고 있다는 점이다. 학생이 학습 내용을 따분하거나 자기와 관련이 없다고 여기면, 틈 날 때마다 그것을 되새겨보게 하는 데 상당한 장애가 있을 수 있다. 모든 유형의 학습 공간이 공존하는 것이 가장 효과적인 이유는 바로 여기에 있다. 모닥불형 공간에서 이야기를 통해 학습 내용에 흥미를 느끼고, 물웅덩이형 공간에서 친구들과 학습 내용을 기반으로 이야기를 나눈다면, 동굴형 공간에서 보내는 시간을 이용해 그 내용을 적극적으로 되새기게 될 가능성은 크게 높아진다.

앞선 학습 공간들이 물리적 공간과 디지털 공간을 모두 포함하듯이, 동굴형 공간도 마찬가지다. 많은 기술 제품들이 개별적인 느낌을 조성해 사용자가 다양한 방식으로 스스로 발견할 수 있도록 특별히 설계되어 있다. 예를 들어 태블릿, 스마트폰, 스마트워치는 단순한 기기가 아니라, 아주 개인적인 차원에서 뭔가를 발명하거나 만들어낼 수 있는 디지털 생태계를 촉진하고 관리하도록 만들어진 플랫폼이다. 이 말은 학생들이 스위프트플레이그라운드Swift Playgrounds나 스크래치주니어ScratchJr. 같은 프로그램을 이용해서 앱을 설계해 코딩하거나, 아이북스오서iBooks Author나 어도비 인디자인Adobe InDesign을 이용해서 인터랙티브 북을 쓸 수 있다는 뜻이다. 현재 학생들이 대개 무료로 이용할 수 있는 이런 동굴형 공간 기반의 기회들이 아주 많다. 그래서 학생들은 손가락으로 가볍게 두드리고, 글자 자판을 치고, 문지르기만 해도 뭔가를 학습하고 만들어낼 수 있다.

산꼭대기형 학습 공간

마지막 학습 공간은 산꼭대기에 비유할 수 있다. 이는 손버그의 학습 공간 유형에 내가 추가한 것이다. 산꼭대기형 공간은 학습에 생기를 불어넣는다. 산을 오르는 데 성공하려면 무엇이 필요한지 생각해보라. 분명 조사, 논의, 반성이 필요하고, 결국 할 수 있는지 없는지 알려면 실제로 올라가봐야 한다. 하지만 그러려면 일단 산에 접근해야 한다. 산 자체가 어떤 주제를 근본적으로 이해하기 위해 필요한 최종적인 학습 공간인 이유는 바로 이것이다. 산을 오른다는 건 실제로 해보면서 배운다는 뜻이다.

산 오르기의 진정한 힘은 그 자체에 내재된 피드백 체계에서 나온다. 무언가에 대한 적극적인 시도는 즉각적이면서 지속적인 피드백을 제공한다. 이는 다른 학습 공간에는 없는, 학습에서 가장 중요한 부분이다. 시험의 관점에서 생각해보자. 우리는 산을 오르면서 우리가 산에 오르는 법을 배웠는지 아닌지 알게 된다. 산에 오를 수 있다면 학습은 성공한 것이다. 이 경우에는 어쨌든 우리가 그것을 할 수 있는지 시험하게 된다. 이제 이것을 학교 시험과 비교해보자. 우리가 학교에서 무언가를 배웠는지 알아보는 방법은 보통 선다형 문제에 답하는 시험을 치르는 게 유일하다. 잠재력을 다룬 3장에서 이야기한 대로, 표준 시험은 학습 능력을 평가하는 게 아니라 이런 종류의 시험을 치르기 위해 암기하고 공부하는 능력을 평가한다. 하지만 실제로 해봐야만 학습이 이루어졌는지 정확히 평가할 수 있다.

다른 교육 영역에서는 흔히 실수에 대해 (말하자면 시험 점수로) 비난하거나 심지어 처벌하는 것과 달리, 산을 오르는 동안에는 실수가 장려될 뿐만 아니라 요구되기도 한다. 동기부여를 다룬 4장에서 본 대로, 학습에 관한 한 실수는 처벌받을 만한 잘못이 아니라 귀중한 피드백이자 기회로 여겨야 한다. 예를 들어 애플에서는 초기에 실수가 나오지 않으면 충분히 혁신적이지 않다고 생각한다. 이런 정신이 교육에서도 일반화되어야 한다. 하지만 대부분의 학교와 교실에서 직접 해보는 학습이 점점 사라지고 있다. 여기에는 조직, 재정, 통솔력 등과 관련한 많은 이유가 있지만, 주된 이유는 학생들이 산을 오르도록 돕는 데 쓰이는 산꼭대기형 공간, 말하자면 메이커 공간,[•] 기업가 정신을 발휘할 기회 등이 없기 때문이다.

마지막으로, 디지털 방식의 산 오르기 또한 중요한 역할을 할 것이

[•] makerspace. 메이커스페이스 또는 해커스페이스(hackerspace)라고도 한다. 흔히 컴퓨터, 기계 가공, 기술, 과학, 디지털아트 또는 일렉트릭아트 같은 공통된 관심사를 가진 사람들이 만나 교류하며 협력하는 작업 공간을 말한다.

다. 어느 학생이 스위프트플레이그라운드나 스크래치주니어 같은 앱을 이용해 코딩을 독학하려 한다고 생각해보자. 이 학생이 강의를 듣거나 코딩에 관한 책을 읽거나 친구들과 코딩에 대해 이야기를 나누거나 혼자 시간을 보내며 코딩에 대해 되새겨서 배우기란 거의 불가능하다. 이 학생이 코딩을 배우려면 직접 코딩을 해야 하고, 여기에는 온갖 실수와 오류를 경험하는 일이 포함된다.

물리적 공간과 디지털 공간을 모두 이용해 도전할 때, 학생들은 단계적으로 산을 오를 수 있다. 일단 그러고 나면 진정한 학습이 이루어져 학습한 내용을 잊어버리는 일은 없을 것이다.

학습 공간 조합하기

이 모든 공간이 다양한 방과 건물의 형태를 띨 수도 있지만, 하나의 방이라도 여러 가지 방식으로 이용하면 이 모든 학습 공간이 될 수 있다. 방이 많이 필요하지는 않지만 창의성이 약간 필요하다. 교사이자 영화 제작자이면서 내 절친인 마르코 토레스Marco Torres는 예전에 자신이 가르친 고등학교 2학년 학생 다비드 페냐의 이야기를 자주 하는데, 나는 이보다 더 나은 사례를 생각할 수가 없다.

다비드는 마르코의 사회 수업에 들어왔는데, 음악에 대한 관심이 대단했다. 이미 지역의 마리아치 악단*에 속해 있었고, 나중에는 음악

---

* 마리아치(mariachi)는 멕시코 전통 음악을 연주하는 유랑 악사 또는 그들이 연주하는 음악을 말한다.

프로듀서가 되고 싶어 했다. 어느 가을날 다비드는 마르코의 영화 제작 스튜디오가 작업 중인 영화에 쓸 음악을 기타로 연주할 사람이 필요하다는 이야기를 들었다. 이 스튜디오는 영화 음악을 직접 만들었기 때문에, 학교에 연락해서 재능 있는 학생을 찾는 건 드문 일이 아니었다. 다비드는 녹음 작업을 해본 적이 없었지만 그 요청에 응하기로 마음먹고 스튜디오를 찾아갔다. 마르코는 다비드의 기타곡이 아주 마음에 들었다. 하지만 당시 이 작은 제작 스튜디오가 비전통적인 학습 공간이 된 사실을 마르코는 깨닫지 못했다. 다비드는 이제 이 학습 공간에서 자신의 재능을 발휘할 기회를 갖게 된 것이었다. 전통적인 교실 환경에서는 대개 그러질 못했다.

놀랍게도 바로 그다음 날 다비드가 이번에는 다른 악기를 들고 나타나, 그 악기 연주를 녹음할 수 있는지 물었다. 마르코는 그렇게 하도록 했다. 그런데 그다음 날 또다시 같은 일이 일어났고, 이런 일이 거듭되었다. 다비드는 스튜디오에 올 때마다 새로운 악기를 가지고 왔다. 이제 다비드는 방과 후에 마르코의 스튜디오에서 많은 시간을 보냈다. 마르코가 다비드에게 직접 가르쳐주기도 하고(모닥불형), 다비드가 그곳에 있는 다른 사람들과 어울리며 배우기도 하고(물웅덩이형), 때로는 다비드 혼자 스튜디오 한구석에서 뭔가를 하기도 했다(동굴형). 다비드가 그곳에 있을 때 얼마나 신이 나 있는지 알고서 마르코는 짜릿함을 느꼈다. 다비드는 악기 연주를 녹음했을 뿐만 아니라 온갖 수준의 학습 과정에 적극적으로 참여했다.

한편 마르코의 스튜디오는 학생 영화감독 프로그램을 위한 영화

축제도 계획하고 있었다. 이 축제는 해마다 특정한 영화를 주제로 정했는데, 그해의 주제는 〈스타워즈〉였다. 패러디 형식으로 〈스타워즈〉에 대해 경의를 표한다는 발상이었다. 마르코는 분명 다비드가 마리아치 악단의 모든 악기를 연주할 수 있으리라 생각하고서 오래전부터 〈스타워즈〉 팬인 그에게 마리아치 악기들로 그 주제곡을 연주할 생각이 있는지 물어보았다. 다비드는 동의했고, 마르코는 다비드에게 연습 삼아 다른 곡을 녹음해보자고, 하지만 이번에는 다비드 혼자서 한 번에 하나씩 모든 악기를 녹음해보자고 했다. 동시에 많은 학습 공간에 접근한 것이 다비드가 성공을 준비하는 데 도움이 되었다. 이제 다비드는 배운 것을 활용해 실제로 뭔가를 만들어냈다. 그는 산꼭대기형 공간을 오르고 있었고, 정상이 확실히 보였다.

다비드가 만든 곡은 그의 주요한 성취였다. "그 곡은 놀라웠지." 마르코가 말했다. "마리아치 악단 연주자들로 구성된 오케스트라가 동시에 〈스타워즈〉 주제곡을 연주하는 것 같았어." 마르코와 다른 사람들로부터 존중과 인정을 받는다는 느낌이 다비드의 자신감을 더욱 높여주었다. 마르코는 내게 이렇게 말했다. "학생이 자신의 열정을 발견하고, 발언권을 갖고, 더 중요하게는 스튜디오, 무대, 그리고 자기를 도와주는 공동체에 접근할 수 있게 되면서 얼굴이 환해지는 걸 보면 얼마나 흥분되는지, 교사인 자네는 상상할 수 있을 거야."

〈스타워즈〉의 창작자이자 원작 영화의 감독인 조지 루커스와 그 영화의 음악을 만들고 지휘한 존 윌리엄스도 다비드의 헌정곡을 듣고 큰 감동을 받았다. 다비드는 루커스의 제작사인 루커스필름에서 이

전설적인 감독을 위해 실황으로 연주하는 기회를 얻기도 했다.

학습 공간의 계획적 설계, 제작, 운영은 성공적으로 교육의 회로를 바꾸는 데 대단히 중요하고, 오늘날 학생들의 요구에 더 잘 부응하는 데 큰 도움이 된다. 이런 물리적 공간, 디지털 공간, 그리고 가상 세계를 이용하면 학생들에게 스튜디오, 무대, 청중을 제공할 수 있고, 우리는 교실을 전통적인 의미의 교실이 아니라 벽과 장애물과 한계가 없는 곳으로 여기게 될 것이다. 다비드 같은 학생이 학습하고 성장할 수 있는 이런 공간을 만들어 이용할 수 있게 하는 것이 우리가 할 일이다.

현재 청년 다비드 페냐는 여전히 연주를 하고 있고 음악 프로듀서가 되려던 목표를 이뤘다. 이제 자기 집에 스튜디오를, 사실상 산꼭대기형 공간을 만들었다는 점이 인상적이다. 이곳에서 다비드는 평소 이런 특별한 학습 공간에 접근하지 못하는 야심찬 학생들을 포함해서 다른 지역 음악가들의 음악을 녹음한다.

7장

REWIRING EDUCATION

.
.

대본이 아니라
리얼리티가 필요하다

온라인에서 검색할 수 있는 답을 제공해주는 데 대해
돈을 낼 사람은 이제 다시 없을 것이다.
아직 답을 얻지 못한 문제를 해결해줄 때만
사람들은 돈을 지불하게 될 것이다.

- 세스 고딘

"교육은 어떤 텔레비전 프로그램하고 가장 비슷할까요?" 내가 300명 정도 되는 교사들을 앞에 두고 연단에 섰을 때, 어두운 청중석에서 한 교사가 물었다. 나는 '어려운 문제로군' 하고 생각했다.

"좋은 질문입니다." 나는 잠시 생각할 시간을 벌면서 이렇게 말했다. "우리가 이야기하는 아이들은 어떤 아이들인가요? 어떤 아이들에겐 교육이 〈아메리카갓탤런트〉나 〈샤크탱크〉와 비슷하지만, 또 어떤 아이들에겐 아마도 〈서바이벌〉과 더 비슷할 거라고 생각합니다.●"

그날 밤에야 나는 교육이 어떤 장르와 비슷한가 하는 관점에서 그 교사의 질문을 다시 생각해보았다. 코미디? 공포물? 다시 한번 그 답은 우리가 어떤 아이들에 대해 이야기하고 있는지에 달려 있다고 생각했다. 하지만 그러다가 앞서 내가 내놓은 답에 중대한 결함이 있

● 〈아메리카갓탤런트(America's Got Talent)〉는 재능 있는 일반인을 선발하는 미국 NBC 방송의 공개 오디션 프로그램이고, 〈샤크탱크(Shark Tank)〉는 ABC 방송의 리얼리티 프로그램으로, 투자금을 모으려는 스타트업 기업 관계자가 나와 상품을 설명하면 투자 관련 전문가 5명이 거기에 투자할지 말지 결정한다. 〈서바이벌(Survival)〉은 CBS 방송의 리얼리티 프로그램으로, 두 부족으로 나뉜 출연자들이 도시 문명과 동떨어진 오지에서 100만 달러의 상금을 놓고 서바이벌 게임을 하면서 매주 출연자들의 투표로 한 명씩 탈락시킨다.

음을 깨달았다. 내가 언급한 건 모두 리얼리티 프로그램이었다. 그에 반해 지난 수년 동안 우리 교육은 점점 더 대본이 있는 프로그램처럼 되어가고 있었다.

대본이 있는 프로그램은 참여자들에게 좀 더 수월하다. 목적지가 주어지고 거기에 이르는 자세한 지도(대본)가 제시되기 때문이다. 말하자면 거리 이름을 암기하고 일련의 지시를 따르기만 하면 된다. 이들의 행동과 대화는 예측 가능하고, 가장 큰 도전은 미리 주어진 정보를 암기하는 것이다. 반면 리얼리티 프로그램은 참여자들에게 더 큰 도전을 요구한다. 목적지는 있지만 지도도 없이 가야 할 대강의 방향만 듣기 때문이다. 그런 다음 다른 사람들과 협력해 목적지에 이르는 방법을 알아내야 한다. 교육에서 학생들은 대본이 있는 프로그램을 위한 배우로만 준비된 채 현실세계에 내던져진다. 다시 말하자면 우리 아이들은 학교 공부에서 건강한 의미의 도전을 놓치고 있다.

주인공이 되는 교육

1988년 시나리오 작가들의 파업이 있기 전, 텔레비전을 지배한 건 거의 대본이 있는 프로그램이었다. 하지만 파업이 계속되면서 방송국들은 대본에 의존하지 않고 방송할 수 있는 프로그램을 찾기 시작했다. 〈리얼피플Real People〉과 〈더고잉쇼The Going Show〉 같은 일부 리얼리티 프로그램들이 성공을 거두자, 방송국들은 리얼리티 프로그램을 더 늘리기로 결정했다. 10년도 안 돼서 이런 방송 형식이 급속히 인기를 끌며 리얼리티 프로그램이 채널을 지배했다.

리얼리티 프로그램의 많은 부분이 마음에 안 들기는 하지만, 시청자들은 이 형식이 가지고 있는 예측 불가능성을 무척 흥미롭게 여긴다. 대본이 있는 프로그램에서는 이야기가 아주 분명하게 진행된다. 배우가 대사를 암기해 전달하고, 연출자와 프로듀서가 감독한다. 여기에는 배우가 즉흥적으로 표현하거나 실험할 여지가 없다.

현재 교육은 대본이 있는 텔레비전 프로그램과 비슷하다. 학생은 배우 역할을 한다(그리고 실제 배우와 마찬가지로 열심히 애쓰다가 소진된다). 교사는 작가(교육 정책 입안자)가 만들고 프로듀서(정치가와 행정가)가 승인한 아주 엄격히 정해진 대본(교과서)대로 배우들을 이끄는 책임을 맡은 감독이다.

현재 교육에 필요한 건 약간의 리얼리티다. 리얼리티 프로그램에는 '배우'가 없고 실제 인물, 다시 말해 실제 배경, 동기, 재능을 가진 개인이 있을 뿐이다. 이들은 프로그램에서 어떤 일이 일어날지 대략 알지만, 그 과정에서 생각지 못한 일이 일어나 학습이 이루어지고 관계가 만들어진다. 꼭 실생활에서처럼, 이들은 당면한 현실 상황에 적응하는 법을 배워야 한다. 감독(교사)은 상관이 아닌 안내자다. 프로듀서(정책 입안자)가 하는 일은 전체 목표를 달성하도록 하는 것이고, 교육에서 목표는 학습이다. 작가가 할 일은 표준화된 대본 쓰기에서 흥미로운 도전 만들어내기로 옮겨간다. 이 도전은 한 걸음 한 걸음 또는 정확히 글자 그대로 따라가기 위한 게 아니라 배우가 반응할(그리고 교육에서는 이로부터 학습할) 흥미로운 상황을 만들어내기 위한 것이다.

표준화가 아닌 도전에 기반을 두어야 한다면, 교육은 어떤 것이어야 할까? "내가 보기에 리얼리티 프로그램은 미국인들이 텔레비전을 시청하는 데 만족하지 않고 자신을 발견해서 프로그램에 담아주길 원한다는 사실을 보여줄 뿐이다. 결국 우리는 텔레비전이 우리 자신을 다루길 원한다." 영화감독 스티븐 스필버그는 이렇게 말했다.

학교에 다니는 디지털 네이티브들에 대해서도 같은 말을 할 수 있다. 디지털 네이티브들에게는 그들 자신을 다루는 교육이 필요하다. 암기 사항을 말해주는 대본은 필요치 않다. 이들은 발견되어 자신의 쇼에서 주인공을 맡을 수 있어야 한다. 이 아이들에게 '더 나은 버전의 우리 자신'이라는 배역을 주려 해서는 안 된다. 토드 로즈 교수가 《평균의 종말》에서 웅변한 대로 "우리는 그들이 있는 곳에 가서 그들을 만나고, 그들이 그들 자신일 수 있게 하며, 성공에는 오로지 한 가지 올바른 길이 있을 뿐이라는 신화를 거부해야 한다."

호기심 해결사

학습자에게 재미를 주면서 도전을 요구하려면 교육이 어떤 역할을 해야 하는지 특히 좋은 아이디어를 제공하는 리얼리티 프로그램이 있다. 2003년 디스커버리 채널에서 처음 방영된 〈호기심 해결사Mythbusters〉라는 과학 프로그램이 그것인데, 큰 인기를 끌면서 이후 13년 동안 전 세계 시청자들에게 즐겁게 배우는 경험을 선사했다. 특수효과 전문가인 애덤 새비지와 제이미 하이니먼이 이 프로그램의 진행자였다. 이들은 일반적으로 알려진 소문, 민간 신앙, 신화를 냉정한 과학 실험을 통해 검증했다. 매회가 끝날 무렵에는 각 신화가 타당성이 없다거나, 그럴듯하다거나, 입증되었다는 식으로 평가를 했다. 이 프로그램이 시청자들을 사로잡은 것은 단지 진행자들이 보여준 카리스마 때문만은 아니었다. 시청자가 잘 알고 있는 신화(그래서 이 주제가 시청자 개인과 관련이 있다고 느껴지게 만들었다)와 스스로 실험 결과를 알아가는 흥분이 이 프로그램의 성공 비결이었다. 신화 검증 팀 가운데 많은 이들이 이 프로그램의 애청자여서, 시청자들이 직접 검증에 영향을 미칠 수 있었고, 그래서 점점 더 개인적인 참여의식이 높아졌다.

〈호기심 해결사〉가 그 채널의 인기 프로그램이 되는 데는 오랜 시간이 걸리지 않았다. 아이부터 조부모까지 누구나 자신이 알고 있는 신화가 참인지 거짓인지 보려고 채널을 돌렸다. 매회 신화를 검증하기 전에 손으로 작성한 상세 계획을 설명하고, 신화와 그 배경을 소개하는 재미있는 영상을 보여주었다. 대본은 없었다. 대신 팀은 믿고 있는 일이 일어날 것인지, 어떤 종류의 실험을 진행할 것인지, 예상 결과는 어떨지에 대한 대강의 생각만 가지고 시작했다. 하지만 실제로 어떤 결과가 나올지는 실험이 끝날 때까지 불분명했다. 프로그램이 방영된 후 시청자들이 실험에 결함이 있다고 문제를 제기하면, 다음 회에서 '신화 재검토' 시간을 마련해 새로운 피드백에 기초해서 다시 실험했다. 때로는 시청자들의 주장이 옳다고 밝혀져, 진행자가 처음의 결론을 수정하거나 뒤집기도 했다.

교육의 회로를 바꾼다는 것의 본질은 바로 이것이다. 도전을 제기하는 관련성 있는 실험으로 기존 경험을 뛰어넘는 것 말이다. 이때 마음을 사로잡는, 그리고 때로 예측 불가능한 학습 과정은 결국 그 결과에 대한 분명한 이해로 이어진다.

〈호기심 해결사〉가 전통적인 교육과 거의 무관하기는 해도 학습 프로그램이라는 것은 의심할 여지가 없다. 이 프로그램이 두드러지는 이유는 결과보다 학습 과정을 조명하는 데 중점을 두었기 때문이다. 진행자인 애덤 새비지는 최근 인터뷰에서 이렇게 말했다. "우리는 우리가 스스로 제시한 목표를 달성하느냐 못 하느냐와 무관하게 그 소재에 몰두합니다." 다른 비슷한 과학 프로그램들이 성공하지 못한 이유에 대해서는 이렇게 대답했다. "다른 프로그램 사람들은 그 소재에 충분히 몰두하지 않아요. 프로듀서와 작가는 그럴지 모르지만, 그걸 하는 현장 사람들은 그렇지가 않죠. 열중해서 몰두하지 않아요. 보여주기 식인 거죠."

여기서 말하는 '현장 사람들'은 전통적인 교실의 학생들과 비슷하다. 그렇다면 실패에 대한 태도는 어떨까? 하이니먼은 이렇게 설명했다. "우리가 일하는 걸 지켜보면 알겠지만, 뭔가를 깨닫게 되는 순간은 실패했을 때예요. 내게 그건 더 많은 의문으로 이어질 뿐입니다. 그리고 그게 전부예요. 의문이 중요하죠. 뭔가를 했는데 의문만 더 늘었다면 그건 성공한 거예요."

〈호기심 해결사〉는 어떻게 학습 과정에 도전의식과 재미를 더해서 아이들이 더욱 몰두하게 할 수 있는지 좋은 예를 제시한다. 이는 텔레비전 같은 전통적인 일 대 다 방식도 간단한 변형만으로 재미있는 상호작용형 학습 경험을 제공할 수 있음을 보여준다. 오늘날 응용 소프트웨어, 상호작용 비디오, 소셜미디어, 스마트 기기, 그리고 몰입형 기술*은, 이전에는 불가능했던 방식으로 교육에 이런 변경을 가할 수 있게 해준다. 많은 연구들이 지난 수십 년 동안 학습 과정을 변화시키는 컴퓨터 기반 기술의 잠재력을 보여주었지만, 교육구教育區, 학교, 교사가 실제로 그런 기술을 이용해 학습 과정을 변화시키도록 하는 것이 우리가 해결해야 할 가장 큰 과제다.

아이들은 기다릴 수 없다

스티브 잡스는 고등학교 이후 정규 교육을 많이 받지 않았다. 하지만 애플을 창업한 그에게 동기를 부여한 한 가지는 교수법 및 학습 과정의 개선에서 컴퓨터가 할 수 있는 역할에 대한 인식이었다. 스티브는 열 살 무렵에 처음 컴퓨터를 접하고 빠져들었다. 나중에 휴렛팩커드에서 처음으로 쓰게 된 데스크톱 컴퓨터를 본 그는 즉각 그 잠재력을 알아차렸다. "학교마다 컴퓨터가 단 한 대만 있어도 아이들은 그것을 찾아낼 거라 생각했죠. 그리고 그게 그 아이들의 삶을 바꿔놓을 겁니

---

* immersive technology. 현실세계와 디지털 또는 모의(simulated) 세계의 경계를 흐리게 만드는 기술을 말한다.

다." 잡스는 1995년 컴퓨터월드 스미스소니언상 *을 받고 난 후 인터뷰에서 이렇게 말했다.[30] 애플 초창기에 잡스는 이런 뜻을 실현하고자 했다. 1978년 초에 애플은 미네소타 교육 컴퓨터 협력단Minnesota Education Computing Consortium과 협약을 맺어 미네소타주 학생들에게 500대의 애플II 컴퓨터를 제공하기로 했다. 하지만 그것만으로는 충분치가 않았다. 관료주의라는 걸림돌과 불필요한 절차 때문에 그 과정이 너무 더뎌서, 스티브는 좌절하고 말았다. "우린 아이들 세대 전체가 자기 컴퓨터를 처음 갖기도 전에 학교에 다니게 되리라는 사실을 깨달았습니다." 잡스는 이렇게 기억을 떠올렸다. "하지만 우리는 아이들이 기다릴 수 없다고 생각했죠." 잡스는 모든 아이들이 컴퓨터에 접근할 수 있게 하고 싶었다. 그래서 미국에 있는 모든 학교에 한 대씩 기부할 방법을 찾으려 했다. 이런 결정에 따라 애플은 '아이들은 기다릴 수 없다Kids Can't Wait' 계획을 전개했다.[31]

당시만 해도 애플의 규모가 크지 않았기 때문에 당장은 학교마다 컴퓨터를 한 대씩 기부할 형편이 못 되었다. 스티브는 앞서 말한 인터뷰에서 이렇게 회상했다. "과학 기기나 컴퓨터를 교육과 연구 목적으로 대학에 기부하면 세금공제를 받을 수 있다는 걸 알게 됐죠. 그 법을 이용해서 유치원부터 고등학교까지 적용 범위를 더 확대할 수만 있다면, 미국의 각 학교에 한 대씩 총 10만 대를 기부할 수 있을 거라고 생각했어요. 그러면 우리 회사에 1000만 달러의 비용이 발생

---

* Computerworld Smithsonian Awards. 기술로 사회에 유익한 변화를 일으킨 사람들에게 해마다 수여하는 상으로, IT기업 CEO 100명이 후보자를 추천한다.

할 텐데, 당시 우리에겐 큰돈이었죠. 하지만 우리는 기꺼이 그렇게 하기로 결정했습니다."

1982년 스티브는 워싱턴 D.C.로 날아가 의회 관련자들을 만났다. H. R. 5573, 즉 컴퓨터장비기부법이라는 법안을 제출했는데, 만약 통과되면 세금우대 조치가 대학만이 아니라 유치원부터 고등학교까지도 적용될 수 있을 터였다. 안타깝게도 법안은 통과되지 못했다. 하지만 캘리포니아주 정치인들이 이런 노력을 알고서, 애플의 '아이들은 기다릴 수 없다' 계획이 캘리포니아주 1만여 학교에 시행될 수 있게 했다. 또 애플(그리고 다른 모든 회사)의 기부에 대해 세금공제를 하는 데 동의했다.

이런 합의가 이루어지고 얼마 후 캘리포니아주 학교 곳곳에 컴퓨터가 도착했다. 이제 10만 명의 학생들이 처음으로 컴퓨터를 사용할 수 있게 되었다. 나중에 스티브는 이 프로그램의 성공이 '경이로웠다'고 말했다. 애플이 일찍이 해낸 가장 믿기 힘든 일 가운데 하나라고도 했다. 당시에도 우리는 학생들이 최신 기술에 접근해서 적절히 이용하는 법을 배우면, 결국 학습 과정을 완전히 변화시켜 그들의 성공 잠재력을 끌어내는 데 도움이 되리라는 사실을 알았다. 우리에게 필요한 건 이를 뒷받침하기 위한 연구뿐이었다.

다음 세대를 위한 애플 교실

우리의 교육 시스템을 디지털 시대로 이끌기 위해 스티브 잡스가 본격적인 노력을 시작했지만, 이것만으로는 충분치 않았다. 정말로 영향력을 미치려면 모든 학교에 컴퓨터를 한 대씩 마련해주는 것보다 훨씬 더 많은 일을 해야 했다. 우리가 원한 건 그저 아이들이 기술에 접근할 수 있게 하는 것만이 아니었다. 교사와 학생이 그 기술을 이용해 학습 과정 전체를 변화시킬 수 있기를 바랐다. 그래서 1985년 애플은 어떻게 기술을 이용해 학생들의 요구에 더 잘 부응할 수 있을지에 관한 첫 교육 연구 계획에 착수했다. 애플이 단독으로 하기보다 연구개발 협력을 조직해서 기술을 교육에 이용하는 최선의 방법은 무엇인지, 또 그 기술을 어떻게 개선할 수 있는지 알아내고자 했다. 이 조사 연구는 '다음 세대를 위한 애플 교실Apple Classrooms of Tomorrow' 또는 ACOT라고 불렸다.[32]

이후 10년 동안 애플과 공동 연구자들(미국국립과학재단뿐 아니라 캘리포니아주, 테네시주, 오하이오주의 공립교육구 및 전국 대학의 학술 연구자 등)은 교사와 학생이 매일 기술을 이용하는 것이 어떻게 교수법 및 학습 과정에 영향을 미칠 수 있는지 검토했다. 이 시기에 애플과 공동 연구자들은 교사개발센터Teacher Development Center라 불리는 ACOT 교실을 발전시켰다. 여기서 다양한 기술과 교과 과정을 실험할 수 있었다.[33] 목표는 교사가 교실에서 가장 효과적으로 기술을 이용하도록 훈련시키는 것이었다. 그런 다음 교사는 그 분야 지도자로서 학교와 교육구로 돌아가, 다른 사람들에게 자신이 배운 기술을 나눌 터였다. 수십 개 주州, 다양한 과목, 거의 모든 학년 수준을 대표하는 교사 수백 명이 이 프로그램에 참여했다.

ACOT 교실에서 나온 핵심 연구 결과는 이러했다. ① 앞서 동기부여와 학습에 관한 장에서 이야기한 대로, 아주 중요한 관련성이 있어서 개인적으로 마음이 끌리지 않는 한 대부분의 학생이 학습을 잘할 수 없고, ② 13장에서 살펴보겠지만 영감을 주는 교사가 학생들의 마음을 사로잡듯, 교수법을 변화시키는 방법으로서 기술을 이용하면 기술이 또한 학생들의 마음을 사로잡는다.

최종 연구 보고서는 이렇게 썼다. "ACOT 교실에서 기술은 학습 도구이자, 생각하고 협력하고 소통하기 위한 매체가 될 것이다." 교실에서 다양한 방식으로 기술을 이용할 때 "특히 협력, 정보에 대한 접근, 학생의 생각과 발상의 표현 및 진술을 뒷받침하는 데 이용할 때" 학습 가능성이 크게 증가했다.

지금은 상식처럼 들릴지 모르나, 1985년에 이는 진정 혁신적인 생각이었다! 우리는 ACOT에서 알게 된 것에 전율했고, 이 연구를 성공리에 이용해서 다음 20년 동안 주로 개인용 컴퓨터를 통해 교육에서 기술이 이용되는 방식을 변화시키는 데 힘을 보탰다.[34]

2008년 세상이 바뀌었다. 인터넷이 출현하고 모바일 컴퓨터 사용이 증가한 데 더해 개인 및 학교 기반 기술의 비용이 더 저렴해지면서, 우리는 '다음-현재 세대를 위한 애플 교실' 또는 'ACOT²'[35] 라고 이름 붙인 제2차 ACOT 연구를 시작했다. ACOT² 연구에 들어가면서, 우리는 해결책을 제시하지 않은 채 교육의 결함을 지적하기만 하는 것으로는 충분치 않으리란 사실을 알았다. 그래서 이번에는 좀 더 전략적인 목표를 세웠다. 학교가 기술을 이용해 오늘날 학생들이 요구하는 학습 환경을 제공함으로써 학생들이 교실 학습에 마음이 이끌려 학교에 계속 다니도록 동기부여되고, 그에 따라 21세기형 노동 인구에 동참하게 하려면 어떻게 도와야 할까? ACOT 연구가 정보 수집을 다뤘다면, ACOT^2 연구는 무엇을 어떻게 할 것인가 하는 문제를 해결하는 것이 목표였다. 우리는 새로운 디지털 세대 학생들이 학교를 떠나지 않고 머물면서 학습하기 위해 필요한 교육 유형을 받아들이게 할 구체적인 실행 계획을 만들고 싶었다.

ACOT^{2}의 연구 결과는 학습이 정보 소비에 기초한 활동이라고 여기는 문화에서 탈피할 것을 제안했다. 즉 학습자에게 관련성이 있고 창의성과 협력과 도전을 요구하는 방식으로 학습을 탈바꿈시켜야 한다는 것이었다. 학습이 도전을 요구하게 만드는 것은 아주 어렵지는 않으나 간단하지도 않은 일이었다. 교육 개선에 도움이 되는 해결책을 제시하려면, 학습이 학습자에게 여전히 관련성이 있으면서 창의성과 협력을 요구하는 동시에 학습 과정에 도전의식을 더하는 방법을 찾아야 했다.

다시 말해 우리는 학습을 다소 리얼리티 프로그램처럼 만들어야 했는데, 이는 예삿일이 아니었다. 결국 ACOT 팀은 이런 난관에 부딪히자 〈호기심 해결사〉 진행자에게 연락하게 되었다. 이들과 함께 일하면서 결과보다 학습 과정에 더 중점을 두고 강화하는 데 도움을 받았고, 어떻게 학습 과정에서 실험을 이용해 학생들에게 관련성을 만들어주는 동시에 도전하게 할 수 있는지 알게 되었다. 이런 교훈은 그 후로 애플의 교육 계획뿐 아니라 다른 많은 활동에도 큰 영향을 미쳤다. 아이패드가 사용 설명서 없이 출시된 이유 중 하나는 바로 이것이다(필요한 사람들을 위해서는 온라인으로 사용 설명서를 제공했다). 실험을 통해 배우는 게 더 재미있기 때문이다.

ACOT²는 우리가 수십 년 동안 가르쳐온 방식이 가진 결함을 고발했다. 내용을 가르치기 위해 필요한 건 사용 설명서, 대본, 지침이 아니라 내용과 학습 과정이 학생들에게 관련성이 있으면서 창의성과 협력과 도전을 요구하게 하는 것이었다. 교수 및 학습 면에서 현재 상황을 점검하고 수동적인 학습 방식에서 능동적인 학습 방식으로 옮겨가야 한다는 사실은 분명했다. 에디슨의 발명품인 교육용 영화는 100년 전에 실패했다. 에디슨은 직접 해보면서 배우는 것의 중요성을 역설한 존 듀이의 구성주의 관점을 알지 못했다. 우리는 이런 실수로부터 교훈을 얻어 우리의 혁신이 아이들에게 진정 영향을 미치도록 하고 싶었다. ACOT 연구는 우리가 듀이, 장 피아제, 마리아 몬테소리 등 구성주의자들의 말에 귀 기울여야 한다는 점을 확인시켜줄뿐더러, 그러려면 기술을 어떻게 이용해야 하는지 이끌어주었다.

ACOT 연구 결과를 실제에 적용하려는 노력에서, 우리는 교사 및 동반자들과 협력해 최선의 학습 모델을 찾아 기술과 융합했다. 그 결과 도전 기반 학습Challenge-Based Learning, CBL이라는, 기술이 뒷받침하는 새로운 교수법이 태어났다. 이제 유일한 문제는 이 교수법이 효과가 있을까 하는 것이었다.

도전 기반 학습: 콘텐츠 소비자에서 창작자로

접근성: 모두에게 기회를

메이커 운동: 창의성과 자율성의 핵심

코딩: 디지털 리터러시의 시작

3부

디지털 시대에는
다르게 배운다

도전 기반 학습: 콘텐츠 소비자에서 창작자로

나는 내 학생들을 가르치지 않는다.
학생들이 학습할 수 있는 환경을 제공할 뿐이다.

- 알베르트 아인슈타인

댈러스 교외에 있는 공립학교인 코펠고등학교는 여느 평범한 고등학교와 다를 바가 없어 보인다. 하지만 내가 인생에서 배운 게 하나 있다면, 표지로 책을 (또는 학교를) 판단하면 안 된다는 점이다. 코펠고등학교의 과학 교사인 조디 다인해머Jodie Deinhammer를 예로 들어보자. 조디는 20년 넘게 코펠고등학교에서 즐겁게 학생들을 가르치고 있다. 이 교사의 도전 기반 학습 교실에서 일어나는 일들은 빠르게 전설이 되고 있다.[36]

2015년 조디의 학생들은 인체에 대해 배우고 있었다. 학생들은 스스로 도전거리를 제안했는데, 그들이 사는 지역에서 흔히 일어나는 문제인 아동의 영양실조를 해결하는 것이었다. 학생들이 제안한 '계획Big Idea'은 '국경 없는 건강Health Without Borders'이라 불렸다. 조디의 지도 아래 학생들은 세계적인 커뮤니티에 올릴 상호작용형 강좌에 넣기 위해서 기술을 이용해 디지털 일러스트레이션, 문서, 그리고 멀티미디어 프로젝트를 만들었다.

이 프로젝트 자체가 실질적인 도전일뿐더러, 그 과정에서 학생들은 '핵심 질문'이라는 형태로 더 작은 다른 문제들에 도전했다. 조디의 학생들은 인체와 영양실조에 관한 수업 이상의 것을 배웠다. 협력, 팀워크, 리더십, 프로젝트 개발을 익히고, 새로운 매체를 만들어 인터뷰와 조사를 하고 사람들 앞에서 발표하고 말하고 예산을 세우는 방법, 글쓰기와 편집과 일러스트레이션을 공동작업하는 프로그램을 이용하는 방법, 그리고 연민과 공감을 배웠다. 이 모두가 한 달 동안 진행한 하나의 프로젝트 안에 있었다. 가장 중요한 점은, 이 도전이 끝난 후 학생들은 자신감이 크게 높아졌고, 더 가까운 친구가 되었으며, 자신이 이전에 존재하지 않았던 것을 만들어냈다고 평생토록 되돌아볼 수 있게 되었다는 것이다.

프로젝트 기반 학습이 놓치고 있는 것

도전 기반 학습은 학생들에게 관련성이 있으면서 그들의 마음을 끄는 학습을 만드는 수단으로서 개인 및 집단 기반의 도전을 제기하는 탐구 기반 학습이다.[37] 우리에게 익숙한 프로젝트 기반 학습project-based learning, PBL 모델을 잠시 생각해보자. 이 모델에서 교사는 교과 수업을 학생 주도의 프로젝트로 바꿔놓는다. 프로젝트 기반 학습은 존 듀이 등이 말하는 직접 해보면서 배운다는 개념에 자극받은 것인데, 지난 수십 년 동안 느슨한 학습 틀로서 인기를 끌었다. 프로젝트 기반 학습의 상호작용은 전통적인 강의/교과서 중심의 교수법 및 학습을 크게 개선시켰다. 하지만 문제가 없지는 않다. 조디는 2014년 동창회에서 한 동료와 이야기를 나누다가 도전 기반 학습을 처음 알게 되었다. "분명 나는 프로젝트 기반 학습을 알았고 여러 해 동안 이용했는데, 성공 정도는 다양했어요. 항상 프로젝트 기반 학습 틀에 기술을 포함시키려 애썼지만, 때로는 그게 강요처럼 보였고, 타당성이 없었어요. 그래서 도전 기반 학습이 특히 이 문제를 다루려고 설계되었다는 걸 알고서는 시도해보고 싶어 안달이 났고, 그다음부터는 그냥 직진이었죠."

도전 기반 학습은 이미 있는 것을 또 만드느라 쓸데없이 시간을 낭비하기보다는, 프로젝트 기반 학습의 가장 중요한 부분을 토대로 하면서 도전 과제를 만들어내고, 그 과정에서 기술을 통합하는 데 더 주력했다. 도전 기반 학습과 프로젝트 기반 학습 모두 학습에 활기를 불어넣기 위해 직접 해보는 프로젝트에 의존한다. 하지만 핵심적인 차이가 있다. 예를 들어 프로젝트 기반 학습의 경우 학생들은 배정받은 프로젝트를 실행하며 배운다. 반면 도전 기반 학습의 경우 학생들은 협력해서 스스로 도전을 만들어내도록 격려받는다. 이렇게 하면 도전 과제가 학생들과 더 관련성을 갖게 되고 학생들의 주인의식, 참여, 동기부여를 높인다.

또 다른 차이는 기술을 이용하는 방식이다. 프로젝트 기반 학습에서, 기술은 꼭 필요하지 않거나 심지어 전혀 이용하지 않는다. 이용하더라도 인터넷에서 간단한 정보를 수집하는 데 그치는 경우가 많다. 이와 달리 도전 기반 학습에서는 학습 과정 전 단계에서 기술을 이용한다. 여기서 기술은 단순히 정보를 수집하는 수단만이 아니라,

소통하고 협력하고 참여를 북돋우는 다양한 방법을 제공한다. 예를 들어 프로젝트 기반 학습의 프로젝트가 학생들에게 유튜브 동영상을 찾아 슬라이드 발표물로 공유할 것을 요구한다면, 도전 기반 학습의 도전은 유튜브 동영상을 제작해 실시간 모의실험으로 공유할 것을 요구한다. 프로젝트 기반 학습의 프로젝트가 블로그를 읽고 메모할 것을 요구한다면, 도전 기반 학습의 도전은 학생들에게 브이로그vlog(동영상 위주로 운영되는 블로그)를 함께 만드는 한편 디지털 주석 도구를 이용해 거기에 주를 달게 한다. 도전 기반 학습은 아이들이 단순한 콘텐츠 소비자에서 벗어나 콘텐츠 생산자, 창작자가 되는 것을 목표로 한다. 조디의 학급이 멀티미디어 프로젝트를 제작함으로써 그랬던 것처럼.

세 번째 차이는 프로젝트 기반 학습이 흔히 교실이나 학교 환경에서 실행하는 방안과 프로젝트에 한정되는 반면, 도전 기반 학습은 학습자들에게 더 폭넓은 시야를 가지게 함으로써 그들에게도 영향을 미치는 사회문제에 대한 해결책을 계획해서 실행할 것을 요구한다는 점이다. 조디의 수업에서 아동 영양실조라는 주제를 선택한 이유는 그것이 바로 학생들이 살고 있는 지역사회의 주요 관심사이기 때문이었다. 도전 기반 학습은 학습이 디지털 네이티브들에게 관심을 끌고 의미 있는 것으로 다가가게 하기 위한 해결책일뿐더러, 실제로 의도한 대로 곧잘 해낸다.

도전 기반 학습의 3단계

도전 기반 학습이 애플의 $ACOT^2$ 연구에서 생겨나기는 했지만, 이를 설계하고 개발한 건 내가 만든 전문 교육자와 기술자로 이루어진 팀이었다.[38] 우리는 학습 과정이 디지털 네이티브들에게 관련성이 있으면서 창의성과 협력과 도전을 요구하는 유연한 교수 모델을 만들고자 했다.

새로 구성된 $ACOT^2$ 팀원 중 한 명인 마크 니컬스Mark Nichols는 다소 색다른 배경을 가진 사람이었다. 그는 중학교 교사, 축구 코치, 황무지 투어 가이드로 일했다. 또한 소프트웨어를 개발했고, 아파치족 보호구역에 있는 학교에서 근무했으며, 리얼리티 프로그램을 만드는 TV 방송국에서도 일했다. 니컬스가 학습 과정에서 리얼리티 TV 같은 기분 좋은 흥분을 느끼게 하려면 실로 어때야 하는지 생각하게 된 건 방송국에서 일을 하면서였다. 이런 호기심이 자연스럽게 니컬스를 우리의 도전 기반 학습 개발 팀으로 이끌었고, 이 팀에서 그는 더없이 소중한 자산이 되었다. "우린 요리 프로그램과 패션 프로그램을 보면서 어떤 공식을 발견하게 됐죠." 마크가 말했다. "그런 프로그램은 하나같이 어떤 도전과 함께 시작하고, 참가자들은 규칙에 맞는 뭔가를 만들어내야 하거든요." 맞는 말이었다. 리얼리티 프로그램은 거의 항상 도전이 제공하는 동력을 기반으로 만들어졌고, 우리는 도전 기반 학습이 그렇게 되기를 바랐다.

도전 기반 학습에서 학생들은 하나 이상의 교과목과 관련된 프로젝트를 선택하는데, 이는 집단 기반 도전이 된다. 아이들은 마음을 끄는 통합교과형 접근법을 통해 일상생활에서 사용하는 기술, 즉 스마트폰, 컴퓨터, 인터넷 등을 활용해 실생활 문제에 대한 해결책을 찾아 개선할 수 있다. 나는 항상 학습 내용이 학생들과 관련성이 있어야 한다는 사실을 알고 있었지만, 체험형 학습의 진정한 가능성을 확인한 건 도전 기반 학습 틀을 연구한 후 그 놀라운 결과를 직접 목격했을 때였다. 이제 학교들이 조디의 교실처럼 물리적/디지털 산꼭대기형 공간으로 바뀌고 있다.

도전 기반 학습은 세 단계로 이루어진다. 1단계에서 교사는 교과 주제와 관련이 있는 것이면 무엇이든 학생들이 해결하고 싶은 문제를 제안하도록 이끈다. 일단 문제를 선택하고 나면, 학생들은 협력해서 개괄적인 '계획'을 내놓는다. 이를 통해 반 전체가 문제를 해결할 수 있는 방법을 제시한다. 조디의 사례에서, 계획은 멀티미디어를 이용해 학생들이 다른 사람들과 공유할 강좌를 만드는 것이었다. 문제와 계획은 대개 학습자의 학교나 지역사회에 골칫거리로 떠오르는 최근 현안에 기초한다. 반드시 학생들과의 관련성이 더 많아야 하는 건 아니지만, 관련성이 많을수록 그들에게 더 큰 영향을 미친다. 빈곤, 노숙, 기후변화 같은 큰 문제나 건강에 안 좋은 학교 급식 같은 작은 문제 모두 가능하다.

일단 문제(와 그 해결을 위한 전반적인 계획)가 정해지면, 2단계에서는 교사와 학생이 문제를 작은 '핵심 질문'들로 쪼갠다. 이렇게 해서 계획을 다루기 쉽게 만들고 개인화해서 학생들로 하여금 자신의 문제로 받아들이게 하려는 것이다. 핵심 질문에는 '이 일을 어떻게 할 수 있을까?', '장애물은 무엇이고 어떻게 장애물을 극복할 수 있을까?', '이 모두는 실제로 얼마나 효과가 있을까?' 등이 포함된다.

"도전 기반 학습에서 가장 어려운 부분 가운데 하나는 대체로 프로젝트를 시작하면서 학생들에게 핵심 질문을 내놓도록 요청할 때입니다." 조디가 말했다. "학생들은 대개 어디서부터 시작해야 할지 몰라요. 그래서 나는 핵심 질문에 대해 생각할 때 학생들과 나 자신에게 도전의식을 북돋우는 질문을 따로 만들었어요. '우리가 어떻게 우리 사회에 변화를 일으킬 수 있을까?' 내가 이렇게 묻고 학생들이 답하다 보면 자연스레 다른 질문들이 따라오는 것 같아요." 핵심 질문은 학생들의 다양한 조사를 유발한다. 이런 조사에는 답을 찾기 위해 혼자서 그리고 팀을 이뤄 계획하고, 찾아보고, 인터뷰하고, 현장학습을 가는 일 등이 포함된다. 많은 조사 단계가 교실 바깥에서 이루어지지만, 보통 산꼭대기형 공간뿐 아니라 손버그의 모든 학습 공간이 어떤 방식으로든 이용된다. 교사가 계속해서 조사를 지도하고 도우면, 학생들은 마침내 분명한 실행 계획에 이르게 된다.

이 실행 계획이 도전 기반 학습의 3단계다. 이 단계에서 학생들은 조사 결과를 실행에 옮긴다. 시제품, 테스트, 개선이라는 설계 과정의 세 가지 요소를 이용해서 증거에 기반을 둔 해결책을 제안한다. 그런 다음 그 해결책이 학교나 더 폭넓은 지역사회에서 시행되거나 아니면 전적으로 온라인을 통해 세계의 다른 곳에서 시행된다. 이 과정에서 다양한 상호작용형 기술을 이용할 수 있다. 예를 들어 조디의 수업은 음성과 동영상 기록, 블로그, 소셜미디어, 크라우드소싱, 전자출판 등을 이용했다.

학생들은 도전 과정에서 지속적으로 지도를 받고, '왜?'라는 질문을 자주 받으며, 자신이 하고 있는 모든 것에 대해 비판적으로 생각하도록 요구받는다. 각 단계마다 손으로건 디지털로건 기록을 계속한다. 이는 교사와 부모에게 학습 내용에 대한 적극적인 설명과 그에 대해 의견을 나눌 수 있는 기회를 제공한다.

도전 기반 학습 틀은 유연하게 설계되었기 때문에 교사가 학급, 수업, 심지어 개별 학생의 요구에 맞춰 어느 단계에서든 변화를 줄 수 있다. 특히 도전 기반 학습은 이미 할 일이 너무나 많은 교사들을 압박하는 또 다른 시스템이 되지 않도록 설계되었다. 대신에 도전 기반 학습은 교사들이 이미 하고 있는 많은 일들에 틀 또는 구조를 제공하고자 한다. 도전 기반 학습은 교육의 최고 요소를 현재 기술의 최고 요소와 융합하는 한 가지 방법이라고 생각하면 된다. 이런 유연성 덕분에, 도전 기반 학습은 거의 어떤 상황에서든, 심지어 국가 표준에 따른 내용을 가르칠 때도 유용할 수 있다.[39]

다른 사람들에게 기억에 남을 만한 방식으로 도전 기반 학습을 설명하려 할 때면, 나는 오랫동안 교육 개선에 전념해온 내 멕시코인 친구 알폰소 로마 주니어Alphonso Roma Jr.한테서 배운 '간단명료한' 방식을 즐겨 이용한다. 알폰소 로마 주니어는 도전 기반 학습을 이렇게 요약한다. "느껴라, 상상하라, 하라, 공유하라." 다시 말하자면 이렇다. 무엇을 느끼는가? 해결책을 생각해낼 수 있는가? 이제 문제를 해결하고, 그런 다음 그 해결책을 세상 사람들과 공유하라.

약간의 창의성을 발휘하기

때로 도전 기반 학습과 비슷한 탐구 기반 학습 틀을 시행하려는 교사들의 반발이 일어난다. 이들은 학생과 관련성이 있고 창의성과 협력과 도전을 요구하는 학습 틀로 수업하는 것이 이상적이라는 데 대체로 동의하면서도, 관리자들이 '시험 대비 교육'을 기대한다면 이런 학습 틀을 시행할 수 없을 거라고 걱정한다. 엄청난 잠재력을 가진 뛰어난 교사조차 자신이 필요하다고 생각하는 방식으로 학생들을 가르치려면 불이익을 받을 위험을 감수해야 한다. 이런 이유로 모든 교육 시스템이 적절한 기준을 제시할 수 있어야 한다는 점이 중요하다. 다행히도 도전 기반 학습은 그렇게 할 수 있다.

예를 들어 우리가 캘리포니아주의 4학년 사회 교사라고 해보자. 주 전체의 기준에 따르면, 학생들은 캘리포니아주 역사를 잘 알아야 한다. 이런 과제에 관한 전통적인 시험을 준비하려면, 캘리포니아의 역사 일부(출판사들이 캘리포니아주에서 교과서를 만들어 판매하려면 기술해야 하는 최소한의 내용)를 읽고서 나열된 사실을 암기해 퀴즈를 몇 개 풀고, 어쩌면 각설탕으로 과제물을 만드는 프로젝트를 수행한 다음, 마지막으로 자리에 앉아 시험을 치러야 한다. 하지만 도전 기반 학습 틀을 이용하는 교사는 이와 다르게 무엇을 할 수 있을까?

한 가지 발상은, 학급 학생들이 윌리엄 랜돌프 허스트˚로 가장해

서 캘리포니아주 샌시메온에 있는 허스트성에서 캘리포니아주 역사
상 가장 영향력 있는 사람들을 위한 가상의 시상식 만찬을 계획하게
하는 것이다. 이 만찬에 누구를 초대하고 누구를 초대하지 않을지 결
정하는 것은 아이들의 몫이다. 아이들은 이외에 다른 지시는 받지 않
는다. 그러면 학생들은 팀을 이뤄 온라인 조사, 가상 및 실제의 도서
관과 박물관 견학, 인터뷰 등을 포함해 다양한 조사를 하게 된다. 또
학생들은 어느 역사적 인물을 초대 명단에서 빼기로 할 때 그 근거를
댈 수 있어야 한다. 계획과 관련된 핵심 질문을 통해, 전체 학생이 초
청 가능한 수백 명의 사람들에 대한 찬반양론을 깊이 생각해볼 수 있
다. 이렇게 교과서보다 더 재미있는 방식으로 캘리포니아주 역사에
대해 더 많이 배울 수 있다.

교사가 학생들에게 만찬에 초대한 사람들의 좌석 배치를 결정하게
할 수도 있다. 초대 손님들 사이에서 오갈 수 있는 대화를 예상해 대
본을 쓰고, 전체 만남을 실시간 형태로 녹음해서, 전적으로 학생들끼
리 캘리포니아주 역사 동영상을 만들 수 있다(여기에 해마다 새로운 대화
를 덧붙일 수도 있다). 그런 다음 온라인에 올려서(그리고 계속 추가해서), 캘
리포니아주 다른 학교의 학생들도 이를 이용해 즐거움과 정보를 모
두 얻는 방식으로 도전 문제를 해결해서 역사를 더 잘 배우도록 도울
수 있다.

약간의 창의성을 발휘하면, 국가 기준에 도전 기반 학습을 연계할 가

● 이른바 '허스트 신문제국'을 만든 미국의 신문 경영자.

능성은 무한하다. 학급마다 적용할 수 있는 가능성 또한 마찬가지다.

재능을 발견하고 이용하는 법

'국경 없는 건강'을 시작하고 1년 후에 조디의 학생들은 완전히 새로운 학급으로 바뀌었다. 지난해의 프로젝트가 성공을 거둔 사실을 아는 새 학급의 학생들은 동일한 인체 주제 수업을 하게 되었을 때, '국경 없는 건강' 프로젝트를 계속해서 개선해보고 싶다고 했다. 이들은 이전 학생들의 인터랙티브 미디어 프로젝트를 기반으로 책을 만들기로 했다. 지난해 학급 학생들이 조사한 내용에 최신 내용을 덧붙이고, 공동작업으로 각 챕터의 내용을 간략히 쓴 다음, 함께 힘을 합쳐 이를 뒷받침하는 인상 깊은 자료를 만들었다. 이 자료에는 원그림과 사진과 학생들이 디지털로 구현한 신체기관의 3D 모형이 포함되었다. 교실에서 할 수 있는 것 이상의 노력을 요구하는 작업이었지만 학생들은 기꺼이 그렇게 했다.

프로젝트가 끝나자, 학생들은 이것을 교실에서 발표하고 아이튠스 강좌에도 올렸다. 현재 이 강좌의 구독자는 5만 명이 넘었고, 학생들이 만든 책은 1만 2000회 넘게 다운로드되었다. 최초 프로젝트와 수정판 프로젝트를 수행한 학생들은 24개국의 다른 학생들로부터 찬사와 질문과 피드백을 받고 있다.

이 프로젝트에서 책에 들어가는 디지털 일러스트레이션을 그린 학생은 믿기 힘든 또 다른 성공담을 낳았다. 이 학생은 이런 작업을 해본 경험이 없었으나, 멋져 보여서 한번 해보고 싶다고 생각했다. 현재 이 학생은 의학 전문 일러스트레이터로 즐겁게 일하고 있다. 학교에서 일러스트 교육을 받은 것도 아니고 오로지 도전 기반 학습 프로젝트에 참여하면서 자신의 재능과 열정을 발견한 경험 덕분에 말이다. 안전지대를 벗어나 세상을 탐사할 기회를 가질 때, 학생들은 흔히 자기가 가진 줄도 몰랐던 재능을 발견하고 이용한다.

'국경 없는 건강' 이야기가 놀랍기는 하지만, 꼭 특별한 경우라고는 할 수 없다. 조디의 학급에서는 도전 기반 학습 덕분에 이런 믿기 어려운 일들이 정말로 일상화되었기 때문이다. 조디가 맡은 또 다른 학급은 멸종 위기 동물들에 관한 책을 공동작업했다. 아이들은 동물원에서 동물들과 시간을 보내고 태국에 사는 학생들과 연락해 코끼리에 대해 질문하는 방식으로 조사를 했다. 또 번역 소프트웨어를 이용해 캄보디아 수마트라호랑이 관련 시설에서 근무하는 사람들, 중앙아프리카에서 독수리에 관한 프로그램을 진행하는 사람들, 남아프리카공화국 케이프타운에서 펭귄을 구출하려 노력하는 사람들과 메시지를 주고받았다. 이 학생들이 찾아간 동물원은 이들의 책과 그 저자이자 사진가이자 일러스트레이터인 학생들을 위해 공식 출간 기념회를 열어주기도 했다. "그 아이들은 책을 출간한 저자라는 자부심을 가지고 있어요." 조디가 말했다. "그리고 수업을 듣거나 온라인 자료만으로는 얻을 수 없었던 동물 보호에 대한 이해와 식견을 얻었죠."

변화 일으키기

애플 안팎의 동료들과 나는 도전 기반 학습의 개발에 참여했다. 내가 도전 기반 학습에 이렇게 열정을 보이는 건 바로 이 때문이다. 하지만 내가 어떤 숨은 동기를 가지고 있다고는 생각하지 말길 바란다. 도전 기반 학습은 교사, 부모, 학생, 교육행정가를 포함해 누구나 이용할 수 있는 무료 공개 학습 틀이다. 도전 기반 학습을 이용하는 데 애플의 제품이나 서비스가 꼭 필요하지는 않으며 소유권 개념이나 구독료도 없다. 도전 기반 학습에 대한 나의 열정, 그리고 교육의 회로를 완전히 바꾸는 수단으로서 그것이 가진 가능성에 대한 나의 믿음은 진심이다. 도전 기반 학습은 효과가 있다. 미국 전역의 교실에서 도전 기반 학습이 변화를 일으키고 있기 때문이다. 조디 다인해머의 학급은 학생에게 관련성이 있고 창의성과 협력과 도전을 요구하는 수업을 통해 능동적인 학습을 촉진할 수 있음을 분명하게 보여준다. 그렇기는 하지만 교사에게 도전 기반 학습에 관한 정보와 그것을 실행하는 기술을 제공하는 것만으로는 충분하지 않다. 정말로 변화를 일으키려면 시간과 자원과 교수법의 변화가 필요하다. 다행히도 다시 한번 기술이 답을 제시해준다.

9장

REWIRING EDUCATION

：
●

접근성:
모두에게 기회를

미래가 도착했다.
하지만 그것은 균등하게 분배되지 않는다.

- 윌리엄 깁슨

2014년 10월 어느 날 저녁, 캘리포니아주 코첼라밸리의 한 외딴 지역에서 그 일은 시작되었다. 스쿨버스가 어느 집 앞 정류장에 서더니 마지막으로 타고 있던 학생 몇 명을 내려주었다. 별다른 일은 없었다. 하지만 그런 다음 운전사가 이상한 일을 했다. 스쿨버스를 돌려 지정된 구역으로 가지 않고, 코첼라밸리 통합교육구에서 가장 가난한 지역에 멈춰 섰다. 그러고는 스쿨버스를 놔둔 채 내려서 집으로 가버렸다.

바깥에서 보면 이 버스의 정체를 전혀 알 수 없었지만, 안을 슬쩍 들여다보면 아주 놀라운 사실이 드러났다. 이 버스는 이동하는 핫스팟*이었다. 미국에서 가장 가난한 지역 가운데 하나인 코첼라밸리의 학생들은 수천 대의 아이패드를 제공받았고, 이제 이 버스들을 통해 난생처음 인터넷에 접속하게 될 참이었다. 그날 이후 코첼라밸리의 스쿨버스들은 아이들을 집에 데려다주기만 하는 게 아니라 아이들이

---

* hotspot. 초고속 인터넷을 사용할 수 있도록 전파를 중개하는 무선랜 기지국.

집에서 인터넷에 접속할 수 있게 해주고 있다.

"우린 '이동 와이파이'라고 불러요." 대릴 애덤스Darryl Adams 박사는 당시의 한 인터뷰에서 자랑스레 밝혔다. "그게 우리 아이들의 삶을 바꿀 겁니다. 아이들이 상상하지도 못한 방식으로 말이죠."[40]

예전에 로스앤젤레스주 '올해의 교사'로 선정된 적이 있는 애덤스는 교육감이 되어, 미 전역에서 가장 가난한 지역의 하나로 손꼽히는 코첼라밸리의 학교를 대대적으로 개혁하기 위해 이곳으로 왔다. 이 지역 대부분이 시골 벽지였고, 2만여 명의 학생 가운데 가장 운 좋은 아이들은 허름한 이동주택 주차장에 살았지만, 그다지 운이 좋지 않은 아이들은 골목, 공원, 버려진 철도 차량에서 밤을 보냈다. 빈곤율이 94퍼센트로, 코첼라밸리 통합교육구의 부모 가운데 소수만이 자동차를 보유하고 있었고 집을 소유한 경우는 훨씬 더 적었다. 대중교통은 드문드문 운행되었다. 컴퓨터를 가진 집은 몇 안 되고, 인터넷은 거의 상상할 수도 없는 사치품이었다. 이런 사정 때문에 대부분의 학생이 아주 기본적인 뉴스나 정보, 서비스조차도 접근할 길이 없었다.

애덤스가 교육감으로서 가장 먼저 하고 싶은 일은 이런 상황을 바꾸는 것이었다. "무슨 일이든 접근할 수가 없으면 성공할 기회가 드문 법이죠." 애덤스는 이렇게 말했다. 가난한 가정들이 인터넷에 접속할 방법이 있어야 했고, 운이 좋은 아이들과 마찬가지로 이런 가정의 아이들에게도 기본적인 기회를 제공해줘야 했다. 문제는 '어떻게?'였다.

애덤스는 재미있고 창의성이 넘치는 사람이다. 한때는 휘황찬란

한 로스앤젤레스의 고등학생들에게 음악을 가르쳤는데, 지금은 자칭 '로큰롤 교육감'이었다. 애덤스는 이런 호칭이 사람들을 미소 짓게 한다는 걸 알았다. 생존을 위해 고군분투하는 이들에게 웃음을 주는 일은 쉽지 않다. 하지만 이 호칭은 사람들에게 애덤스에 대한 또 다른 사실을 말해주고 있다. 애덤스가 보통 사람들과 다르고 전통적인 규정에 얽매이지 않는 사람이라는 것이다. 애덤스는 고정관념을 깨는 사람이었다. 이런 사고가 태양열을 이용한 와이파이 핫스팟을 장착한 스쿨버스들을 지역 곳곳에 세워두고 와이파이 서비스를 제공한다는 발상으로 그를 이끌었다.

머지않아 애덤스는 교육위원회와 유권자들을 설득해서 채권기금을 이용해 모바일 학습 계획Mobile Learning Initiative을 시작했다. 이에 따라 '이동 와이파이Wi-Fi on Wheels' 프로그램과 더불어, 지역의 모든 학생들에게 아이패드가 무료로 제공되었다. "학생들이 밤낮으로 인터넷에 접속할 수 있게 하고 싶었어요." 애덤스가 말했다. "일과가 끝나도 학습은 멈추지 않거든요." 아이패드 및 인터넷과 함께 학생들이 공학, 항공, 과학, 스포츠 같은 특정한 직업을 준비할 수 있도록 새로운 교과 과정도 추가되었다.

그 결과는? 1년이 안 돼서 출석률이 올랐고, 학생들의 동기부여와 참여도가 높아졌다. 졸업률은 70퍼센트에서 80퍼센트로 뛰었다. 오바마 대통령은 애덤스를 미국의 혁신적인 교육감 100명 가운데 한 사람으로 표창했고, 디지털교육센터Center for Digital Education는 그를 미국 최고의 과학기술 전문가, 혁신가, 개척자 30인 가운데 한 사람으로 선정했다. 이렇게 인정받는 것이 분명 기분 좋은 일일 텐데도, 애덤스는 그에 대해 질문을 받으면 곧 그런 기분을 떨쳐내고 자신이 진정 열정을 느끼는 대상인 학생들에게 다시 집중했다. "이 아이들은 이제 코딩을 하고 드론을 날리고 있어요." 애덤스가 싱긋 웃으며 말했다. 이런 이야기는 특히 디지털 시대에 교육 평등의 꿈을 펼치는 데 도움이 된다. 강연을 할 때 나는 자주 교육의 회로를 바꾸기 위해 오늘날 교육에 필요한 새로운 원칙을 제시한다. 나는 이 원칙을 '21세기 학습 ABC'라고 부르는데, 접근성Access, 제작Build, 코딩Code을 말한다.

커넥티드 프로그램

만약 기술을 이용해 돕고자 하는 대상이 그 기술에 접근할 수 없으면 아무리 좋은 기술일지라도 소용이 없다. '21세기 학습 ABC' 관점에서 접근성이란 뛰어난 교사, 훌륭한 학교, 혁신적인 기술 등에 대한 접근 가능성을 뜻한다. 하지만 무엇보다도 빠르고 믿을 만한 인터넷에의 접근성을 뜻한다. 코첼라밸리의 학교들만 이런 문제를 겪는 건 아니다. 오늘날 미국의 중산층과 상류층 가정이 적어도 컴퓨터 한 대와 광대역 인터넷 접근권을 가지고 있는 반면, 가장 빈곤한 지역의 가정들은 그렇지가 않다. 아직도 미국의 수많은 학생들이 여전히 적절한 컴퓨터나 인터넷에 접근하지 못하고 있다. 이는 이 학생들이 미래 세계는 말할 것도 없고 오늘날 세계에서 성공할 수 없게 만드는 요인이다.

　더디기는 하지만 상황이 달라지기 시작했다. 컴퓨터와 인터넷 사용에 드는 비용이 계속 낮아지고, 도시 전체를 무료 와이파이로 뒤덮는 지방자치체의 무선망이 더 많이 보급되고 있다. 또 구글의 프로젝트X, 즉 비밀 연구개발 프로그램은 거대한 풍선들이 우리 머리 위로 날면서 그 아래 수백만 명의 사람들에게 공짜 무선을 쏘게 하는 '프로젝트 룬loon'을 개발하고 있다.[41]

　다른 긍정적인 동향과 혁신도 기술 접근성을 개선하는 데 도움이 되고 있다. 예를 들어 현재 애플이 벌이고 있는 최대 규모의 자선사업 중 하나는 전국적인 커넥티드ConnectED 프로그램을 지원하기 위해 1억 달러를 내놓기로 약속한 것이다. 애플의 CEO 팀 쿡은 이렇게 설명했다. "우리는 항상 교육이 훌륭한 균형장치, 변화와 선善을 위한 강력한 원동력이라고 믿습니다. 하지만 모든 학교가 이런 효과를 낼 수 없다는 점을 예민하게 인식하고 있습니다. 우리가 커넥티드에 이렇게 열성을 보이는 건 바로 이런 이유에서입니다. 커넥티드는 정부와 선도적인 기술 기업이 힘을 합쳐 우리의 기술을 서비스가 충분하지 못한 학교에 보급하는 국가 계획입니다."

　2013년 6월 오바마 대통령은 대규모 신규 교육 기술 프로그램으로 커넥티드 프로그램을 도입했다. 이 프로그램은 교사에게는 최고의 기술과 훈련으로, 학생에게는 개인맞춤 디지털 콘텐츠를 통해 힘을 실어주려 한다. 나는 교육 담당 부사장으로서 기쁘게도 이 프로그램에서 애플 대표를 맡았다. 애플 외에도 마이크로소프트, 스프린트, 버라이즌, 어도비를 포함해 다른 많은 기술 기업들이 이 일에 힘을 보 탰다. 커넥티드의 공식 목표는 '99퍼센트의 미국 학생이 2018년까지 차세대 광대역 통신망에 접근'하게 하는 것이었다.[42]

일찍부터 커넥티드를 지지해온 애플은 29개 주 114개 취약 지역의 학교에 기술과 훈련을 기부하면서, 모든 학생에게 무료 아이패드를, 모든 교사에게 무료 아이패드와 아이맥을, 그리고 모든 교실에 LCD 스크린과 애플 TV를 제공하기로 약속했다. 하지만 우리가 ACOT로부터 배운 바로는, 기술을 학교에 양도하기만 하고 알아서 사용하기를 기대해서는 효과가 없었다. 그래서 추가적인 계획과 훈련, 그리고 지속적인 전문인력 개발과 지원을 제공하기로 약속했다. 구글, 마이크로소프트, 페이스북, 어도비 등도 우리의 기술과 서비스를 가장 필요한 사람들에게 제공하는 데 힘을 모았다.

이 프로그램이 시작되고 오래지 않아, 이전에는 고급 기술을 접해본 적 없는 수만 명의 학생이 가능하리라고 생각하지 않았던 방식으로 두드리고 문질러서, 뭔가를 만들어내어 공유하고 학습했다. 첫 두 해에 5만 명이 넘는 학생이 직접 인터넷에 접속할 수 있게 되었다.[43]

성급한 기술 도입이 실패하는 이유

보다시피 기술에 어울리는 훈련과 지원이 변화를 일으키는 열쇠다. 기술 자체는 문제를 해결해주는 만병통치약이 아니다. 이는 교육과 관련한 문제에서도 마찬가지다.

애플은 교육구들이 학생들을 위해 아이패드를 구매한 일로 인해 그 어느 때보다 많은 호평과 악평을 받았다. 기술 접근성의 필요성에는 널리 동의하면서도, 많은 학생들에게 동시에 접근권을 주려는 대규모 노력은 언제나 논란을 일으킨다. 비난의 대상은 대개 학교 지도자들이지만 기술을 제공하는 기업들이 되기도 한다. 기술을 구입하고서 바라는 결과가 기대한 만큼 빨리 나타나지 않으면 이내 손가락질이 시작된다. 그리고 이런 상황에서 빚어진 오해로 인해 아이들은 필요한 기술에 점점 더 접근할 수 없게 된다.

얼마 전 한 대규모 교육구가 교과 과정을 완전히 디지털화하기로 결정했다. 이 교육구가 핵심 기술로 아이패드를 선택하자 우리는 흥분했다. 하지만 별 고민 없이 아이패드를 구매해서, 훈련이나 지원도 받지 않은 채 크리스마스 선물처럼 교사와 학생들에게 나눠주고 있다는 사실이 걱정스러웠다. 실제로 곧바로 문제가 생겼고, 결국 완전히 실패한 계획이라는 꼬리표가 붙게 되었다. 이런 경험이 ① 기술은 교육 문제의 해결책이 아니며 ② 기술 기업은 해결책이라기보다는 문젯거리에 속한다는 잘못된 생각을 강화했다.

애플이 교육구들에 아이패드를 전달할 때는, 선택 사항으로 교사 훈련 및 지원 서비스를 제공한다. 유감스럽게도 모든 교육구가 이 서비스를 이용하지는 않는다. 기술을 제대로 된 방식으로 이용하는 훈련을 받지 못하면, 교사는 결국 기술을 변화보다는 효율성을 위한 수단으로만 이용하게 된다. 예를 들어 전자책이나 플래시 카드게임을 다운로드할 수 있는데, 이는 똑같은 학습 과정을 기존의 비기술 원천

(즉 책이나 문제지)에서 아이패드로 옮겨 이용하는 데 지나지 않는다. 나중에 시험을 치러보면, 그 결과는 당연하게도 기술을 이용한 학습과 이용하지 않는 학습 사이에 별 차이가 없는 것으로 나타난다. 이런 결과가 공개되면, 학습에 기술이 가져다주는 이점이 별로 없다는 증거로 여겨진다. 흔히 맥락은 공개되지 않고, 대개 극적이고 인상적인 한 마디 말로는 잘 다룰 수가 없다.

앞서 말한 대규모 교육구의 리더들은 아이패드가 저소득층 학생들의 학습 잠재력을 상당히 끌어올릴 수 있다는 사실을 알았다. 그 학생들은 잘사는 이웃들보다 기술 접근성이 떨어졌고, 이 때문에 학습 수준도 뒤처져 있었다. 이런 사실은 하루빨리 아이패드를 제공해야 한다는 절박감으로 이어졌고, 결국 이로 인해 적절한 계획, 준비, 그리고 교사 훈련을 포기하게 되었다. 교장들은 준비 시간을 충분히 갖지 못했고, 주요 교원, 직원, 교사는 계획 과정에서 배제되어 좌절감을 느꼈다. 이 프로그램이 시작부터 불행한 운명을 맞이하게 된 건 이렇듯 협력과 준비가 부족한 탓이었다.

이 프로그램이 시작되고 머지않아 교육감이 물러나고, 프로그램 실패를 비난하는 사람들의 표적은 디지털 콘텐츠의 부족을 포함한 교육구의 결정으로부터 기술 자체로 옮겨갔다. 아이패드와 경쟁사의 저가 노트북에 대한 비교가 돌아다니기 시작했다. 당시 사람들은 "그 노트북이 현저히 비용이 적게 든다"라고 주장했다. "아이패드 대신 그 노트북을 고려했어야 했다!" 하지만 인터넷밖에 쓰지 못하는 빈약한 노트북은 인터랙티브 애플리케이션의 생태계로 가득한 태블릿에 비할 게 못 된다.

이 교육구의 계획은 계획과 실행이 심각하게 부족한 탓에 문제가
생겼다. 하지만 계획과 실행이라는 퍼즐 조각들이 있을 때, 여기에
기술을 추가하면 거의 언제나 놀라운 결과로 이어진다. 코첼라밸리
에서 대릴 애덤스가 그랬던 것처럼 말이다.

칸아카데미의 놀라운 성공

최근 접근성에서 나타나는 또 다른 커다란 변화는 온라인 학습의 출
현이다. 대규모 개방형 온라인 강좌Massive open online course, MOOC(무크)
가 그중 가장 두드러진다. 주로 성인 학습자 대상이던 무크는 현재
다양하게 변형되어, 전 세계의 어떤 주제든 다룰 수 있다. 무크는 지
나치게 낙관적인 기대 때문에 시작은 험난했지만, 지난 5년 동안 크
게 성장해서 가상 교실부터 학생들이 틈날 때 자기 진도에 맞춰서 볼
수 있는 주문형 강좌로까지 발전했다. 어떤 무크는 대학 및 전문 프
로그램과 협력해서 학점 취득 과정을 제공하는가 하면, 또 어떤 무크
는 단지 뭔가를 더 배우고 싶은 사람들을 위한 독립형 강좌를 제공한
다. 어떤 무크는 강좌당 또는 시간당, 아니면 강좌가 끝날 때 특정한
자격증을 받는 대가로 돈을 받는가 하면, 어떤 무크는 누구에게나 무
료다. 유다시티, 코세라, 하버드/MIT대학의 에덱스*가 아직 신생인
이 분야를 확장하는 데 앞장서고 있다.[44]

하지만 무크는 모든 사람을 위한 게 아니다. 구조화된 온라인 학습

은 믿기 힘들 정도의 자기훈련과 동기부여(학교에서 어려움을 겪는 학생들은 흔히 이것이 부족하다)가 필요할 수 있다. 이는 유치원생부터 고등학생까지 무크를 더 많이 이용하게 되더라도, 무크 하나만으로는 이들을 가르치기에 효과적인 해결책이 아닐 수 있다는 뜻이다. 많은 무크가 온라인 학습에 맞는 새로운 맥락을 만들어내는 데 신경 쓰지 않고 단순히 강의 내용을 온라인으로 옮기는 실수를 저지른다. 강의를 동영상으로 바꿔 온라인에 올리는 것은 가능성이 가장 낮은 교육 기술의 형태로, 교육의 회로를 바꾸는 일과는 아무런 관계가 없다. 하지만 나는 모든 학습자가 잘 설계된 상호작용형 온라인 수업을 이용해 도움을 받을 수 있으리라고 생각한다. 온라인 수업이 직접 대면 학습을 완전히 대체하지는 않고, 흔히 혼합형 학습 접근법이라고 하는 방식으로 보충하게 될 것이다.[45]

온라인 학교인 칸아카데미Khan Academy는 이해하기 쉽고 무료로 제공하는 매우 다양한 주제에 관한 학습 동영상을 전문으로 만든다. 살만 칸Salman Khan은 2006년 유튜브 채널 하나로 비영리단체를 만들어, 여기에다 자신이 사촌에게 수학 개념을 설명하는 동영상을 몇 편 올렸다. 살만의 동영상은 복잡한 개념을 효과적으로 단순화해 보여주

● 유다시티(Udacity)는 2011년 스탠퍼드대학 교수 출신인 시배스천 스런, 데이비드 스테이븐스, 마이크 소콜스키가 만든 서비스다. 대학 강의를 제공하여 성공했지만, 이후 온라인 환경에 특화된 강의와 인공지능, 자율주행차 같은 독특한 주제에 집중하면서 입지를 넓히고 있다. 코세라(coursera)는 2012년 스탠퍼드대학에서 강의하던 앤드류 응과 대프니 콜러가 만든 서비스다. 처음에는 컴퓨터과학 분야 강의가 많았으나, 지금은 비즈니스, 언어, 경영, 인문학 등 다양한 강의를 제공하고 있다. 듀크대학, 존스홉킨스대학, 미시간주립대학, 와튼스쿨 등 유명 사립대학들의 강의 대부분을 들을 수 있다. 에덱스(edX)는 2012년 MIT와 하버드대학이 만든 온라인 대학으로, 300여 개 대학의 강의와 프로그램을 온라인에서 무료로 들을 수 있다.

었다. 그러자 곧 많은 사람들이 이 동영상을 공유하기 시작했다. 오래잖아 수천 명의 사람들이 3~5분짜리 이 동영상들을 보면서 수학 공부를 했다. 동영상을 더 많이 만들게 되면서, 살만은 좀 더 형식을 갖추기로 마음먹었다. 그렇게 해서 칸아카데미가 태어났고, 그 규모가 빠르게 커지면서 유튜브 채널로는 감당하기 어려워졌다. 수요가 급격히 늘어나 혼자 만들기 힘들어지자, 살만은 사업을 확장해 복잡한 개념을 단순화하는 데 능숙한 다른 사람들을 고용하기 시작했다. 주제를 확장해 수학 외에도 다루면서, 수십만 명의 사람들이 이 사이트를 방문했다. 이 사이트의 동영상으로 학습하는 학생 수가 가장 많을 때는 거의 1000만 명에 달한다. 칸아카데미는 전 세계에서 가장 큰 교육 콘텐츠 판매회사가 되었다.[46]

그 사이 살만 칸은 전설이 되었다. 2012년 《타임》은 살만을 세계에서 가장 영향력 있는 인물 100명 가운데 한 사람으로 선정했다. 하지만 살만은 이런 명성에 우쭐해하지 않고, 사촌을 위해 수학 동영상을 몇 편 올렸을 때처럼 여전히 겸손하고 의욕이 넘친다. 칸아카데미가 성공하기는 했으나, 살만은 온라인 학습만으로는 충분치 않다는 걸 알았다. 2016년 살만은 첫 칸랩스쿨Khan Lab School을 열었는데, 이는 칸아카데미 사무실에 부속된 물리적 공간을 갖춘 학교였다. 칸랩스쿨은 온라인 학교의 최고 강좌들을 모범적인 직접 대면 교수법 및 학습과 통합했다.[47] 나는 이곳이 문을 연 지 얼마 되지 않았을 때 살만을 만났고, 그 학교 아이들, 교사들, 부모들과의 만남이 포함된 순회 강연을 할 기회가 있었다. 칸랩스쿨이 온라인과 오프라인 학습 경험을 얼마나 잘 조합하는지 나는 정말로 깊은 인상을 받았다. 현재 살만은 과외교사(개인 지도교사), 실시간 채팅, 인터뷰, 게임, 도전 등을 포함해 칸아카데미와 칸랩스쿨에 다양한 자료를 추가하고 있다.

애플스토어에서 코딩을 배우다

커넥티드와 온라인 학습 같은 계획과 새로운 혁신이 중요하기는 하지만, 정말로 모든 학습자들에게 접근하려면 다른 생각을 가지고 시작해야 한다. 학교에서만, 또는 집에 와이파이 기능을 갖춰야만 기술과 혁신적인 학습 기회에 접근할 수 있어서는 안 된다.

학교와 가정 외에 도서관, 박물관, 주민센터 같은 곳에서도 학습 기회를 제공할 수 있다는 사실을 우리는 이미 알고 있다. 하지만 소매 상점은 어떨까?

2002년 나의 주요 계획 가운데 하나는 우리의 소매점인 애플스토어와 협력하는 것이었다. 나는 아주 많은 부모들이 애플스토어로 쇼핑하러 오면서 아이들을 데리고 온다는 사실에 주목했다. 그 아이들은 자연스레 전시된 컴퓨터의 게임에 이끌렸다. 대부분의 애플스토어가 이미 아이들이 게임을 할 수 있는 작은 구역을 만들어두었지만, 나는 애플이 기회를 놓치고 있다고 생각했다. '게임을 하고 동영상을 보는 대신에, 상점 안 바로 거기서 아이들이 실제로 게임이나 동영상 만드는 방법을 배울 수 있다면 어떨까?' 나는 이렇게 생각했다.

머지않아 우리는 스쿨나이트School Nights라는 새로운 프로그램을 시작했다. 애플스토어에서 저녁에 지역 학교들이 학생들의 작품을 공개하는 행사를 열 수 있도록 한 것이었다. 뒤이어 8~12세의 아이들이 책을 쓰고 삽화를 그리고, 단편영화를 제작하고, 로봇 프로그램을 작성하는 법을 배울 수 있는 애플 여름캠프를 열었다.

　나는 애플스토어가 우리의 교육 전략에서 중요한 역할을 할 수 있으리라 확신했다. 그래서 교육 마케팅 책임자인 크리스 버전Kris Bazan을 소매 부문으로 옮기게 했다. 전 세계 모든 애플스토어가 이런 전문 캠프를 제공하기 시작하면서, 크리스는 타인커Tynker, 합스카치Hopscotch, 스피로Sphero 같은 다른 교육개발사들과 제휴해 교육 과정의 개발을 도왔다. 또 설계와 개발, 공개에 이르는 전 과정에서 교사와 부모를 포함한 모든 이해관계자들의 의견을 수렴해 캠프 교육과정에 코딩을 추가했다. 크리스가 최근 진행하는 프로그램은 '교사의 화요일Teacher Tuesdays'이다. 여기서 교사들은 다른 교사들과 연계해서 체험 프로젝트를 통해 새로운 기술을 배우고 협력한다. 이들은 학생들의 관심을 사로잡을 독특한 방법을 탐구하고, 이 학생들의 교실을 관리하며, 아이패드를 이용한 학습 활동을 만들어낸다.

　현재 수천 명의 학생들이 애플스토어에서 코딩을 배우기 시작했다. 아이들에게 필요한 접근권을 제공할 때는 학교와 가정의 울타리를 넘어서 생각해야 한다. 학교 방과 후 프로그램, 여름방학 프로그램, 도서관 프로그램, 박물관 프로그램, YMCA 프로그램, 심지어 소매점에 적절히 배치된 프로그램까지 그 모든 것이 아이들이 어디에 있든 접근성과 기회를 제공할 수 있는 방법을 보여주는 좋은 예다.

저커버그 부부의 교육 철학

교육의 회로를 새로 바꾼다는 맥락에서 학생들에게 접근권과 기회를 제공해야 한다는 이야기를 할 때, 나는 많은 시간을 들여 기술과 관련된 것에 대해 논의한다. 하지만 기술은 아주 복잡한 퍼즐의 한 조각에 지나지 않는다는 점을 분명히 하고 싶다. 기술에 쉽게 접근할 수 있도록 해주는 것이 분명 학생의 잠재력을 끌어내는 데 도움이 된다. 하지만 다른 퍼즐 조각들 역시 제자리에 놓이면 학생이 훨씬 더 나은 기회를 가질 수 있다. 다행히도 기술 분야에서 일하면서 교육에 열정을 가진 많은 사람들이 이를 잘 알고 있다. 그래서 학생들이 기술 이외에 다른 필요한 것에도 접근할 수 있게 하는 방법을 찾고 있다.

많은 사람들이 아직 프리실라 챈Priscilla Chan이라는 이름이 낯설지 모른다. 하지만 챈은 자신이 가장 큰 열정을 품은 두 분야인 교육과 의료의 경계를 허물면서 아이들에게 강력한 영향을 미치고 있다. 2007년 하버드대학에서 생물학을 전공하던 챈은 빈곤, 범죄, 갱단에 시달리는 인근 지역 저소득층 학생들의 멘토로 활동하기 시작했다. 그녀는 이런 환경이 아이들의 삶에 얼마나 해를 끼치는지 직접 목격했다.

챈은 《새너제이머큐리뉴스San Jose Mercury News》와의 인터뷰에서 앞니가 부러진 여자아이의 멘토를 맡던 일을 떠올렸다. 또 지독하게 폭행을 당해 얼굴이 피투성이인 남자아이를 보기도 했다. "만약 이 아이들이 살고 있는 곳에서 건강하고 안전하고 행복할 수 없다면, 내가 숙제를 도와주는 건 아무런 소용이 없으리란 걸 깨달았어요." 챈은 말했다. "이런 깨달음이 내가 실행해야겠다고 결심한 많은 것을 추진시키죠."

대학을 졸업한 후 (가족 가운데 최초 대학 졸업자였던) 챈은 초등학교 4~5학년 학생들에게 과학을 가르치면서 1년을 보냈다. 2012년에는 소아과 의학학위를 취득했고, 같은 해에 페이스북 설립자이자 CEO인 마크 저커버그와 결혼했다. 갑자기 부자가 되고도 챈은 아이들에 대한 열정을 잃지 않고 대형 병원에서 소아과의사로 근무했다. 또 멘토로 활동하면서 얻은 교훈을 잊지 않고 아이들의 삶을 변화시키는 데 평생을 바치기로 맹세했다.

챈과 저커버그는 결혼하기 9년 전 한 사교모임에서 화장실 줄에 서 있다가 만났다. 챈의 영향으로 저커버그도 모든 학생이 고품질의 교육에 접근할 수 있도록 돕는 비영리 기금조성 재단인 '스타트업:에듀케이션Startup: Education'을 공동 설립할 정도로 교육 문제에 관심을 갖게 되었다. 2010년 이 부부는 뉴저지주 뉴어크의 어려운 학교들을 개선하는 데 1억 달러를 기부하기로 약속했다. 이 재단은 이후 몇 년 동안 작은 규모의 기부를 여러 차례 했고, 2014년에는 샌프란시스코만 지역 학교들에 1억 2000만 달러를 기부했다.

하지만 챈은 돈을 기부하는 것만으론 충분하지 않다고 생각했다. 자신의 멘티였던 아이들의 얼굴과 이야기를 잊을 수가 없었기 때문이다. 그 아이들에게 필요한 도움을 주는 데 더 적극적인 역할을 하고 싶었다. 2015년 10월 챈은 무료 사립학교를 세워 모든 지원을 아끼지 않겠다고 발표했다. 가장 중요한 건, 이 학교가 학업만큼이나 건강을 중시한다는 점이었다. 이를 챈과 저커버그는 '건강과 교육 통합 모델'이라고 말했다. 챈은 학업 성취에 도움을 주는 다른 요인들은 무시한 채 공부에만 초점을 맞추는 전통적인 학교는 효과가 없다는 것을 알았다. 제대로 효과를 발휘하는 방법, 말하자면 모든 퍼즐 조각을 모으는 방법을 찾아야 했다.

프리실라 챈은 프라이머리스쿨The Primary School, TPS 설립 계획을 발표하고 한 달 뒤 첫아이를 낳았고, 딸에게 맥스라는 이름을 지어주었다. 이미 여러 번 유산을 했기에 이들 부부에게는 특별히 감동적인 순간이었다. 이제 두 사람에게도 아이가 생긴 것이었다. 이를 기념하기 위해 부부는 페이스북 지분의 99퍼센트를 의료 및 교육 자선단체에 기부하겠다고 공식 발표했다. 발표 당시 그 가치는 450억 달러가 넘었다. 그 사이에 이들은 학교를 열었다.

2016년 8월에 문을 연 프라이머리스쿨은 전통적인 학교와 몇 가지 중대한 차이가 있다. 우선 이 종일 학교는 취학 전 아동부터 중학교 2학년생까지 다닐 수 있다. 또 1차 진료기관과 제휴해서 아이들에게 필요한 의료서비스를 제공한다. 상근 의료 책임자를 두어 1차 진료기관과 조율하고, 교사와 학부모 상담사를 훈련시켜 의료서비스 수요를 지원한다. 이들은 서로 그리고 학부모와 협력해서 학생을 위한 '성장계획'을 만든다. 이 성장계획은 학생의 건강, 교육, 사회 정서 발달을 지속적으로 추적해 판단한다. 이 단체는 온라인 소개 자료에서 이렇게 언급한다. "우리의 접근법은 초기 교육과 초기 진료를 통합해서 아이가 태어날 때부터 교육, 건강, 가족 지원 서비스를 함께 묶는다. 이로써 프라이머리스쿨은 전통적인 '학교'의 정의를 확장해 모든 아이들이 대학, 직장, 인생에서 성공하도록 준비시킨다."

챈에게 교육 개선을 위해 퍼즐 조각들을 조합한다는 건 아이의 행복을 위해 교사, 건강 관리사, 부모, 의사, 지역의 리더, 지역민을 포함한 모든 이해관계자들을 통합한다는 뜻이다. 이런 노력의 결실을 보기에는 아직 너무 이르지만, 챈은 분명 교육의 회로를 새로 바꾸는 데서 가장 중요한 교훈을 받아들이고 있다. 즉 성공하려면 학업만이 아니라 의료서비스, 심리학, 기술 등 다양한 차원을 융합하는 방법을 찾아야 한다는 교훈 말이다.[48]

따라서 모든 아이들이 핵심 기술에 접근할 수 있게 하는 것이 대단히 중요하기는 하지만, 또한 다른 핵심 영역에서 동등한 접근권과 기회를 가질 수 있게 해야 한다. 교육처럼 복잡한 시스템에서 단순한 일차원적 해결책이란 없다.

메이커 운동: 창의성과 자율성의 핵심

우리는 배워야 할 것을 직접 해보면서 배운다.

- 토머스 제퍼슨

모든 학생이 핵심 기술에 더 잘 접근할 수 있게 되면, 학생들이 이런 접근권을 가지고 실제로 무엇을 할 수 있는지 살펴볼 차례다. 이것이 내가 말하는 21세기 학습 ABC의 두 번째 철자와 관계가 있다. 'B'는 제작build의 B이다.

"문제해결 방법을 가르치는 것, 그리고 도구가 아니라 문제에 대해 가르치는 게 중요합니다." 기업가 일런 머스크Elon Musk는 베이징 TV와의 인터뷰에서 이렇게 말했다.[49] 테슬라모터스와 스페이스X의 설립자로 선견지명을 가진 머스크는 2015년 특권층 자녀들이 다니는 사립학교에서 5명의 아들을 모두 빼냈다. 그 학교가 21세기 아이들의 요구에 부응하지 못한다고 판단했기 때문이다. 머스크는 다른 학교를 찾는 대신에, 자신이 직접 학교를 열기로 했다. 거의 사용하지 않던 그의 집 한 채가 아드아스트라Ad Astra로 탈바꿈했다. 이 작은 학교는 학생들이 가진 독특한 재능에 더 잘 맞는 방식으로 가르치는 것을 과제로 삼았다.

아드아스트라는 '별로to the stars'라는 뜻의 라틴어*다. 이 학교는 학년이 없으며, 각 학생의 능력과 열정에 곧바로 부응하는 것을 사명으로 여겼다. 가장 중요하게 머스크는 이 학교가 활동 학습을 중심으로 설계되어 있다고 주장했다.

"예를 들어 엔진 작동법을 사람들에게 가르치려 한다고 해봅시다." 머스크는 인터뷰에서 이렇게 설명했다. "전통적인 접근법은 '드라이버와 스패너에 대한 모든 것을 가르칠 것'이라고 말하죠. 하지만 이건 엔진 작동법을 가르치기에는 너무 어려운 방법이에요. 훨씬 더 나은 방법은 이런 거죠. '여기 엔진이 있습니다. 이제 그걸 분해해봅시다. 어떻게 분해할까요? 아, 드라이버가 필요하군요.' 이때 두 가지 중요한 일이 일어납니다. 공구들의 관련성이 분명해지고, 학생들은 학습 목적을 깨닫게 되죠. 자신이 뭘 배우는지 인지하는 거예요."

단지 도구에 대해 배우기보다 도구 사용법을 배우게 해서 문제해결 방법을 가르치는 것, 이것이 교육의 회로를 새로 바꾸는 일의 핵심이다. 이것이 내가 말한 21세기 학습 ABC에서 'B', 즉 '제작'이 의미하는 바다. 디지털 네이티브들에게는 무언가를 말해주는 것만으론 충분치 않고, 실제로 해보게 해야 한다. 학생들은 손을 더럽혀가며 창작하고 발견하고 만들어낼 수 있어야 한다. 머스크는 이를 알았고, 이런 이유에서 최고 명문 학교에 다니던 아이들을 그만두게 하고, '만들면서 배운다building to learn'는 발상을 중심으로 설계한 새로운 학교를 만들었다. 본인이 직접 그렇게 말하든 않든, 머스크는 사실상

• '고난을 거쳐 별로(per ardua ad astra)'라는 라틴어 문구에서 나온 말이다.

자기 아이들이 메이커 운동Maker Movement이라는 새로 떠오르는 세계로 발을 들여놓게 한 것이었다.

메이커 운동

데일 도허티Dale Dougherty는 새로운 컴퓨터를 설계하는 기술자이건 레고 블록으로 돼지저금통을 만드는 아이이건 뭔가를 만들기 좋아하는 사람을 메이커maker라고 불렀다. "많은 걸 의미하는 상당히 중립적인 말이죠." 도허티는 한 인터뷰에서 이렇게 말했다.[50] "그래서 난 이 말을 여전히 좋아합니다."

　도허티는 이 운동에 이름을 붙여주었고 이 운동이 빠르게 성장해 인기를 끌게 만든 주요 인물이기도 하다. 2005년 초 도허티는 무언가를 만드는 방법에 관한 구체적인 단계별 지침을 포함한 격월간지 《메이크Make》를 발간하기 시작했다. 본인이 손수 만들기를 좋아하는 DIY 애호가들을 위해 통합 정리한 자료를 제공한다는 발상이었다. 이 잡지에서 새로운 근사한 것들에 대해 읽고 그것을 직접 손으로 만들어볼 수가 있었다. 도허티는 뉴스를 기반으로 하는 좀 더 폭넓은 잡지인 《파퓰러 머캐닉스Popular Mechanics》*의 부록이라 할 만한 것으로서, 말하자면 틈새 잡지로서 《메이크》를 계획했다. 그는 이 잡지가 문화와 교육의 혁명을 일으키리라고는 생각하지 못했다. 이후 메이커

---

* '대중 역학'이라는 뜻으로, 1902년에 창간된 대중적인 과학 · 기술 잡지.

문화, 메이커 공간, 메이커 운동을 포함해서 다양한 메이커 구성요소를 반영하는 많은 용어와 문구가 등장했다.

메이커 문화는 무언가를 만들어내려는 사람들의 집단적 욕구와 선호를 나타낸다. 학생들은 뭔가에 대해 듣기만 하는 데 만족하지 않고 직접 만들고 싶어한다. 말하자면 직접 해보는 경험을 통해 학습하고 싶어 한다. 디지털 네이티브 세대는 분해하고, 재조립하고, 있는 대로 그러모아 새로운 것을 만들어내는 방법을 알아내길 좋아한다. 하지만 현재의 메이커와 예전의 DIY 애호가 사이에는 중요한 차이가 있다. 메이커는 서로 협력하려는 욕구가 더 크다. 메이커 문화에서 사람들이 만나 직접 해보는 학습에 참여해서 기계, 로봇, 장치, 가정용품, 그리고 실제 용도를 가진 무언가를 만드는 물리적 공간을 메이커 공간(메이커 스페이스)이라 한다.

메이커 공간은 한 건물 전체나 빈방 하나부터 교실의 자그마한 전용 구역까지 어떤 곳이든 가능하다. 공간 크기는 중요하지 않다. 더 중요한 건 공간의 용도다. 메이커 공간의 이점 하나는 다른 곳에서는 접근하기 어려운 3D 프린터와 그 밖의 편리한 도구(디지털 도구든 아니든)들이 구비되어 있다는 점이다. 무엇보다도 메이커 공간의 가장 큰 이점은 실시간으로 비슷한 생각을 가진 다른 사람들과 협력할 수 있다는 점이다. 전형적인 DIY 문화가 점차 새로운 DIWOdo it with others(다른 사람들과 함께 하라) 문화로 바뀌고 있다. 이런 변화가 최근 메이커 운동의 인기를 추동하고 있다.

메이커 문화

오늘날에는 엄청난 양의 정보로 인해 오히려 개인이 자신을 표현하거나 차별화하기가 더 어려워졌다. 수백만 명의 사람들이 똑같은 일을 하고 있다면, 수용과 인정에 대한 심리 욕구를 쉽게 충족시키지 못할 수 있다. 메이커 문화의 출현은 이런 현상에 대한 직접적인 반응이다. 메이커 문화는 오늘날 젊은이들에게 사회화하고 자신을 표현하며 창의성을 발휘할 확실한 기회와, 무리 속에서 두드러질 수 있는 가능성을 제공한다. 우리 모두와 마찬가지로 디지털 네이티브들은 자율성을 갈망한다. 시키는 대로 하기보다는 자유로이 자신이 원하는 것을 하고 싶어 한다. 메이커 문화는 이 문화에 속하는 사람들의 자율성을 높여 힘을 실어주고, 이는 차례로 이들의 학습 동기를 드높인다. 머스크의 아이들이 메이커 환경에 발을 들여놓은 후 학교를 좋아하게 된 건 이런 이유에서다. 메이커 환경에서 이 아이들은 만들고 싶은 것을 만들고, 만들기 위해 필요한 것을 배울 수 있다.

취미에 아주 열심인 사람들은 침실, 차고, 작업장에서 항상 물건을 주물럭거리고 분해해서 이리저리 재조립한다. 과거에는 이런 사람들이 발명가가 되어서 우리가 사용하는 온갖 것을 제공했다. 하지만 그들은 자신의 발상을 다른 사람들과 공유하거나 협력할 기회가 많지 않았다. 이런 공유와 협력에 대한 욕구야말로 도허티가 《메이크》 잡지, 이 잡지의 웹사이트, 그리고 메이커 박람회Maker Fair(고전적인 과학 박람회의 현대판)를 시작하게 된 원동력이다.

워크숍과 과학 박람회가 오랫동안 소규모로 유지되고 있는 이유는 대부분 사람들이 접근하기 어렵거나 스스로 거기에 참여할 만큼 창의성이 없다고 여겼기 때문이다. 많은 사람들이 자신은 창의성이 없다고 주장하지만, 사실 그렇지 않다. 스티브 잡스는 이를 가장 잘 설명했다. "창의성은 사물과 연결되어 있을 뿐이다. 창의적인 사람들에게 어떻게 그걸 했는지 물어보면, 그들은 살짝 양심의 가책을 느낀다. 왜냐하면 사실 그걸 한 게 아니라 단지 알아보았을 뿐이기 때문이다. 즉 그들에게는 그게 명백하게 보였다. 자신의 경험을 관련지어 새로운 것을 통합할 수 있었기 때문이다." 메이커는 창의성을 타고나야 한다는 뜻이 아니다. 호기심을 가지고 적극적으로 사물들을 관련지으면 된다.

현재 도허티가 만든 잡지, 웹사이트, 박람회는 메이커들이 새로 만들 거리를 찾고 이미 만든 것을 공유하는 한편 새로운 친구를 사귀고 공동 창작자를 만나는 장소가 되었다. 웹사이트를 열고 머지않아 메이커들은 오프라인 만남을 도모했다. 얼마 후 메이커를 위한 공식·비공식 공간들이 학교, 도서관, 박물관, 대학에 생겨나기 시작했다.

바로 이런 공간에서 로봇, 드론, 마더보드motherboard, 개인 전자기기 같은 놀라운 것들이 만들어지고 있다. 3D 프린터의 출현과 더불어 이제 거의 무엇이든 만들 수 있다. 《U. S. 뉴스앤드월드리포트》의 한 주요 기사는 이렇게 보도했다. "텍사스에서 열세 살 소년이 자연재해 피해자를 구조할 수 있는 로봇을 만들었다. 조지아에서는 열다섯 살 소녀가 아이를 자동차에 혼자 두는 부모들에게 경보를 울리는 장치

를 개발했다. 그리고 캘리포니아에서는 열세 살 소년이 현재 이용 가
능한 모델의 6분의 1 수준으로 저렴한 브라유 점자 인쇄기를 만들어
냈다.^51

무엇을 만들건 모든 메이커들은 수동적인 사용자에서 벗어나 능동
적이고 자발적으로 새로운 역할을 받아들이고, 그것을 즐긴다는 공
통점이 있다.

현재의 메이커 운동은 내게 스티브 워즈니악, 스티브 잡스, 그리고
초기 해커들이 1970년대 후반에 자주 드나들던 홈브루 컴퓨터 클럽
Homebrew Computer Club을 떠올리게 한다. 그곳에서 기술에 열광하는 이
들은 서로 경쟁하고 협력하며 정말 끝내주는 새로운 전자기기를 만
들어냈다. 개인용 컴퓨터 산업이 이런 동호회에서 싹튼 건 결코 우
연이 아니다. 그리고 이 산업이 우리가 지금 누리는 세계의 토대를
만들었다. 학교가 암기 경쟁의 장보다 메이커 공간과 더 비슷하다
면, 다시 말해 우리 아이들에게 관련성이 있으면서 창의성과 도전과
협력을 요구한다면, 우리 아이들은 더 나은 성공 기회를 갖게 될 것
이다.

왜 마인크래프트가 성공했을까

메이커 운동과 그것이 이끄는 메이커 문화는 무언가를 만들어내고
싶어 하는 것이 인간의 본능임을 보여준다. 이것이 레고, 링컨로그,
실리퍼티, 에치어스케치* 같은 장난감이 그렇게 많이 팔린 이유이자,

레고 마인드스톰LEGO Mindstorms(아이들이 프로그램을 짤 수 있는 레고 기반 로봇)이 현재 인기를 끄는 이유다. 알다시피 무언가를 만들어내고 싶어 하는 이런 욕구의 뿌리에는 더 폭넓은 자율성에 대한 갈망이 있다. 하지만 자율성에 대한 욕구 자체는 우리의 또 다른 절실한 욕구인 자유에 대한 욕구에서 생겨난다. 오늘날 디지털 네이티브들은 자신이 하는 모든 일에서 많은 자유와 선택권을 누리는 데 익숙해졌다. 그리고 이들이 많이 하는 일 중 하나가 게임이다.

이전 세대에서 테이블톱 게임**인 던전앤드래곤과 게임 책 시리즈 '모험을 선택하라'*** 같은 오픈 월드**** 방식의 오락이, 보통 선형 경로가 지배적이던 게임 분야에서 수백만 명의 사람들에게 전례 없는 자율성을 주었다. 예를 들어 던전앤드래곤에서 게이머는 아주 많은 결정을 즉각 내려야 하는 대대적인 탐색에 착수하는데, 이 각각의 결정은 이야기를 완전히 다른 방향으로 이끈다. 이 때문에 던전앤드래곤의 작전들은 비슷하지 않고 서로 달라서, 게이머는 매번 완전히 새로운 게임을 경험할 수 있다.

---

* 링컨로그(Lincoln Logs)는 미니어처 통나무로 구성된 집 짓기 장난감, 실리퍼티(Silly Putty)는 장난감 찰흙의 일종, 에치어스케치(Etch-a-Sketch)는 그림 그리기 장난감이다.

** 테이블톱 롤플레잉 게임(Tabletop Role-Playing Game, 역할수행 게임)이라고도 한다. 테이블에 둘러앉아 이야기와 함께 역할을 수행하는 놀이를 통해 캐릭터의 성격을 형성하고 문제를 해결해나가는 형태의 게임.

*** Choose Your Own Adventure. 국내에서는 '골라맨'이라는 제목으로 번역되었다

**** open world. 게이머가 가상 세계를 돌아다니며 구성요소를 자유롭게 바꿀 수 있는 비선형 게임 설계의 한 유형으로 샌드박스(sandbox)라고도 한다. 게임 내 공간적·물리적 제약이 없기 때문에 게이머는 하나의 큰 공간에서 마음대로 이동할 수 있다. 기존 게임에서는 각 단계(스테이지)에 따라 공간을 따로 분리했지만, 오픈 월드 방식에서는 처음부터 끝까지 모든 곳이 연결돼 있어 하나의 세계를 탐험하는 몰입감을 준다.

21세기에 들어서면서 비디오 게임 산업이 장난감 산업을 능가하기 시작했을 때, 에버퀘스트Ever-Quest, 월드오브워크래프트World of Warcraft, 파이널판타지Final Fantasy, 그랜드세프트오토Grand Theft Auto 같은 게임들은 거대한 오픈 월드를 배경으로 했다. 게이머는 원하는 것이면 거의 뭐든 할 수 있는 권한을 가지고 이런 게임 속 미지의 영역에 떨어뜨려져 게임을 시작했다. 거기에는 규칙도, 정해진 경로도, 그리고 흔히 이길 방법도 없거나 심지어 게임을 끝내는 방법도 없었다. 당시 많은 게임 개발자들이 끝도 없고 승리도 없는 이런 게임이 과연 먹힐지 의문을 품고, 게이머가 만족하려면 규칙, 목표, 종료가 필요하다고 주장했다. 하지만 그들이 틀렸다! 사용자가 만들어낸 콘텐츠에 크게 의존하는 '샌드박스' 물리학 게임인 게리모드Garry's Mod는 1000만 장이 팔렸다. 월드오브워크래프트는 1400만 장, 그리고 단지 뭔가를 만들어내는 것이 목적인 오픈 월드 게임의 어머니라 할 수 있는 마인크래프트Minecraft는 컴퓨터 게임 중 역대 최고인 2600만 장 넘게 팔렸다. 마인크래프트는 또 모든 플랫폼을 통틀어 역대 두 번째로 많이 팔린 게임이기도 한데, 무려 1억 2200만 장이나 팔렸다![52] 이처럼 사람들은 무언가를 만들고 싶어 한다. 이는 '교육받고' 싶어서가 아니라 스트레스 없는 환경에서 배우고 발견하고 만들어내고 싶기 때문이다.

디지털 네이티브들은 이 같은 오픈 월드 방식에 흥미를 느낀다. 교육 시스템이 이들에게 동기부여를 하려면 먼저 이들이 있는 곳에 가서 이들을 만나야 한다. 오늘날 이들에게 인기 있는 게임인 대규모 다중사용자 온라인 롤플레잉 게임Massively Multiplayer Online Role Playing Game, MMORPG을 생각해보라. 이름만으로도 아이들이 원하는 것과 학교가 제공하는 것 사이의 괴리를 말해준다. 우선 '대규모'라는 말은 게임 세계의 크기를 말한다. 이는 곧바로 게이머가 할 일이 훨씬 더 많다는 단순한 사실로 인해 갖게 되는 자율성의 정도를 나타낸다. '다중사용자'는 오늘날 현실세계에서 아주 중요하지만 학교 교실에서는 '부정행위'라 불리는 협력을 말한다. '온라인'은 인터넷의 이용을 말하는데, 대부분 교실에서는 인터넷을 충분히 이용하지 않거나 잘못 이용하거나 또는 전혀 이용하지 않는다. '롤플레잉'은 게이머가 디지털 아바타를 통해 다른 누군가가 될 수 있음을 나타내고, 이는 다시 한번 게이머의 자율성 및 창의성에 대한 욕구와 관련이 있다. 마지막으로, '게임'은 재미있고 마음을 사로잡는 놀이를 말한다.

안타깝게도 대부분의 학교는 자율성이 중심 무대를 차지하는 오픈 월드 모형의 학습을 반기지 않는다. 아이들이 커서 틀에 박힌 교육 시스템 안으로 들어가면, 비선형적 생각과 창의성은 제쳐두고 대신에 직선 경로에 중점을 둘 수밖에 없다. 나는 이것이 잘못이라고 본다. 교육은 오픈 월드 게임보다는 규칙과 경로가 정해진 구식 게임과 더 비슷해 보인다. 교과서는 학생이 자신의 경로를 선택할 수 없게 한다. 교과서는 지정된 순서대로 읽어야 한다. 학교의 임무는 MMORPG에서와 같은 '발견과 탐험'이 아니라, 팩맨Pac-Man과 동키콩Donkey Kong 같은 구식 게임을 숙달하는 데 필요한 패턴 암기와 반복 동작 같은 것이다. 오늘날 학교에서 하는 게임은 아이들이 원하고 또 필요로 하는 것을 발견하고 창작하고 만들기보다 경쟁에서 이기기 위한 것(등급, 시험 점수 등)이다. 사회가 천재들의 특징으로 맨 처음 꼽는 것이 창의성이라는 점을 고려하면, 이는 특히 모순이다. 전설적인 생물학자인 에드워드 오스본 윌슨Edward Osborne Wilson은 가장 중요한 것은 "아이큐가 아니라 창의성"이라고 말했다. 우리가 소중히 여기는 것과 가르치는 것을 일치시켜야 한다.

앞서 말한 마인크래프트는 오늘날 시장에서 가장 인기 있는 교육용 비디오 게임이지만 '교육용'이라고 홍보되지는 않는다. 만약 그랬다면 그토록 놀라운 성공을 거두지 못했을 것이다. 아이들은 제아무리 재미있어도 교육용 게임을 좋아하지 않는다. 아이들이 엄청나게 재미있고 흥미로운 '교육용' 또는 '학습용' 게임을 하느니 차라리 캔디크러시Candy Crush(모바일 퍼즐 게임)처럼 규칙적이면서 약간 재미있는 모바일 게임을 선택한다는 점이 점점 더 분명해지고 있다. 아이들에게 '교육용', '학습용' 같은 말은 재미보다는 노력을 암시하기 때문이다. 아이들이 하고 싶어 하는 교육용 또는 학습용 게임을 만들고 싶다면, 교육용 또는 학습용이라는 말을 쓰면 안 된다. 그냥 게임이라고 부르자.

일런 머스크의 선택

그렇다면 머스크의 아이들을 지상에 계속 묶어두기보다 아드아스트라, 즉 '별'로 보낸 결과는 어떨까? "아이들이 정말로 학교에 가는 걸 좋아합니다." 머스크는 말했다. "방학이 너무 길다며 빨리 학교에 가고 싶어 해요." 뭔가를 만드는 건 가르치는 데 필요한 최고의 도구인 영감과 동기부여로 이어진다. 이는 아이들이 배우고 싶어 하게 만든다. 이 책 곳곳에서 밝힌 대로, 나는 아이들에게 말로써 가르치지 말고 실제로 해보면서 배우게 해야 한다고 믿는다. 나는 메이커 운동과 상호작용형 게임이 계속 인기를 끌 것이라 예측한다. 디지털 네이티브들이 계속 성장해서 자율성과 창의성을 표현할 방법을 더 많이 요구할 터이기 때문이다. 이들에게는 다행스럽게도 이런 목표를 성취하는 데 상상 가능한 최고의 방법을 제공하는 대규모 운동이 지금 일어나고 있다. 세계 공통의 기술 언어인 코딩이 여기에 연료를 공급하고 있다. 내가 말하는 21세기 학습 ABC의 마지막 글자 C는 바로 코딩이다.

코딩:
디지털 리터러시의 시작

프로그램 작성법을 배우는 일은
우리의 정신을 최대한 발휘하게 하고,
더 잘 생각하도록 도와주며,
사물에 대해 생각하는 방식을 새로 만들어낸다.
나는 이게 모든 영역에 도움이 된다고 생각한다.

- 빌 게이츠

"나는 항상 컴퓨터와 기술에 매력을 느꼈습니다." 토머스 수어
즈Thomas Suarez는 밝은 조명과 카메라 앞 무대 위에 서서 첫 테드TED
강연을 하며 이렇게 말했다. "그래서 아이폰, 아이팟터치, 아이패드
를 위한 앱을 몇 가지 만들었죠."

2011년 10월이었다. 토머스는 잘 다린 옅은 파란색 와이셔츠에 카
키색 바지를 입고 있었다. 왼손에 든 아이패드로 키노트®를 이용해 만
든 뒤편의 커다란 슬라이드를 제어했다. 토머스는 아이들에게 앱을
개발하고 만드는 방법을 배울 수 있는 기회를 주는 게 중요하다고 말
했다. "요즘 많은 아이들이 게임 하는 걸 좋아해요. 하지만 이제 아이
들은 게임을 만들고 싶어 하죠." 토머스는 보통 신뢰받는 대학 교수
나 고급 기술자가 보여줄 법한 자신감에 찬 태도로 4분 30초 동안 강
연했고, 이 강연은 전 세계에 생방송되었다.[53] 대학 교수도 전문 엔지
니어도 아니었으나, 토머스의 신뢰성 역시 깊은 인상을 주었다. 자신

® Keynote. 애플이 개발한 발표용 소프트웨어.

이 아이라서, 토머스는 아이들이 무엇을 원하는지 알았다.

열두 살의 토머스는 무심한 듯 강연을 이어갔다. 스티브 잡스한테서 자극을 받은 일, 그리고 어떻게 아이폰의 소프트웨어 개발 세트를 이용해서 앱 만드는 법을 독학으로 익혔는지에 대해 이야기했다. "우리 학교 앱 동호회에서 시작했어요. 친절하게 후원해주시는 선생님이 계시거든요. 학생이라면 누구나 거기에 가서 앱 설계하는 법을 배울 수 있어요. 이 강연을 하게 된 건 제 경험을 다른 사람들과 공유하기 위해서입니다." 토머스는 잠재력, 동기부여, 학습, 만든 것을 공유하고 싶어 하는 디지털 네이티브의 욕구 등 지금까지 내가 이야기한 것을 모두 종합해 보여주는 완벽한 사례다. 토머스의 사례는 또 내가 말한 21세기 학습 ABC의 마지막 퍼즐 조각인 코딩의 중요성으로 우리를 이끈다.

컴퓨터 프로그래밍으로도 알려진 코딩은 기술 언어다. 나는 이것이 모든 연령의 아이들에게 꼭 가르쳐야 하는 것 중 하나라고 생각한다. 이렇게 말하는 건, 모든 아이들이 토머스처럼 전문 앱 개발자가 되기를 기대해서가 아니라, 코딩 학습 과정이 프로그래머나 기술자가 되려는 아이들뿐만 아니라 모든 아이들에게 유용하기 때문이다. 컴퓨터 프로그래머로 가득한 세상을 만들고 싶어서가 아니다. 문제 해결에 관한 한 컴퓨터 프로그래머처럼 생각하는 능력을 가진 사람들로 가득 차기를 바랄 뿐이다. 아이의 학습 유형이나 지능과 상관없이 코딩을 하면서 학습하게 되는 비판적 사고는 대단히 유익하다.

왜 코딩일까?

나는 몇 가지 이유에서 코딩이 반드시 배워야 할 중요한 기술이라고 본다. 그 이유에 관해, 나는 다시 한번 안으로부터 시작해서 생각하는 경향이 있다. 심리 차원에서 코딩을 배우는 건 아이들의 자신감을 상당히 높이는 것으로 보인다. 코딩은 일반적으로 배우고 이해하기가 어렵다고 여겨지기 때문이다. 코딩의 기본 원리만 배워도 우리 자신의 역량과 잠재력을 믿는 데 많은 도움이 된다. 나는 자존감이 낮은 아이들이, 예를 들어 일직선으로 걷는 컴퓨터 캐릭터를 만드는 프로그래밍 명령어를 배운 후 달라지는 모습을 목격했다. 자신감은 동기부여의 개선으로 이어진다. 앞서 보았듯이, 그리고 토머스가 친절히 강조한 대로, 성취 동기가 높은 학생은 무엇이든 배워서 성공할 수 있는 잠재력이 있다.

심리적인 이점 외에도 코딩을 배우면 컴퓨터 프로그래밍과는 무관한 많은 실질적인 능력을 익힐 수 있다. 예를 들어 코딩은 일부 수학과 마찬가지로 비판적 사고력과 컴퓨팅 사고능력*을 향상시킬 수 있다.[54] 또 디지털 네이티브들이 필요로 하는 창의성과 자율성의 감각을 허용한다. 가장 중요하게는 코딩에서 거둔 성공이 다른 영역에서의 성공으로 옮겨갈 수 있다. 아이들이 코딩 자체를 위한 코딩법을 배울 필요는 없다. 코딩법을 배워야 하는 이유는 그 과정이 논리적이

---

* 컴퓨터가 문제를 해결하는 방식처럼 복잡한 문제를 단순화하고 이를 논리적, 효율적으로 해결하는 능력.

고 시각적으로 생각하도록 가르치는 과정과 동일하고, 다른 중요한 깨달음을 주기 때문이다. 우리는 분명 아이들을 수학자로 만들 목적으로 수학을 가르치지는 않는다. 수학을 배우는 과정이 아이들의 사고력을 향상시키는 데 도움이 된다는 것을 알기 때문에 수학을 가르친다. 코딩도 마찬가지다.

더 나은 기획자와 창작자가 될 수 있게 해주는 코딩 기술을 가르치면서 학생들이 프로그래머가 되기를 기대하지는 않지만, 코딩 교육은 학생들이 고액 연봉의 직장을 얻는 데에도 도움을 줄 수 있다. 실제로 컴퓨터공학 분야는 보수가 가장 많은 직업 가운데 하나가 되고 있고, 컴퓨터 프로그래밍 직종의 보수는 미국 전국 평균의 두 배에 이른다.[55] 코딩을 배운 아이가 어떤 직업을 택하든 논리적·알고리즘적 사고와 문제해결 능력은 일터에서 유용할 수 있다.

코딩은 컴퓨터공학의 한 측면일 뿐이고, C++, 자바Java, 파이선Python 같은 프로그래밍 언어의 학습과 관계가 있다. 하지만 이런저런 언어를 배우는 건 그 과정 자체를 배우는 것만큼 중요하지 않다. 특정한 언어는 이 언어에 의존하는 기술과 마찬가지로 시간이 지나면서 바뀔 것이다. 하지만 컴퓨터 언어가 작동하는 방식과 그 이용법을 배우는 과정은 기초를 이룬다. 결코 아이들이 어떤 특정한 컴퓨터 프로그래밍 언어를 배워야 한다는 말이 아니다. 그보다는 컴퓨터 프로그래밍 언어를 배우는 과정을 학습해야 한다는 말이다. 도전 기반 학습에 관한 연구가 가르쳐준 대로, 학습에서는 과정이 결과보다 더 중요하다.

메이커 운동과 다르지 않게 코딩은 비판적 사고, 문제해결 능력, 창의성을 포함해 디지털 네이티브들이 알아야 하는 가장 중요한 것들을 결합한다. 코딩 운동이 무르익어 확산되면서, 사회는 마침내 디지털 유창성digital fluency이 얼마나 중요한지 깨닫고 있다.

모두가 코딩할 수 있다

많은 청중이 토머스의 강연을 지켜보면서 열두 살 아이가 코딩을 아주 잘 배워서 이미 앱을 설계하고 개발할 수 있다는 사실에 놀랐다. 하지만 이것은 드문 일이 아니다. 아이들에게 컴퓨터 기술을 가르친다는 생각은 전혀 새로운 게 아니며, 적어도 1960년대 초까지 거슬러 올라간다. 당시 존경받던 컴퓨터공학자 앨런 펄리스Alan Perlis는 '컴퓨터와 미래 세계Computers and the World of the Future'라는 제목의 MIT 학술 토론회에서 강연을 했다.[56] 펄리스는 학생들은 물론이고 모든 사람이 기초 교육으로 프로그래밍을 배워야 한다고 생각했다. 물론 당시에는 개인용 컴퓨터가 없었고, 대부분의 학생들이 더 큰 컴퓨터에는 접근할 수가 없었다. 이렇게 펄리스의 생각은 시대를 훨씬 앞서 있었다. 알다시피 1970년대 중반에야 애플I과 애플II가 출시되면서 아이들이 컴퓨터를 접할 수 있었고, 컴퓨터 프로그래밍 방법을 배우는 아이들은 훨씬 더 적었다.

컴퓨터는 수십 년 동안 계속해서 이용 가능성과 인기가 높아졌지만, 여전히 주로 '괴짜'나 '컴퓨터광'을 위한 것이라고 여겨졌다. 코딩은 일반인, 특히 비교할 만한 어떤 관련성도 없는 아이들이 이해하기에는 너무 추상적으로 보였다.

그러다가 2005년 MIT 미디어랩의 미첼 레스닉Mitchel Resnick이 무료 시각형 프로그래밍 언어인 스크래치Scratch를 개발했다. 익숙하지 않은 사람들에게는 횡설수설하는 것처럼 보이는 전통적인 코딩과 달리, 스크래치는 사용자가 자신의 게임, 상호작용형 미술작품, 음악, 애니메이션을 만들 수 있는 시각형 언어를 제공했다. 이는 사람들에게 코딩이 무엇을 할 수 있는지 시각적인 방식으로 보여줌으로써 코딩 학습에 대한 두려움을 덜어주었다. C++와 자바 같은 언어가 강한 약물이라면, 스크래치는 순하고 편안한 초기 약물인 셈이다. 스크래치는 아이들이 프로그래밍 논리를 이해하고, 처음부터 무언가를 창작하고 만들 수 있게 했다. 이것이 프로그래밍을 사용자 친화적이고 재미있고 사람들의 마음을 사로잡는 것으로 만들었다. 머지않아 대규모 스크래치 커뮤니티가 온라인에 생겨났고, '상상하라, 프로그래밍하라, 공유하라'라는 구호를 사용하기 시작했다. 실제로 스크래치는 사용자들이 다른 사람들과 협력하고 공유하도록 독려하기 위해 오픈 소스* 프로젝트로 만들어졌다(그리고 현재 전 세계 1억 명이 넘는 사용자가 이 플랫폼을 이용하고 있다).[57]

2012년부터 학생들을 대상으로 한 현재의 코딩 운동이 본격적으로 성장하기 시작했다. 코드HS CodeHS라는 프로그램이 특히 10대를 겨

---

* open source. 소프트웨어의 설계도에 해당하는 소스 코드(source code)를 무료로 공개해서 누구나 그 소프트웨어를 개량하고, 재배포할 수 있게 하는 것이다.

냥해서 온라인 교육 과정과 교사용 도구를 이용할 수 있는 접근권을 고등학교에 제공한 덕분이었다. 동시에 제너럴어셈블리General Assembly 같은 영리 목적의 '코딩 학습' 캠프와 '코딩하는 소녀들Girls Who Code' 같은 비영리 워크숍이 미국 전역에서 생겨나기 시작했다.

아이들에게 코딩을 가르친다는 생각이 확산되는 전환점이 되는 일이 2013년 초에 일어났다. 당시 하디 파토비Hadi Partovi와 알리 파토비Ali Partovi 형제는 컴퓨터광뿐만 아니라 모든 사람이 컴퓨터공학을 배울 수 있도록 돕기로 마음먹었다. 스티브 잡스의 비전이 '모든 학교에 컴퓨터를 들이는 것'이었다면, 파토비 형제의 비전은 사람들이 컴퓨터 사용법만 아는 게 아니라 컴퓨터로 뭔가를 만들어내는 방법도 알게 하는 것이었다.

파토비 형제는 이런 비전을 널리 알리기 위해 '대부분의 학교가 가르치지 않는 것What Most Schools Don't Teach'이라는 홍보 동영상을 만들었다. 이 동영상은 인터넷에서 빠르게 퍼져나갔다. 머지않아 1만 5000곳이 넘는 학교의 교장과 교사들이 도움을 청해왔다. 파토비 형제는 이에 부응해 코드닷오알지(Code.org)라는 웹사이트를 열었다. 이들의 과제는 '운 좋은 소수 아이들만이 아니라 모든 아이들이 양질의 컴퓨터공학 교육을 이용할 수 있게 하는 것'이었다. 이 새로운 웹사이트는 언론에 보도되면서 빠르게 새로운 운동의 중심지가 되었다. 코드닷오알지는 빠르게 성장해서 서비스를 확장해 과정 설계, 교사 교육, 정책 자문, 마케팅까지 포함했다.

코드닷오알지를 시작한 해에 스크래치2가 공개되어 언론의 관심을 받았다. 다음 해인 2014년에 큰 인기를 끈 아이패드 앱 스크래치 주니어ScratchJr가 발표되었다. 이는 특히 5~7세의 아이들에게 코딩의 기초를 가르치기 위해 만들어졌다. 스크래치주니어는 뜨거운 반응을 얻었다. 주로 스크래치 커뮤니티의 사람들이 아이들에게 코딩뿐 아니라 수학, 역사, 사진, 그외 다른 주제들도 가르칠 수 있도록 프로그램을 개발하기 시작한 덕분이었다. 교사들은 필요에 맞춰 프로그램을 원하는 대로 바꿀 수 있다는 걸 금세 알아채고서 이 앱을 채택하기 시작했다.

그 사이에 코드닷오알지는 파토비 형제의 비전에 이르기 위해 전속력으로 달려 나갔다. 가장 성공을 거둔 계획은 '코딩 시간Hour of Code'이라 불리는, 다른 조직 및 학교와의 대규모 협력이었다. 이 계획의 목표는 프로그래밍을 학교 교과 과정에 도입하고 코딩 교육이 가지고 있는 엄청난 가능성에 대한 인식을 높이는 것이었다. 이를 위해 '코딩 시간'은 60분 동안의 간단하고 재미있는 교육을 통해 컴퓨터 프로그래밍의 기초를 가르치도록 계획되었다. 많은 사람들이 아주 복잡하다고 생각하는 주제를 소개하기 위한 '맛보기'식 접근법이라고 보면 된다. 확실히 이 계획은 효과가 있었다. 2016년에만 거의 2억 명의 학생들이 '코딩 시간'으로 코딩에 발을 들여놓았다. 의도치 않게 이 행사는 코드닷오알지의 또 다른 행사인 컴퓨터공학 교육 주간Computer Science Education Week이 진행되는 동안에 이루어졌다.

구글, 페이스북, 마이크로소프트, 애플 같은 기술 기업이 '코딩 시간'을 성공시키는 데 한몫했다. 애플은 애플스토어 내에서 무료 워크숍을 제공했는데, 코드닷오알지와 애플의 스위프트플레이그라운드에서 자원을 끌어와서, 사람들이 자신의 '코딩 시간' 워크숍을 개최할 수 있는 기회를 주었다. 이러한 활동들은 '모두가 코딩할 수 있다Everyone Can Code'라는 광범위한 계획의 일부가 되었다. '모두가 코딩할 수 있다' 계획으로, 애플은 나이나 배경 또는 경험과 무관하게 그야말로 '모든' 사람이 코딩을 배우도록 돕기 위한 자원을 창출했다.

나는 애플이 아이들에게 다가가 코딩을 가르치기 위한 수단으로 스위프트플레이그라운드를 내놓은 일이 특히 자랑스러웠다. 이 소프트웨어는 코딩이 무엇이고 어떻게 작동하는지 몰라도 쉽게 드론과 로봇을 프로그래밍할 수 있게 해주었다. 아이들은 그냥 끌어다 놓기만 해도 어떻게 간단한 명령어가 컴퓨터에 전달되는지, 다시 말해 컴퓨터에게 할 일을 전하는지 쉽게 볼 수 있었고, 그런 다음 컴퓨터가 그 일을 수행하는 것을 (기대를 가지고) 지켜볼 수 있었다. 만약 그게 안 되면, 될 때까지 수정할 수 있었다.

플레이그라운드는 또 아이들에게 수수께끼 같은 코드가 있는 화면을 보여주기보다 아이들이 코딩하는 과정을 시각적으로 보여준다. 예를 들어 한 아이가 달 착륙 각도를 코딩하는 방법을 배운다면, 그 코드에 기초한 달 착륙이 시각적으로 표현된 것을 볼 수 있는 것이다. 전통적인 코딩 학습법과는 완전히 달랐다.

플레이그라운드에는 네 가지 유형이 있다. 로봇 공을 유도해서 까다로운 장애물 코스를 통과시키는 스피로Sphero 플레이그라운드, 로봇이 말하고 노래하고 환경 자극에 반응하게 만들 수 있는 대시Dash

플레이그라운드, 로봇이 다른 실물과 같은 방식으로 춤추고 움직이게 만들 수 있는 미봇MeeBot 플레이그라운드, 그리고 앵무새 드론이 공중에서 곡예 동작을 하게 만들 수 있는 패럿Parrot 플레이그라운드가 그것이다.[58]

스위프트플레이그라운드와 스크래치주니어 같은 프로그램은 코더블, 타인커, 포켓코드 같은 앱 및 코드닷오알지의 '코딩 시간', 애플의 '모두가 코딩할 수 있다', 마이크로소프트의 '컴퓨터공학을 포함시켜라Make Computer Science Count', 구글의 'CS퍼스트CS First'와 함께 협력해서 수천만 명의 아이, 부모, 교사가 아이들의 삶에 영향을 미칠 코딩의 잠재력에 눈뜨게 했다.

더 최근에 인상 깊었던 다른 중요한 발전은 레고 마인드스톰의 탄생과 성공이다. 이 프로그래밍 가능한 조립 세트 시스템은 시모어 패퍼트Seymour Papert의 책《마인드스톰: 아이, 컴퓨터, 그리고 강력한 발상Mindstorms: Children, Computers, and Powerful Ideas》에서 이름을 땄다.[59] 마인드스톰은 아이들이 이미 알고 있고 좋아하는 레고의 특별판을 완전히 프로그래밍이 가능한 로봇으로 만들 수 있게 했다.

패퍼트는 1967년부터 1981년까지 MIT 인공지능연구소의 공동 책임자였고, 그 이전에는 자기주도학습과 구성주의의 개척자 가운데 한 사람인 전설적인 심리학자 장 피아제와 함께 연구했다(구성주의 관점에서 학습자는 기존의 지식과 자기 경험의 상호작용으로부터 새로운 지식을 구성한다). 앞 장에서 이야기한 직접 해보는 탐구 기반 학습의 중요성이 빠르게 교육에서의 기술 이용 가능성과 부합하게 된 건 우연이 아니다.

하지만 대중이 코딩 운동의 중요성에 눈뜨게 되었을 때, 진짜 고민해야 할 문제는 이것이다. 어떻게 할 것인가?

학교가 해야 할 일

"컴퓨터에 대해 들어보지도 못했던 시절에 어떤 사람이 아주 초기에 만들어진 애플I을 실제로 갖게 되었지." 스티브 워즈니악은 이렇게 떠올렸다. "그 사람은 그걸 학교로 싣고 가서 4학년부터 6학년까지의 학생들에게 컴퓨터가 뭔지 살짝 맛보기로 보여줬어." 워즈가 이 이야기를 할 때, 나는 이것이 분명 학생들이 컴퓨터를 보게 된 최초의 순간일 거라고 생각하지 않을 수 없었다. 지금은 컴퓨터가 한 대도 없는 학교를 찾아보기 어렵다. 하지만 컴퓨터가 있다는 것과 그것으로 무언가를 만들어내는 방법을 안다는 건 다른 일이다.

아이들이 컴퓨터공학 또는 코딩을 알아야 한다는 데는 대부분의 사람들이 동의하겠지만, 아이들에게 그것을 배울 기회를 제공하는 방법에 대해서는 의견이 분분하다. 컴퓨터공학 또는 코딩을 가르치는 건 학교 책임일까, 아니면 부모 책임일까? 선택 과목처럼 선택할 수 있어야 할까, 아니면 핵심 교과 영역처럼 의무적으로 배우게 해야 할까? 고등학교에서 가르쳐야 할까, 중학교나 초등학교에서 가르쳐야 할까? 마지막으로, 코딩이 교과 과정에 도입된다면, 하루 수업시간이 한정되어 있다는 점을 고려할 때 무슨 과목을 대체해 넣어야 할까? 이런 문제는 답하기 어려운 만큼 교육 관계자들이 여전히 고심하고 있다. 컴퓨터공학이나 코딩을 교과 과정에 포함시켜야 한다고 생각하는 학교와 교육구에서도, 필수 과목으로 할지 선택 과목으로 할지 결정해야 하는 큰 문제가 남아 있다.

사람들은 할 일을 지시받는 걸 좋아하지 않는다. 무언가를 의무적으로 해야 하거나 강요받는 것도 마찬가지다. 그렇기는 하지만 사회 전체가 근본적으로 중요하거나 기초가 되는 것이어서 학생들이 배워야 하고, 따라서 졸업 요건이 되어야 한다고 받아들이는 교과목들이 있다. 미국에서는 거의 항상 수학, 과학, 읽기다. 이 세 교과 아래에는 두 번째 단계의 교과들이 있는데, 마찬가지로 흔히 '필수'이지만 세 교과보다 훨씬 덜 강조된다. 역사, 사회 등이 여기에 속한다. 그 아래 단계에는 어느 한때 중요하게 여겨질 수 있지만 시간이 지나면서 훨씬 덜 강조되고, 경우에 따라서는 선택 과목으로 격하되기도 하는 교과들이 있다. 여기에는 물리, 미술, 음악이 포함된다. 현재 컴퓨터공학, 기술, 코딩은 대부분 이 맨 아래 단계에 포함되어 있다. 하지만 과연 그럴까?

2013년 《에듀토피아Edutopia》에 실린 한 기사의 제목은 이렇게 물었다. "코딩이 새로운 필수 외국어가 되어야 할까?"[60] 나는 이게 좋은 질문이라고 생각한다. 그 답은 다시 한번 우리 사회가 정규 교육의 목적을 무엇으로 보느냐에 달려 있다. 만약 교육을 주로 진로 준비 수단으로 본다면, 코딩 교육이 외국어를 배우는 것보다 더 중요하다고 주장할 수 있다. 교육을 주로 아이들에게 생각하는 법을 가르치는 수단으로 보더라도, 코딩보다 이런 목적을 더 잘 완수할 수 있는 과목은 많지 않다. 아마도 외국어 학습이 할 수 있는 것보다 더 효과적으로 말이다. 하지만 외국어는 현재 미국의 거의 모든 주에서 고등학교 필수 과목이다. 《에듀토피아》의 기사는 우리가 "소통 능력의 확장, 세계 인식의 발전, 조망수용 능력*의 강화 등의 이유로" 고등학교에서 외국어 교육을 의무화하고 있다고 말한다. 하지만 컴퓨터공학은 이 모든 일을, 아니 그 이상을 할 수 있다. 최근 들어 일부 주는 상황을 달리 보기 시작했다. 텍사스주는 얼마 전 컴퓨터공학으로 고등학교 외국어 졸업 요건을 충족시킬 수 있도록 하는 법안을 통과시켰다.

어떤 사람들은 고등학교에서 컴퓨터공학을 의무적으로 가르쳐야 한다고 주장한다. 시카고 같은 일부 야심찬 도시들은 실제로 이를 실험하고 있다. 하지만 나는 고등학교에서 코딩 교육을 시작하는 건 너무 늦다고 생각한다. 수학처럼 컴퓨터공학의 기본 요소를 가능한 한 빨리 가르쳐야 한다. 일반적인 몇몇 개념들은 유치원에서부터 일찍이 도입해야 한다. 초등학교와 중학교에서는 이를 다른 학습 영역과 통합하고, 고등학교에 가서 컴퓨터공학을 계속 배울지 말지 선택하게 하는 방식도 가능하다. 버지니아와 인디애나 같은 주에서는 디지털 문해력digital literacy이 교육 기준의 필수 요소가 되었다. 즉 유치원부터 중학교 2학년까지 모든 학생이 알아야 하는 주제인 것이다. 초등학교와 중학교에서 기술과 코딩의 기초를 배우기 때문에, 고등학교

---

* 자신과 타인이 다름을 인지하고 독립적인 존재로 파악해 다른 사람의 사고, 감정, 상황 등을 그 사람의 관점에서 이해할 수 있는 능력.

에 들어가면 정규 과정의 하나로 선택해 컴퓨터공학 일반 또는 특정한 컴퓨터 언어를 계속해서 배울 수 있다.

미국국가교육위원회의 조사에 따르면, 현재 25개 주에서 학생들이 수학, 과학, 외국어와 더불어 졸업 요건을 완전히 갖추기 위해 구체적인 컴퓨터공학 과목을 신청할 수 있게 하라고 지역 내 교육구들에게 요구하고 있다.[61] 오늘날 수학과 과학이 그렇듯이, 결국 컴퓨터공학 또는 적어도 디지털 문해력이 전 세계 학교에서 의무화되기 시작할 것이다. 어떤 방식으로 가르치건, 현재 우리가 누리는 디지털 세상에서 성공하기를 바란다면 컴퓨터공학을 가르쳐야 한다는 사실을 피할 길이 없다. 하지만 그러려면 그에 필요한 자원을 제공할뿐더러 학교들이 그것을 가르치는 방법을 더 잘 이해하도록 도와야 하고 적극적으로 준비해야 한다. 오늘날 대부분의 학교들이 컴퓨터공학 담당 교사를 두고 있지도 않다. 코드닷오알지 등이 솔선수범해서 더 많은 교사들을 훈련시키는 일을 돕고 있지만, 아직 갈 길이 멀다.

몇 년 전 애플은 브라질에서 앱 개발 실험을 실시했다. 우리가 10개 대학에 기술을 제공하고, 각 대학에서 100명의 학생 지원자들이 모바일 앱을 만드는 방법을 배웠다. 학점을 주지는 않고, 기술을 이용해서 아이폰 앱을 작성하는 기회만 제공했다. 학생들을 가르치는 데 도전 기반 학습 틀을 이용해서, 첫 번째 앱 프로젝트는 2주 안에, 두 번째 앱 프로젝트는 학기 중간에, 마지막 앱 프로젝트는 학기 말에 앱스토어에 등록해야 했다. 우리는 이 과정에서 앱을 작성하는 과정이 회사를 설립하는 과정과 비슷하다는 것을 알게 되었다. 그래서 코딩 수업을 창업 수업으로 변경했다. 손버그의 모델에 기반을 둔 학습 공간을 설계하기 위해, 애플 교육팀도 애플스토어 설계자들과 함께 작업하기 시작했다. 이 프로젝트는 아주 성공적이었다. 거의 모든 학생들이 기술 기업에서 일자리를 얻거나 자기 회사를 차렸다. 수요는 실제로 존재하고, 우리는 공급이 그 수요를 충족시키게 해야 한다.

토머스 수어즈의 테드 강연에서 최고의 순간은 이미 600만 회 이상 재생되었는데, 흔치 않게 대본에서 벗어나 즉흥적으로 말했을 때였다. "요즘 학생들은 선생님들보다 기술에 대해 조금 더 많이 알아요." 토머스가 자연스럽게 말하자, 청중은 소리 내어 웃으며 동의했다. 토머스는 뜻하지 않은 말을 했다는 사실을 깨닫고서 어떻게 계속할지 몰라 싱긋 웃으며 잠시 주저했다. "그래서……" 그는 미소를 지으며 힘주어 어깨를 으쓱하면서 덧붙였다. "음, 죄송해요." 이는 토머스가 강연 중 가장 솔직하고 가장 천진난만했던 순간으로, 오늘날 학생들의 욕구를 충족시킬 만큼 교사들을 준비시키려면 얼마나 갈 길이 먼지 분명히 보여준다.

기술은 과연 교사를 대체할까

아이패드로 무엇을 해야 할까

AI부터 VR까지, 학습 경험을 탈바꿈시키는 도구

앞으로 5년 후

4부

최고의 성과를 가져다줄
기술과 교육의 공존

12장

REWIRING EDUCATION

•

•

기술은 과연
교사를 대체할까

교사의 역할은 기존 지식을 제공하기보다
발명을 위한 환경을 만들어내는 것이다.

- 시모어 패퍼트

우리가 록스타라고 잠시 상상해보자. 음악계 록스타가 아니라 교사 록스타. 우리는 동료들 사이에서 높이 평가받는 고등학교 읽기 교사다. 고등학교 1학년생 30명을 한꺼번에 가르쳐야 하지만, 우리 일을 정말로 사랑한다. 우리는 이 일을 수십 년 동안 성공적으로 해오고 있다. 우리 수업을 거쳐 가는 학생 가운데 읽기 능력이 크게 개선되지 않은 학생은 단 한 명도 없다. 우리는 가장 필요한 아이들에게 동기를 부여하고 도움을 줄 수 있다는 점을 특히 자랑스럽게 여긴다. 올해만 해도 이미 몇몇 학생들의 읽기 능력을 3단계나 끌어올렸다! 이렇게 뒤처진 학생들이 어떻게 고등학교 1학년까지 올라왔는지 종종 놀라기는 하지만, 그럼에도 이런 기적을 이뤄낼 수 있었다는 데 전율을 느낀다.

전반적으로 이번 학년도는 대성공을 거둔 것 같다. 한 가지 작은 문제를 제외하면 말이다. 우리 학급의 시험 결과에 따르면, 우리는 분명 실패했다. 이제 우리는 '실적 부진 교사'로 찍혀 해고될 위험에 처한다.

"젠장, 어떻게 된 거지?" 우리는 의아해한다.

이번 학년도가 시작되면서, 우리 학교에 새 교장이 부임했다. 새 교장은 최근 우리 학교가 속한 교육구, 미국 전체, 전 세계의 다른 고등학교 시험 점수를 비교해볼 때, 우리 학교 학생들이 뒤처진다는 사실을 알게 되었다. 정상까지 가는 경주에서 뒤지고 있는 것이다. "이건 수치입니다." 교장은 부임하자마자 이렇게 선언하고서는 뒤처지는 학생이 없도록 하기 위해 황급히 새로운 지시를 내렸다. 이를 위해 교장은 몇 가지 공통 '핵심' 능력을 채택했다. 여기에는 모든 학생들이 달성해야 할 수많은 기준이 포함되었다.

이는 고등학교 1학년 학생들이 중학교 2학년* 때 적절히 준비되었는지 말았는지는 중요하지 않다는 뜻이다. 게다가 그해 동안 학생들이 보인 진전은 상관이 없었다. 중요한 건, 학생들이 계획상의 저 새로운 기준에 도달하는가이다. 이를 위해 우리는 교장이 더 낫다고 여기는 (그리고 지난해와는 영 딴판인) 새로운 포괄적인 교과 과정만을 이용하라는 지시를 받았다. 좋은 소식은 컴퓨터, 보조 교사, 개인지도 교사 같은 자원이 허용되고 권장된다는 것이다. 나쁜 소식은 우리가 직접 이런 자원에 대한 비용을 댈 방법을 찾아야 한다는 것이다. 그러고서 우리는 교사 월급을 받는다.

학년 말에는 모든 학생들이 학년 수준의 이해력이 있는지 시험을 봐야 한다. 같은 시험을 같은 시간 안에 끝내야 한다. 이유야 어떻든

---

* 미국의 학제는 초등학교 6년, 중학교 2년, 고등학교 4년이어서, 9학년이면 나이로는 한국의 중학교 3학년에 해당하지만 미국에서는 고등학교 1학년이다.

학년 수준을 성취하는 데 실패한 학생들은 유급되는데, 이런 일이 일어나면 교사에게 전적으로 책임이 있다.

이런 시나리오가 충격적으로 보일지 모르지만, 30명의 학생 모두가 독단적인 기준을 빠르게 충족시키지는 못하기 때문에, 바로 이런 일이 오늘날 교사들에게 일어나고 있다. 이 가상 시나리오에서, 정해진 시험 날짜까지 모든 학생이 고등학교 1학년 읽기 수준에 도달하지 못했기 때문에, 우리는 실패했다. 우리가 가장 많은 도움을 준 학생들은 표준화된 고등학교 1학년 시험을 통과하지 못했다. 이 학생들은 우리의 학급에 왔을 때 읽기 수준이 초등학교 5학년에 지나지 않았다. 우리는 시험 날짜까지 이 학생들이 중학교 2학년 읽기 수준에 이르게 했다. 하지만 이것으로는 충분치 않았다.

미국 전역의 교사들이 이 같은 요구를 받는다. 예를 들어 얼마 전 시카고 학제 내에서 이루어진 어느 연구는 한 초등학교 5학년 학급 학생들의 읽기 수준을 검토했는데, 그 결과 같은 학급 안에서도 어떤 학생은 중학교 2학년 수준이고 다른 학생은 초등학교 1학년 수준이었다. 사실상 이 연구는 이 학급 학생들의 읽기 수준이 매우 다양하다는 것을 보여준다. 그러니 교사가 아무리 슈퍼스타라 하더라도, 읽기 수준이 5학년 이상인 학생들에게 여전히 도전의식을 북돋우는 과제를 제시하는 동시에 나머지 학생들이 모두 5학년 수준에 이르게 하는 데는 시간이 부족할 수밖에 없을 것이다.

교사, 행정가, 정책 입안자가 생각하는 교육 목표와 기대치가 똑같을 수는 없다. 이 때문에 모든 사람들이 교사가 무엇을 해야 하는지,

어떻게 해야 하는지, 어느 정도 기간 안에 해야 하는지에 대한 생각이 서로 다르다. 그 결과 우리는 교사가 매주 기적을 행하기를 요구하고 있다. 교사가 일주일이라는 시간 안에 학생 각자의 필요를 충족시키기는 불가능한 일이다. 스티브 잡스가 기적적인 기간 안에 혁신적인 프로젝트를 끝마치라고 요구했을 때, 나는 항상 이렇게 말했다. "난 기적을 믿어, 스티브. 하지만 기적의 일정을 잡을 수 있다고는 믿지 않아!"

스티브 워즈니악의 교육 원칙

스티브 워즈니악, 일명 '워즈'는 미국 기업계에서 영웅 같은 인물로, 스티브 잡스와 함께 애플컴퓨터를 공동 설립한 것으로 유명하다. 잡스가 두 스티브 가운데 더 유명할지 모르지만, 맨손으로 최초의 애플컴퓨터를 만든 사람은 워즈였고, 이것이 1976년 회사 출범으로 이어졌다.[62] 1년 후 워즈는 작은 팀을 만들어 이끌면서 애플II 컴퓨터를 개발했다. 이것이 잡스의 마케팅 재능과 결합하면서 애플이 오늘날 대표적인 브랜드가 되는 발판을 마련했다.

2017년 10월에 워즈는 워즈유Woz U라는 새로운 온라인 교육 플랫폼을 시작했다. 코딩과 다양한 IT 프로그램을 제공해서 '학생들에게 디지털 공학 개념을 노출'시켜 '학생들을 가능한 기술 기반 직업으로 이끌기 위해'서였다. 이에 더해 '기술 중심, 프로젝트 기반 학습에 참여하는 학생들의 공동 협력자가 되는 데 필요한 교수법을 개발'하기

위해 교육자 공인 프로그램Certified Educator program을 만들었다.[63]

하지만 워즈유가 워즈의 교육 분야 첫 진출은 아니다. 사실 워즈는 어렸을 때 두 가지 꿈을 품었다. 하나는 엔지니어가 되는 것이고, 다른 하나는 가르치는 일을 하는 것이었다. 공학기술에서 워즈가 이룬 위업은 이제 역사책에 상세히 실려 있다. 하지만 워즈가 다른 목표도 이뤘다는 사실을 아는 사람은 드물다. 스티브 워즈니악은 교사였다. "나는 평생 교사가 되고 싶었어요." 워즈는 얼마 전 한 인터뷰에서 이렇게 고백했다. "그래서 교사가 되었죠." 워즈는 8년 동안 일주일에 한 번, 초등학교 5학년 학생들에게 기술과 컴퓨터를 가르쳤다.

워즈를 아는 사람들은 그가 아이들에게 많은 열정을 품고 있음을 잘 안다. 우리 집에서 워즈를 비롯한 여러 사람들과 저녁식사를 할 때였다. 워즈는 곧 어른들은 내버려둔 채 나의 공동 저자인 제이슨의 열 살 난 아들 마일스를 데리고 조용한 곳으로 가서는, 남이 모르는 수학 비법을 가르쳐주고 영감을 주는 자기 어린 시절 이야기를 들려주었다. 어른들은 집에 돌아갈 때까지 워즈를 찾지 않았다. 하지만 좀 더 체계적으로 가르쳐보면 어떻겠느냐고 물어보면 그는 착잡해한다.

한편 워즈는 모든 아이들에게 내재하는 잠재력뿐 아니라 동기부여의 중요성에 대한 믿음을 나와 공유한다. 경험에서 나온 워즈의 교수 원칙은 간단했다. 지식은 동기부여보다 중요하지 않다는 것이다. 워즈는 이렇게 말했다. "지식을 가르치는 게 중요하기는 하지만 수업을 재미있게 해서 아이들이 배우고 싶게 만드는 게 훨씬 더 중요합니다.

내가 인생에서 아주 잘했던 건 모두 내가 하고 싶은 것이었죠."[64]

한편 워즈는 가르치는 일을 사랑하는 만큼, 이렇게 저렇게 가르쳐야 한다고 지시하는 운영체제를 좋아하지 않는다. "문제는 교사가 자신이 사용할 교과서조차 정하지 못한다는 거예요." 워즈는 이렇게 말했다. "교장이 교과서를 주면서 월요일에는 이 부분, 화요일에는 저 부분, 수요일에는 요 부분을 가르치기로 하는 계약을 요구하죠. 게다가 학생들이 어느 날 현장학습을 가거나 이야기하느라 바빠서 그걸 이해하지 못하더라도, 다시 돌아가 학생들이 내용을 확실히 배우도록 허용하지 않아요. 문제는 이런 시스템 자체에 있습니다."

교사의 딜레마

워즈 이야기와 더불어, 이 장 초반에 언급한 가상의 사례는 학급 담임이 설계상 결함으로 버그투성이가 된 교육 시스템을 가동시키기가 얼마나 어려운지 보여준다. 이론적인 해결책은 간단하다. 모든 학생에게 개인맞춤 학습을 제공하는 것이다. 교육에서는 이런 시도를 차별화라고 한다. 하지만 이론과 현실 사이에는 커다란 간극이 있다. 교사가 하기에 가장 어려운 일 가운데 하나가 차별화이고, 한정된 시간에 많은 학생을 가르쳐야 한다면 훨씬 더 어려워진다. 어떤 학생은 수업을 따라올 수 있겠지만 다른 학생은 그렇지 않을 터이고, 그러면 교사는 뒤처진 학생들을 내버려둘 수밖에 없다. 똑똑하고 창의적인 학생들이 때때로 실패하는 건 이런 이유에서다. "나는 등급을 매긴다는 생각을 좋아하지 않고, 모든 학생이 발전할 수 있기를 바랐습니다." 워즈는 이렇게 떠올렸다. "하지만 학생이 30명이 아니라 6명, 심지어 17명만 되어도 훨씬 더 쉬워져요. 나는 학급 규모가 큰 게 가장 해롭다는 사실을 알게 됐죠."

결국 내가 '교사의 딜레마'라고 말한 것이 워즈(와 많은 다른 사람들)를 제도 교육에서 몰아냈다. 교사들은 실제로 학생들의 요구에 응할 수 있는 자원을 제공받는 게 아니라 비현실적인 요구를 받고 있다. 이것이 우리의 교육 시스템이 가진 근본적인 결함이다. 교사가 아무리 훌륭해도, 동시에 수십 명 학생들에게 개인맞춤 학습을 제공하는 데 필요한 시간이나 자원이 턱없이 부족한 실정이다.

가장 노련하고 재능 있는 교사도 많은 학생들을 가르쳐야 한다는 중압감 때문에 허우적거린다. 모든 학생이 자신의 결함과 문제를 극복하도록 도와줄 적절한 학습 활동을 찾아 준비하고 배치하기에는 터무니없이 시간이 부족하다. 이 때문에 교육자들은 마지못해 효과보다는 테일러적인 효율에 의지해, 존재하지도 않는 평균의 학생을 위해 가르칠 수밖에 없다. 이는 스펙트럼의 양쪽 끝에 있는 학생들, 다시 말해 성적이 부진한 학생들뿐 아니라 성적이 우수한 학생들 또한 잃는 결과로 이어진다. "모든 사람을 즐겁게 해주려고 하다가는 결국 아무도 즐겁게 하지 못한다"라는 오래된 격언이 있다. 토드 로즈 박사가 이미 밝힌 대로, 이는 교육에서도 마찬가지다. 평균의 학생을 위해 가르치는 건 아무도 가르치지 않는 것과 같다.

교육의 회로를 바꿔 교사의 딜레마를 해결하는 일에는 심리학과 기술의 결합을 이용해서 교사의 짐을 덜어주는 것도 포함된다. 앞서 심리학을 간단히 다루면서 학생들에 대해 생각하는 방식을 재고하도록 요청했다. 이들은 누구일까? 무엇을 할 수 있을까? 우리는 이들을 돕기 위해 무엇을 할 수 있을까? 이들에게 동기를 더 잘 부여하는 법과 이들의 성공 기회를 개선하기 위해 할 수 있는 구체적인 일들을 살펴봤다. 하지만 진정 학생들의 요구에 부응하려면, 또한 교사들의 요구에 부응할 수 있는 모든 일을 해야 한다. 그리고 수십 명의 학생에게 같은 기간 안에 같은 내용을 가르쳐야 하는 거의 모든 교사들이 이미 알고 있고 워즈도 지적한 대로, 이는 학급 규모 문제를 다루는 데서부터 시작된다. 하지만 학급 규모가 얼마나 작아져야 할까? 교사와 학생의 이상적인 비율은 얼마일까? "학생 한 명당 교사 한 명." 워즈는 이렇게 말했다. 다시 말해 교사의 딜레마를 해결하려면, 한 명의 교사가 실제로 할 수 있는 일에 대한 기대를 줄이고 교사 대 학생의 비율이 일대일이 되도록 노력해야 한다. 워즈는 이렇게 덧붙였다. "물론 학생 한 명당 교사 한 명이 되게 할 형편은 안 될 겁니다."

아이들은 변화한다

워즈는 현실적으로 교사 대 학생의 비율이 일대일이 되도록 도와줄 수단으로 기술이 중요하다고 말한다. 좋은 소식은 지난 10년 동안 기술이 극적으로 향상되어 이제 그게 가능하다는 것이다. 하지만 그 구체적인 기술을 살펴보기 전에, 큰 그림을 살펴보는 게 중요하다. 진정한 이해는 적절한 맥락 속에서만 가능하고, 여기에는 기술의 이용이 포함된다. 교육의 회로를 바꾸어 교사의 딜레마를 해결한다는 관점에서 필요한 맥락은 변화다. 인공지능, 적응형 학습 소프트웨어, 가상현실virtual reality, VR과 증강현실augmented reality, AR 등 기술은 변화해왔고, 이제 일대일 개인맞춤형 학습 환경을 설계해 구현하는 게 가능하다. 이것이 교사가 성공을 거두도록 힘을 실어줄 것이다.

아이들 스스로도 변화한다. 오늘날 아이들은 우리 세대가 성장하던 때와 다르다. 게다가 알다시피 디지털 네이티브들은 이전의 어떤 세대와도 아주 다르다. 이들은 인터넷, 모바일 기기, SNS 같은 기술 때문에 사회적으로만 다른 게 아니라 신체적으로도 다르다. 사람마다 뇌의 회로도 다르다는 것을 보여주는 존 메디나의 책을 떠올려보라. 아이들도 다른 방식으로 일을 한다. 우리는 이제 더 이상 물리적 공간에 제한받지 않는, 이동이 자유로우면서 서로 연결되어 있는 지구촌 세상에 살고 있다. 디지털 네이티브들은 물리적으로 또는 가상으로 항상 끊임없이 움직인다. 이들은 특정한 기술(또는 직업)을 오래도록 고수하지 않고 다음 기술로 이동한다. 마이스페이스에서 페이스북으로 트위터로 인스타그램으로 스냅챗으로, 디지털 네이티브들이 싫증을 내고 그다음 기술로 이동하는 건 시간문제일 뿐이다. 이메일을 기억하는가? 많은 성인들이 여전히 이메일에 의존하지만, 디지털 네이티브는 이메일을 거의 사용하지 않는다. 내 어린 조카딸이 지난밤 저녁식사 자리에서 "나이 든 사람이나 이메일을 써요!"라고 귀띔해준 대로, 그건 사실이다. 내가 10대 손자에게 이메일을 보내면,

휴대전화 문자나 스냅챗으로 이메일을 확인해보라고 알려줘야 한다. 디지털 네이티브에게 다가가 가르치고 싶으면, 기꺼이 그들과 함께 적응해야 한다.

성공을 보는 방식도 달라졌다. 우리 세대가 성장할 때는 성공이란 대기업이나 큰 공장에서 최고의 일자리를 얻어 승진하고 그 회사에서 은퇴한 다음 해변에 앉아 여생을 보낼 수 있다는 뜻이었다. 하지만 디지털 네이티브에게, 한 고용주에게 고용되어 있으면서 평생 동안 한 가지 일만 하는 인생은 그다지 매력적이지 않다. 이는 각 학생이 성공을 어떻게 생각하는지 재고해봐야 한다는 뜻이다. 고정된 등급과 표준 시험 점수는 답이 아니다. 주어진 시간 안에서 학생의 성공을 판단하는 데는 발전 상태나 숙련성에 기반한 평가가 더 효과적이다. 정보가 너무 많은 세상에서 자라나는 아이들은 이제 단 한 가지를 선택해 고수하기보다는 시간이 지나면서 많은 것을 경험해야 한다. 이런 변화를 수용하기 위해, 학생들에게 학습 과정에서 더 많은 선택권을 주어야 한다. 선택권이 많을수록 관심이 더 많아지고, 이는 더 많은 동기부여로, 그리고 결국에는 더 많은 성공들로 이어진다. 그렇다, '성공들', 복수형이다. 디지털 네이티브들에게 성공은 목적지보다는 여정에 더 가까운 듯하다. 그렇다면 이들의 교육 역시 그러해야 한다.

교사의 역할

수십 년이 지나면서 교사의 역할도 변화했다. 하지만 좋은 방식의 변화가 아니다. 테일러주의가 출현한 이후 교사의 역할은 학생이 인생에서 성공하도록 준비시키는 데서 시험에서 성공하도록 준비시키는 것으로 바뀌었다. 해마다 유망한 신참 교사들이 처음에는 열정을 가지고 열심히 할 일(아이들이 성공하도록 돕는 일)을 하지만, 워즈가 그랬듯이 교육 시스템이 그렇게 하도록 만들어지지 않았다는 사실을 금세 깨달을 뿐이다.

정정하건대 그렇다, 우리는 아이들이 시험에서 좋은 성적을 거두길 바란다! 그러니 모든 신참 교사 가운데 절반이 넘는 이들이 5년 안에 교육계를 떠나는 것이나, 우리가 수십 년 동안 심각한 교사 부족 현상을 겪어온 건 전혀 이상한 일이 아닌 것이다.[65] 해마다 점점 더 교사의 역할이 동기부여를 하는 사람에서 기적을 전하는 사람으로 바뀌고 있는데, 이제 그것을 다시 뒤집어야 한다. 부모를 포함한 모든 교사의 최종 목표는 아이들에게 내재된 열정과 독특한 재능을 알아보고 살리는 것이어야 한다. 이는 시험을 대비해 가르치게 해서는 이루어질 수 없는 일이다. 교사는 시험 대비를 위해 고용한 개인지도 교사가 아니며, 교육 시스템의 회로를 바꿔 교사 자신의 잠재력 또한 끌어내도록 해야 한다.

교육의 회로를 새로 바꾼다는 건 교사의 역할을 변화시킨다는 뜻이다. 교사의 역할은 더 이상 교과서에서 읽을 부분을 정해주고, 정보 암기를 위한 연습문제지를 내주고, 표준 시험에 의지해 학생을 평가하는 게 아니다. 교사의 역할은 학생이 자신의 타고난 재능을 발견하도록 돕는 것이어야 하고, 정보 전달자에서 학습 조력자로 옮겨가야 한다. 조력자는 전통적인 교사 역할에 의지하는 대신, 확장 가능한 질문을 던지고, 확장 가능한 활동을 통해 학생을 지도하며, 개인 맞춤 피드백을 제공하고, 학생에게 관련성이 있으면서 마음을 끄는 수업을 하며, 현실에 존재하는 사례와 가상의 사례를 제시하고, 협력과 창의성을 촉진하며, 문제해결 행동의 모범을 보여주고, 학생들이 학습에 적극 참여하게 하는 것 등에 의지한다.

대학 시절에 가장 흥미로운 교수들은 항상 '오픈북' 시험을 치르게 했던 분들이었음을 상기하지 않을 수 없다. 학생들이 오픈북 시험을 치른다고 하면 암기할 게 없기 때문에 더 쉽다고 생각하는 건 아니러니다. 잘 설계된 오픈북 시험을 치러본 학생들은 이것이 가장 어려운 시험 유형임을 안다. 이런 시험을 잘 보려면 어떤 정보를 어디서 찾을지, 그리고 문제의 맥락에서 그것이 무엇을 의미하는지 알아야 한다. 그런 다음에는 설명할 수 있어야 하고 타당한 논의와 답을 발전시켜야 한다! 이런 유형의 시험은 어떤 면에서는 평가 수단인 만큼이나 학습 수단이기도 하다. 내가 아는 시험에 관한 확실한 규칙은 이것이다. 구글, 위키피디아, 또는 시리Siri가 대답할 수 있는 질문이라면, 우리가 학생들에게 잘못된 질문을 하고 있다는 것. 아이들에게 이미 정해진 질문과 답을 제시하는 일을 멈추자. 그리고 스스로 질문과 답을 발견할 수 있게 하는 적응 과정으로 아이들을 이끌자.

디지털 네이티브를 가르치는 일은 이들이 콘텐츠 소비자보다는 창작자가 되고 싶은 적극적인 학습자라는 사실을 이해하는 것을 의미한다. 알다시피 이들을 창작자로 끌어들이기 위해서는 도전 기반 학습 같은 탐구 기반 학습 틀을 이용할뿐더러 물리적인 또는 가상의 모의실험, 학생 기반 포트폴리오, 전시, 현장학습, 연사 초청, 특히 학생의 의견과 참여 등을 이용할 수 있다. 앞서 동기부여에 관한 장에서 '학생의 선택'이 갖는 중요성에 관한 부분을 기억할 것이다. 학생의 선택보다 훨씬 더 폭넓은 것이 학생의 의견인데, 이는 교사가 가진 가장 강력한 도구 가운데 하나이지만 흔히 무시된다.

의견을 통해 학생을 끌어들이기 위해 할 수 있는 일을 보여주는 완벽한 사례를 찾아 멀리 갈 필요도 없다. 2003년 노스캐롤라이나주 '올해의 교사'이자 전미 '올해의 교사' 최종 후보에 오른 멜리사 바틀릿Melissa Bartlett을 보자. 바틀릿은 나와 제이슨의 첫 공저 《미국 최고 교사와의 대화Conversations with America's Best Teachers》에서 이렇게 말한다. "나는 첫 계획 과정부터 최종 평가까지 시종일관 학생의 의견을 활용한다. 이것이 내가 교사로서 성공할 수 있었던 비결이다."[66]

이는 그냥 하는 말이 아니었다. 바틀릿의 언어과목 수업에서는 교사가 무얼 하든 학생의 의견과 권리를 인정했다. 수업 첫날부터 학생들은 수업 규칙과 그것을 어겼을 때 받을 불이익을 정하는 데 참여했다. 또 앞으로 표준 학습 내용을 배우기 위해 어떤 책과 자원을 사용하고, 학습을 어떻게 진행할지('제퍼디!'● 같은 게임이나 모의실험, 역할놀이, 또는 매체를 이용한 창작을 통해) 결정하는 데도 참여했다. 학생들은 그렇게

1년 내내 교사의 수업 계획을 함께 작성하고, 성적과 평가 기준을 만드는 것을 돕는 일에 참여했다. 그 결과 학생들의 학습 자신감, 동기부여 수준, 그리고 어느 정도로 사실인지는 모르지만 시험 점수와 성적이 상당히 올랐다.

마지막으로, 오늘날 학생들을 효과적으로 가르치려면 전문지식이 교사의 가장 중요한 자질이라는 생각을 버려야 한다. 마우스로 클릭하거나 손가락으로 두드리거나 문지르기만 해도 콘텐츠를 찾을 수 있는 오늘날에 딱 적용되는 말이다. 디지털 네이티브에게는 콘텐츠content 전문가인 교사보다는 맥락context 전문가인 교사가 더 필요하다. 디지털 네이티브들의 맥락 속으로 확실히 들어가는 사람이야말로 이들에게 영감을 줄 수 있다. 이들에게는 '누가'와 '무엇을'만으로 충분하지 않다. 이들은 '왜' 그런지 이유를 알고 싶어 한다. "왜 내가 이걸 알아야 하죠? 그게 왜 중요한 건가요?" 그래서 교사의 새로운 역할은 수업을 가능한 한 학생들의 세계와 관련짓는 것이다. 이것이 야말로 학생들이 정말로 배우고 싶어 하고 계속해서 학습에 몰두하게 하는 가장 효과적인 방법이다. 앞으로는 맥락 전문가인 교사가 가장 높은 평가를 받을 것이다.

훌륭한 교사란 어떤 교사인가에 대한 생각은 최근 수년 동안 달라졌다. 하지만 이런 변화는 기술 때문이 아니라 기술이 가능하게 만든 것 때문이다. 기술이 개인의 삶 속으로 침투하고 있는 시절에 아이를

---

* Jeopardy. '위험'이라는 뜻으로, 영어 단어 연상 퀴즈 게임 이름.

키우는 사람이라면 누구나 아이들이 (많은 경우 주변의 어른들이 그 속도를 따라잡기도 전에) 이 새로운 세상을 어떻게 받아들이는지에 대해 할 이야기가 있다. 내 할머니의 집을 방문했던 한 아이는 왜 전화기에 '꼬리가 달려 있'는지 물었다. 그리고 내 조카딸은 할머니에게 이렇게 말했다. "사랑해요, 할머니. 하지만 할머니 댁에 와이파이가 되기 전까지는 밤에 자고 갈 수 없어요." 당시 조카딸은 고작 네 살이었다! 이는 단순히 재미있는 일화일지 모르지만, 동시에 오늘날의 테크놀로지 세상에서 자라는 아이들이 얼마나 다른지 다시 한번 말해준다.

관련짓기 수업

나는 학습을 학생들과 관련짓는 일이 중요하다는 이야기를 자주 한다. 그게 학생들의 자기주도성을 일깨우고, 동기를 북돋우며, 교사가 이들의 진정한 잠재력을 끌어내는 데 도움이 된다. 하지만 '학습을 학생들과 관련짓는다'는 건 실제로 어떤 것일까? 어떻게 관련성이 없는 수업을 관련성이 있는 듯이 보이게 만들까? 기술이 이와 어떤 관계가 있을까? 다시 말해 이것은 현실세계에서 실제로 어떻게 일어날까?

셋 다 좋은 질문이고, 이에 대한 나의 답은 같다. 디지털 네이티브들을 기술을 이용해 가르침으로써 학습을 그들 자신과 관련짓는 것이다. 그렇다고 주제 자체를 반드시 이들과 관련지을 필요는 없고, 주제를 전달하는 방법을 관련지을 수 있기만 하면 된다. 제대로만 된다면, 아무리 지루한 주제도 디지털 네이티브들에게 신선하고 흥미 진진하게 다가갈 수 있다. 예를 들어 셰익스피어는 분명 오늘날 학생들이 가장 좋아하는 읽기 자료는 아니다. 하지만 기술을 이용해 학습 과정을 좀 더 관련성 있게 만들면 학생들의 참여도가 높아진다.

래리 레이프Larry Reiff는 맨해튼에서 자동차로 약 한 시간 거리에 있는 뉴욕주 로슬린고등학교의 신참 인문학 교사다. 여러 해 동안 셰익스피어를 가르쳤으나, 현재 가르치는 방식과는 거리가 멀었다. 래리는 최신 기술을 결합해서 셰익스피어가 학생들에게 개별적으로 다가가 마음을 사로잡게 했다. 래리는 수업 계획 전반에 걸쳐 기술을 이용해 각각의 새로운 주제를 소개함으로써 이해를 증진시키고 학생들이 자신의 학습 유형에 가장 효과적인 방식으로 배운 것을 응용할 수 있도록 도왔다.

래리는 셰익스피어 수업을 할 때 폴저셰익스피어도서관에서 빌려 온 책으로 아무런 무대 연출 없이 《로미오와 줄리엣》을 가르친다. 그래서 학생들은 이야기, 인물 관계, 감정에 중점을 두게 된다. 첫 단계는 서막을 배우고 짧은 영화를 만드는 것이다. 극 자체에 대해 공부할 때, 래리는 다양한 어조로 학생들에게 소리 내어 읽어준다. 학생들은 배우가 어떻게 한 줄의 대사로 다양한 의미를 전달할 수 있는지 이해하게 된다. 래리는 또 학생들이 다양한 음향효과를 시도해서 그게 어떻게 특정한 장면의 분위기를 변화시킬 수 있는지 관찰하도록 독려한다.

몇 개 그룹이 각각의 해석에 따라 셰익스피어 극을 만들 때, 래리는 학생들이 연출, 동작, 어조, 음향효과를 연구하고 결합해서 스스로 선택한 장면을 아이무비iMovie로 제작하게 한다. 각 그룹은 자신들의 작업을 다른 학생들과 공유하고, 학급 전체 토론을 통해 셰익스피어의 언어에 대한 다양한 해석을 접하고 그로부터 배운다.

학생들이 연극을 직접 해보면서 무대 연출과 어조의 영향을 이해하고 나면, 래리는 극에 대한 이해를 높이기 위한 새로운 활동에 착수하게 한다. 학생들은《로미오와 줄리엣》을 영화로 만든 두 가지 판본, 즉 1968년 프랑코 제피렐리 감독판과 1996년 배즈 루어먼 감독판에서 동일한 한 장면을 본다. 그런 다음 두 영화의 차이에 대해 이야기를 나눈다. 이런 방식으로 배울 때 학생들은《로미오와 줄리엣》을 더 잘 이해할 수 있을뿐더러 해석하는 사람에 따라 어떻게 관객의 태도와 감정을 다르게 형성하는지도 인식하게 된다.[67]

또 다른 접근법으로, 래리는 다양한 도전 과제를 제시한다. 로미오가 베로나에서 추방된 후 줄리엣과 로렌스 신부가 계획을 짜기 위해 트위터에서 메시지를 주고받는다면 어떨까? 해시태그를 이용해 인물들이 어떤 생각을 하고 어떤 감정을 느끼는지 이해한 바를 소통하게 함으로써, 학생들은 자신이 애용하는 현대의 의사소통 수단을 이용할 수 있고, 교사는 학생들이 400년 전의 극을 얼마나 잘 이해하는지 가늠할 수 있다.

래리 레이프 같은 새로운 유형의 교사들은 학생들에게 고전문학의 지정된 부분을 읽히는 방식뿐 아니라 아이들 스스로도 그런 일에 열의를 보이고 심지어 흥분하는 것을 이해하기 어렵다.

예를 들어 래리는 새로운 환경에서 성공을 거둔 학생의 완벽한 예로 줄리아를 언급한다. 전통적인 시험과 과제물은 줄리아의 강점이 아니다. 하지만 줄리아는 놀라우리만치 창의성이 뛰어난 학생이어서 복잡한 내용에 대해 자신이 이해한 바를 인상적인 방식으로 표현할 수 있다. "레이프 선생님은 이 수업이 기술 기반 수업이 될 거라고 말씀하셨어요." 줄리아가 말했다. "겁났죠. 저는 컴퓨터 사용법도 몰랐거든요." 그러고서 학생들은 《로미오와 줄리엣》을 공부하기 시작했고, 교실 학습에는 극의 장면을 재연하고 예고편 동영상을 만드는 프로젝트가 포함되었다. "제가 그 이야기의 일부가 된 것처럼 느꼈어요." 줄리아는 이렇게 회상했다. "이야기가 제게로 와서 살아 움직이기 시작한 거예요."

래리의 수업에 대해 묻자, TJ라는 학생은 이후의 또 다른 수업에서는 도전 기반 학습 접근법을 이용해 《두 도시 이야기》를 공부했다고 했다. "도전 기반 학습 경험은 작품을 더 잘 이해하는 데 도움이 됐어요. 제가 도전 기반 학습 이전에는 하지 않았을 얘기를 꺼내더라고요." TJ는 이렇게 말했다. "그 경험은 확실히 저의 학습 동기를 바꿔 놨어요. 저 자신이 좀 더 창의성을 가지고 배우려 하고, 제 의견을 공유하는 것에 대해 마음이 더 열려 있다고 느껴요. 친구들과 협력하는 게 아주 좋아요. 친구들한테서 아이디어를 얻고 다른 친구가 이해하지 못한 걸 이해하도록 서로 도울 수 있거든요." "생각을 요하는 프로젝트를 하면서 친구들과 협력하고 창의적인 아이디어를 얻으니까 수업이 훨씬 더 즐거워졌어요. 마치 우리가 배우고 있는 걸 다른 사람들한테 가르치고 있는 것 같았죠. 아주, 아주 재밌었어요." 고등학생이 고전문학 읽기가 '재미있다'고 하는 것은 흔치 않은 일이다.

이 모두에서 두드러지는 효과는, 기술을 이용하는 것 자체가 학습이 디지털 네이티브들에게 더 관련성 있게 만들어준다는 것이다. 래리 레이프는 기술을 학생들의 관심을 끌기 위한 수단으로 이용함으로써 문학이 살아 움직이게 했다. 역사, 수학, 심지어 코딩을 포함해 지루하거나 어렵다고 느껴지는 다른 과목에서도 이렇게 할 수 있다.

심장과 기술

교육의 회로를 바꾸는 데서 기술이 할 수 있는 역할을 검토할 때, 몇 가지 중요한 사항을 분명히 밝히고 싶다. 앞 장에서 나는 모든 학생들이 컴퓨터공학과 코딩을 배워야 할 필요성이 커지고 있음에도 훈련된 교사가 부족하다고 말했다. 이 장에서 이야기한 교사의 딜레마를 고려하면, 이미 성취 불가능한 기대 목록에 코딩 교육 같은 다른 무언가를 추가하는 건 상반되는 제안처럼 들릴지 모른다! 따라서 나는 이런 맥락을 고려해서, 코딩 교육이 어떻게 이루어질 것인지에 대한 내 생각을 분명히 밝히고 싶다. 이상적으로는 컴퓨터공학CS의 요소들이 초등학교에서 다양한 주제 안에 통합될 것이다. 중학교에서는 CS가 필수 과목이 될 것이고, 고등학교에서는 적어도 몇 가지 CS 선택 과목이 (하지만 이상적으로는 일련의 과목들이) 제공될 것이다. 이렇게 하려면 초등학교에서는 CS를 다른 과목과 통합하기 위해 교사들과 협력하고 이들을 훈련시킬 최소한 한 명의 CS 전문가가 필요하고, 중학교와 고등학교에서는 적어도 한 명의 CS 교사가 필요하다. 현재 거의 모든 것에서 무료 오픈소스 소프트웨어를 선택할 수 있으므로 기술 자체에 접근하는 비용은 해마다 점점 더 낮아지고 있다.

두 번째는 많은 교사가 토로하건 하지 않건 기술에 대한 두려움(기술이 교사를 대체하리라는 두려움)이다. 미국에서 일자리를 가장 위협하는 건 이민자가 아니라 혁신이다. 기술에 부수되는 가장 유감스러운 부작용의 하나는 항상 시대의 기술 혁신과 함께 성장할 수 없거나 성장하기를 꺼려하는 노동자였고, 지금도 그렇다. 그렇지만 분명히 말하고자 한다. 훌륭한 교사의 가르침은 기술로 대체할 수 없다. 기술이 교실에서 효과적으로 할 수 있는 것은 단 하나, 훌륭한 교사의 가르침을 보완하는 일뿐이다. 지구상 최고의 기술도 훌륭한 교사가 할 수 있는 일을 따라가지 못한다. 우리가 심리학과 더불어 교육 기술에 대한 책을 쓰기로 한 데는 이유가 있다. 인간적 접촉이야말로 기술이 효력을 발휘하게 만드는 비결이기 때문이다. 교육 기술의 목표는 가르치는 게 아니라 교사가 더 효과적이고 효율적이도록 힘을 실어주는 것이다. 제아무리 세계에서 가장 잘 설계된 인공지능일지라도 훌륭한 교사가 지닌 한 가지, 바로 심장은 갖지 못할 것이다.

《오즈의 마법사》에 나오는 양철 나무꾼을 떠올려보라. 그의 이야기는 온통 인간의 심장을 구하는 이야기이지 않은가? 양철 나무꾼에게 무슨 일이 일어났던가? 양철 나무꾼의 조각들이 잘려나갈 때마다 그 역할에 맞는 다른 조각으로 대체하면 되었다. 기술에서는 이를 업그레이드라고 한다. 하지만 심장이 없는 양철 나무꾼은 결국 숲 속에서 부식되었다. 그 숲에서 도로시는 양철 나무꾼을 찾아냈다. 도로시는 따뜻한 심장을 가졌다. 양철 나무꾼은 다른 협력자들과 더불어 도로시와 함께 모험 길에 올라 큰 성공을 거둔다. 우리의 이야기에서, 양철 나무꾼은 기술이고 도로시는 교사다. 둘은 서로의 대체물이 아니라 서로를 보완한다. 둘이 함께일 때, 혼자서 할 수 있는 것보다 더 잘할 수 있다. 분명 기술이 교육과 학생들을 변화시킬 잠재력을 가지고 있지만, 그 잠재력을 끌어내는 것은 훌륭한 교사다.

아이패드로
무엇을 해야 할까

그 기술 이전에 태어난 사람들에게
기술은 단지 기술에 불과할 뿐이다.

- 앨런 케이

우리 집 아이들은 컴퓨터가 없던 세인트메리스초중학교에 다녔다. 그래서 나는 학교 지도자 가운데 한 사람인 니키 수녀와 함께 방법을 찾아서 애플II 컴퓨터 2대를 기증했다. 당시만 해도 컴퓨터가 흔치 않았기 때문에, 이 학교는 이 컴퓨터를 가지고 뭘 해야 할지를 몰랐다. 결국 교직원들은 벽장 하나를 깨끗이 치우고 거기에 애플II를 모셔놓고는, 학생들에게 자유시간에만 컴퓨터를 사용할 수 있다고 선언했다. 읽기 능력이 아주 떨어지는 한 학생이 이 컴퓨터에서 읽기 능력을 개선하는 데 도움이 되는 게임을 찾아냈다. 이 학생은 갑자기 읽기가 힘들게 느껴지지 않고 "눈을 떼지 못하게 하는 도전처럼 느껴졌다." 그는 나중에 이렇게 말했다. "비디오 게임처럼 말이죠." 이 학생은 여름방학이 시작될 때까지 게임을 하면서 자기 학년 수준의 읽기 능력에 도달했다.

세인트메리스중학교 2학년 학급이 졸업을 앞두고 학년 말에 기금을 모아 신입생들을 위해 애플II를 추가 구매했다. 하지만 이것이 곤란한 문제를 낳았다. 컴퓨터가 너무 많아져서 벽장에 넣을 공간이 없었던 것이다! 이 문제를 해결하기 위해 학교는 표준 교육 과정에 컴퓨터를 포함시키기로 결정했다. 당시 IBM에서 근무하던 한 학부모를 고용해 커리큘럼 개발을 맡겼다. 그 교육 과정이 시행된 직후에 니키 수녀가 내게 첫 시험지를 보여주었다. 그 학부모는 컴퓨터 설명서 1면을 그대로 베껴 몇몇 낱말만 지운 다음 학생들에게 빈칸을 채우게 했다. 재미있는 게임을 하며 혼자서 읽기 능력이 쑥쑥 향상된 학생과 같은 사례는 더 이상 나오지 않았다.

그 학부모는 벽장 문을 닫아버리고 애플II를 전통적인 학습을 위한 소도구로만 이용했다. 그 학부모는 인식하지 못했겠지만, 기술이 가져다주는 발견의 즐거움을 앗아가고 대신 학생들이 날이면 날마다 보는 똑같은 암기 수단으로 그것을 대체한 것이었다. 학생들이 애플II를 이용해서 탐색하던 때 누릴 수 있었던 이점이 이제 모두 사라져버리면서 학습은 타격을 입었다. 그 일을 지켜보면서 나는 소중한 교훈을 얻었다. 기술이 학습에 가져다줄 수 있는 믿을 수 없는 힘을 사람들이 항상 알아차리는 건 아니라는 교훈 말이다. 나는 언젠가 〈애플은 어떻게 학교로 가는 길을 잃었을까How Apple Lost Its Way to School〉라는 제목의 기사에서 이렇게 썼다. "만약 우리가 조심하지 않으면 교육기관들은 스티브 잡스의 정신의 자전거를 운동용 자전거로 바꿔놓을 것이다. 지루하기만 하고 우리를 아무데도 데려가지 않는 자전거 말이다."

벽장 속 애플II 이야기는 중요하다. 학교, 교실 또는 교과 과정에 기술을 추가하는 것 자체로는 별 도움이 되지 않으리란 점을 깨달아야 한다는 사실을 분명하게 보여주기 때문이다. 우리가 기술을 가지고 무엇을 해야 하는지는 우선 이용할 적절한 기술을 선택하는 일만큼이나 중요하다. 기술을 교실에 도입하는 세 가지 이유는 효율성을 높이기 위해, 효과를 높이기 위해, 그리고 학습 경험을 완전히 탈바꿈시키기 위해서다. 오늘날 기술은 주로 첫 번째, 두 번째와 관련된 문제를 해결하는 수단으로 이용된다. 하지만 나는 이것으로는 충분치 않다고 생각한다. 전통적인 학습 과정을 더 효율성 있게 만드는 '수단'으로만 기술에 의존한다면, 기술의 힘을 과소평가하는 것이다.

흔히 '기술은 도구일 뿐!'이라는 말을 듣는다. 기술, 특히 교육 기술(에듀테크)이 하나의 도구로 이용될 수 있다는 건 사실이지만, 이것만이 기술을 이용할 수 있는 또는 이용해야 하는 유일한 방법은 아니다. 진정 교육의 회로를 바꾸려면, 기술에 대한 기대치를 높여야 한다. 나는 1장에서 디지털 네이티브들은 기술을 그들이 살아가는 타고난 환경의 일부로 본다고 주장했다. 하지만 많은 교사와 부모는 아직 이를 이해하지 못하거나 받아들이지 못한다. 현재 기술이 교실에서 이용되는 가장 흔한 방식의 예를 들어보자. 데이터베이스 같은 백엔드back-end 소프트웨어, 전자 성적표, 무선 접속기, 인터넷 검색, 연습문제지 인쇄 등이다. 이런 것들은 기술이 효율성을 높이기 위해 이용되는 완벽한 예다. 기술 없이도 할 수 있는 것을 좀 더 빠르고 정확하게 해주는 대체물 역할을 한다. 이는 어느 정도는 유익할 수 있지만, 수박 겉핥기에 지나지 않는다.

교육사가이자 정책 분석가인 다이앤 래비치Diane Ravitch는 이렇게 말했다. "컴퓨터의 미덕은 구경꾼이 아닌 사용자를 요구한다는 점이다." 기술은 변화와 동기부여를 일으킬 잠재력을 가지고 있고, 이런 방식으로도 이용되어야 한다. 기술은 다른 어떤 것보다도 더 영감을 주고 동기부여를 해서 영향을 미치고 변화를 일으킬 수 있다. 교육 기술에 대한 기대치를 높이고, 그것이 실제로 무엇을 할 수 있는지 우리 앞에 펼쳐 보이게 만들어야 할 때다!

기술 도입의 주요 모델

기술을 교실에 성공적으로 결합하는 과정을 시작하려면, 적어도 지원을 위해 설계된 두 가지 틀을 아는 것이 유익하다. 교육 기술과 관련된 이런 틀이 많이 있지만, 나는 좀 더 인기 있는 두 가지만 다루려 한다. 연구 모델이 어쨌든 인기를 끌게 된 이유는 이해하기 쉽거나, 시행하기가 쉽거나, 그 둘 다이기 때문이다. 틀은 단지 틀일 뿐이고, 이후의 모든 단계가 그것을 따라야 한다는 뜻은 아님을 명심해야 한다. 그보다는 이런 틀에 대해 배운 다음에는 개별적 필요에 맞춰 이용할 것을 권한다. 나는 모든 학습 모델을 고정된 지시보다는 유연한 제안으로 대할 것을 권한다. 그렇더라도 이들은 여전히 알아둘 만한 가치가 있다. 규칙을 깨기 전에 그것을 익히려 노력해야 한다고 굳게 믿기 때문이다.

　기술 적응력이 높은 교사들이 기술을 교실에 받아들이려고 시도할 때 흔히 의지하는 첫 번째 인기 있는 모델은 'TCPK'로 알려져 있다.

이는 원래 유명한 교육 연구자인 리 슐먼Lee Schulman이 1980년대 중반에 만들었다. 시간이 지나면서 기술이 학교 안으로 들어옴에 따라, 이후의 연구자들이 이 모델을 기반으로 삼았다(그리고 그 글자를 일부 바꾸었다). 이제 이 모델은 때때로 'TPACK'라 불린다. 'A'는 'and'의 앞 글자다. 그렇기는 하지만 원래 이 준말은 기술Technology, 내용Content, 교수법Pedagogy, 지식Knowledge을 나타낸다. 이 네 가지 요소가 각각 제 역할을 할 때 교수와 학습이 가장 효과적으로 이루어진다고 주장하는 모델이다. 이 틀에서 '기술'은 가르치는 데 이용하는 물리적 자원을 말하고, '내용'은 이 기술의 도움을 받아 무엇을 가르쳐야 할지 아는 것을 말하며, '교수법'은 특정한 학습 목표에 도달하기 위해 기술을 이용하는 방법을 아는 것을 말한다. 그리고 '지식'은 교사가 이들 각 요소를 효과적으로 통합하는 데 필요한 전문지식과 기량을 말한다.

TCPK는 교육 현장에 사전 지식 없이 무분별하게 기술이 도입되고 있다고 느끼는 연구자들에게 내놓은 응답이었다. "기술을 교수법으로 사려 깊게 이용하려면 복합적이고 상황적인 형태의 지식을 개발할 필요가 있다. 우리는 이를 기술 교수법 내용 지식Technological Pedagogical Content Knowledge, TCPK이라 한다." 연구자인 푸냐 미슈라Punya Mishra와 매슈 쾰러Matthew Koehler는 이렇게 설명했다.[68] 다시 말해 TCPK 같은 틀을 이용하면, 교사는 기술과 관련한 퍼즐의 모든 조각을 통합해서 핵심 목표에 도움을 주는 방법을 제공받을 수 있다.

교실에서 기술이 하는 역할을 규정하는 데 도움이 되는, 두 번째로 인기 있는 모델은 SAMR이다. 이는 대체Substitution, 증대Augmentation, 수정Modification, 재정의Redefinition의 준말이다. 이 틀은 루벤 푸엔테두라Ruben Puentedura 박사가 2002년에 진행된 독특한 실험인 메인주 학습 계획Maine Learning Initiative의 자문위원이었을 때 발전시켰다. 그해에 메인주 주지사 앵거스 킹은 메인주의 모든 교사와 학생에게 아이북iBook과 노트북을 제공하도록 요청했다. SAMR은 TCPK처럼 교실에서의 적절한 기술 이용에 중점을 두기보다 네 단계에서 기술을 이용하는 방법에 주목한다.[69]

'대체' 단계에서, 기술은 전통적인 도구, 활동, 교수법의 직접적인 대체물에 지나지 않는 역할을 한다. '증대' 단계에서는 여전히 전통적인 방식의 대체물 역할을 하지만, 교사나 학습자를 위한 다른 이점을 추가함으로써 더 효율적으로 만든다. '수정' 단계에서는 교실과 교수법의 상당한 요소들이 특정한 기술의 목적에 가장 잘 맞게 수정되어 전통적인 방식으로는 이용할 수 없는 새로운 학습 기회를 제공한다. 이 수정 단계에서 교수법과 학습 과정이 효율적이기보다는 효과적이 되기 시작한다. 하지만 진정한 변화의 경험은 마지막 '재정의' 단계에서 일어난다. 이 단계에서는 학습 자체가 재정의된다. 우리 교육의 회로를 바꿔 디지털 네이티브의 요구에 부응할 수 있는 가장 큰 기회를 제공하는 것이 바로 이 마지막 단계다.

나는 애플의 기술이 다른 기술보다 더 낫다는 걸 알기 때문에, SAMR을 넓은 시야로 보기 위해 애플의 예를 이용하고자 한다. 우리가 책을 쓰고 싶은 학생이라고 해보자. 만약 손으로 쓰지 않고 노트북의 워드프로그램으로 책을 쓴다면, 이는 대체 단계에서 기술을 이용하는 예다. 그러다가 아이폰에 있는 사진 앱을 이용해 파노라마 사진을 찍어서 책에 넣는다면, 증대 단계에서 기술을 이용하는 예가 될 것이다. 아이북스오서를 이용해 다른 학생들과 공동작업해서 인터랙티브 북을 만들고 싶다면, 수정 단계에서 기술을 이용하는 것이다. 특히 이 기술 덕분에 우리가 하고 있는 일의 결과를 바꿀 수 있기 때문이다. 마지막으로, 만약 증강현실이 가진 힘을 활용해 3차원 홀로그램을 책의 주요 요소로 포함시키기로 결정한다면, 이는 SAMR의 재정의 단계에서 기술을 이용하는 사례가 될 것이다. 왜냐하면 이제 우리는 혁신적인 새로운 기술을 이용해서 무엇이 가능한지를 재정의하고 있기 때문이다.

이 틀들은 기술을 성공적으로 교실에 결합하기 위한 많은 선택지 가운데 단지 두 가지에 지나지 않는다. 나는 이 두 가지 틀과 다른 것들을 더 깊이 파고들어서 그중 가장 잘 맞는 것으로 실험한 다음 필요에 따라 적용하기를 권한다. 기술 적응력이 뛰어난 교사들은 이런 과정을 거친다.

최고의 교육자들, ADE 커뮤니티

애플 우수 교육자Apple Distinguished Educators, ADE 프로그램[70] 은 1994년 스티브 잡스가 혁신적이고 흥미진진한 방식으로 기술을 학습 과정에 결합하는 교사들을 조명하기 위해 만들었다. 현재 팀 쿡이 그런 것처럼, 스티브 잡스는 교육에 대단히 열정을 보였다. 이 두 사람은 말보다 실적을 믿는다. 이것이 ADE 프로그램이 개발되고 유지되는 이유다. 이는 전 세계 교사들에게 무엇이 가능한지 보여주는 한 가지 방법이다. 우리는 교사들이 다르게 생각하도록 자극하고 독려하고 싶다.

ADE 프로그램이 다른 교사 인정 프로그램과 구별되는 점은, 이것이 데이비드 손버그의 표현대로 사실상 '물웅덩이' 역할을 하도록 계획되었다는 것이다. 우리는 세계 최고의 교사들이 브레인스토밍, 아이디어 공유, 가르치는 방식을 개선하기 위한 협력 등의 방법으로 그들끼리 이야기를 나누기를 바랐다. 작은 토론회로 시작한 것이 지금은 'ADE 커뮤니티'로 성장했다. 이 활기찬 온라인(과 오프라인) 단체에 함께하는 전 세계 교사들은 적극적으로 공유하고 비교하면서 최고의 모범 사례를 늘려가고 있다.

ADE들 역시 자신의 노력을 다른 교사, 행정가, 정책 입안자를 포함해 더 폭넓은 교육계와 공유하고자 노력하고 있다. 이들은 애플이 높이 평가하는 조언자들이다. 이들은 애플의 제품과 서비스가 교사들에게 필요하고 원하는 것이 되게 하는 책임을 맡고 있다.

현재 놀라운 일을 하고 있는 ADE가 전 세계에서 2000명이 넘는다. 이들의 이야기를 모으면 거뜬히 한 권의 책이 될 것이다. 나는 이 프로그램을 완수할 수 있었던 일을 매우 자랑스럽게 여긴다. 무엇보다도 이런 교사들에게 기술을 성공적으로 잘 이용하는 방법(때로는 기술을 더 잘 이용하기 위해 고심하는 방법)을 공유하는 길을 열어줄 수 있기 때문에, 나는 애플의 웹사이트를 방문할 것을 권한다. 거기서 ADE들의 프로필을 확인하고, 그들의 이야기를 읽고, 그중 누군가에게 연락해서 조언을 구할 수도 있다. 나는 ADE 프로그램과 그에 속한 모든 교사가 교육의 회로를 바꾼다는 것이 의미하는 바를 완벽하게 보여주는 본보기라고 본다.

아이들 손에 아이패드를 쥐어줄 것인가

교사나 학교가 새로운 기술, 특히 아이패드나 맥북의 교실 도입을 고려할 때 내가 많이 받는 질문이 있다. "아이들이 그걸 집으로 가져가도 될까요?" 이 말에는 이런 걱정이 들어 있다. "아이들이 잃어버리거나 도둑맞거나 망가뜨리진 않을까요? 아이들이 그걸 두고 다니면 어쩌죠? 그걸로 이상한 사이트에 접속하면 어쩌죠?"

이는 모두 타당한 걱정이지만, 나의 대답은 한결같다. "그건 하기 나름입니다." 모든 학교와 교실이 다르고 다양한 아이들과 문화가 있다. 이런 걱정 가운데 일부는 유해 사이트 차단 소프트웨어, 보호 케이스, '나의 아이폰 찾기' 같은 내장된 보안 프로그램 등의 기술을 이용해서 해결할 수 있다. 하지만 결국 문제는 우리가 학생들을 얼마나 신뢰하는가이다. 내가 말할 수 있는 건, 내가 아는 한 학생들에게 기기를 매일 집으로 가져가도록 한 교사 가운데 그 누구도 그 결정을 후회하지 않았다는 것이다.

수년 전 화학 교사인 압둘 코핸Abdul Cohan은 영국 볼턴에 있는 에서

아카데미Essa Academy에서 교장직을 제의받았을 때 큰 모험을 했다. 코핸은 그게 쉽지 않은 일이라는 걸 알았다. 학생들은 주로 극빈 가정의 아이들이었고 80퍼센트 이상이 영어를 제2언어로 썼으며, 놀랍게도 이 아이들이 모국어로 사용하는 언어는 무려 스물여섯 가지였다. 코핸이 학교에 도착했을 때, 각 교실의 오디오/비디오 카트에는 구식 노트북이 놓여 있었다. 이는 사실상 더운 날 열어놓은 교실 문을 받치는 용도로 쓰이고 있을 뿐이었다. 어느 날 압둘은 부모들이 대화 중에 아이들이 서로 이야기를 나누고, 게임을 하고, 심지어 숙제를 하기 위해 무언가를 검색하면서 휴대전화를 붙들고 있는 시간이 얼마나 긴지 놀라워하며 비교하는 이야기를 들었다. 이때 압둘은 아이들이 그렇게 기술에 능숙하다면, 어쩌면 기술을 이용해 학습을 개선하도록 돕는 방법이 있을지 모른다는 생각이 문득 들었다.

압둘은 오래된 노트북을 업데이트하는 대신, 학생 각자에게 아이팟을, 그리고 나중에는 아이패드를 사주기 위한 기금을 모았다. 한 지역 신문은 압둘이 학생들에게 태블릿을 매일 집에 가져가게 할 거라는 말을 듣고, 그런 발상을 비웃으며 아이들이 기기를 팔아 용돈으로 쓸 거라고 경고했다. 하지만 그런 일은 일어나지 않았다. 오히려 학생들은 자기 물건보다 태블릿을 더 소중히 다루었다.

태블릿의 유용성과 기술 기반 학습에 대해 교육을 받은 후, 학생들에게 각자 태블릿이 주어졌다. 압둘이 문득 당시를 떠올렸다. "학교 상황이 나아지기 시작했죠." 물론 하룻밤 사이에 그런 건 아니었다. 교사들은 '엇갈린 반응'을 보였다. 압둘은 이렇게 말했다. "어떤 교사는 바로 뛰어들었고, 어떤 교사는 아주 회의적이었죠. 우리는 그 이점을 이해한 사람들의 수가 임계점에 이르게 하는 데 노력을 기울였어요."

변화는 점진적으로 일어났다. 마침내 한 신문은 이를 두고 '학교 학습 방식의 대대적인 개혁'이라고 말했다. 현재 이 학교를 방문하는 교육자들은 아이들이 기술을 이용하는 방식보다는 학습에 참여하는 정도에 더 깊은 인상을 받는다. 그리고 이런 변화는 학생만이 아니라 교직원에게도 나타난다. 이 학교 교사들이 만든 강의 및 교재 계획은 13개 나라에서 다운로드되었다. 압둘은 이런 '국제적 입지'가 교사와 학생들에게 '강한 자긍심'을 준다고 했다.

그는 이렇게 말했다. "우린 교육에서 잘못된 걸 정말로 잘하는 데 아주 능숙하죠." 하지만 에서아카데미에는 이 말이 적용되지 않는 게 분명하다. 압둘이 처음 왔을 때 학생 70퍼센트 이상이 낙제할 정도로 학업 성취도가 아주 형편없었고, 학교는 폐교 직전이었다. 현재 매년 말 치러지는 국가시험에서, 이 학교의 모든 학생들이 영국의 학습 목표 성취 기준인 5개 '등급을 통과'하고 있다. 게다가 이 학교는 '교육 기술의 세계적 리더'로 언급된다. 더 중요하게는, 단단히 결심한 부모, 교사, 학교 행정가가 기꺼이 '항상 그래왔던 방식'을 버리고 '그들이 했고, 우리도 할 수 있는 방식'으로 대체할 때 무엇이 가능한지에 대한 설득력 있는 증거를 제시한다.[71]

압둘의 이야기가 시사하는 마지막 하나는, 그가 내린 결정에 대해 대중매체가 보인 반발 및 조롱과 관련이 있다. 만약 혁신을, 또는 일을 다르게 하기를 원하면, 항상 반발에 맞닥뜨리게 될 것이다. 따라서 이런 반발에도 밀어붙일 준비가 되어 있어야 한다. 혁신을 좋아하지 않는 사람이 많다. 결국 혁신은 전통의 반대이고, 전통을 더 소중히 여기는 사람이 많다. 따라서 교실을 혁신하는 기술을 도입하는 방식을 살펴보기 전에, 그 과정에서 듣게 될 가능성이 높은 비판을 잠시 다룰 필요가 있다.

베이징 실험

2016년 말 학생의 잠재력에 관한 연구조사가 중국 베이징에서 실시되었다. 잠재력 평가를 목표로 하는 다른 실험과 달리, 이 연구조사는 가상현실 헤드셋을 이용해 실시되어, 모든 학습이 3D 세계의 교과 과정 안에서 일어났다. 가상현실 집단과 통제집단 모두가 동일한 표본의 학생들(평균 이하, 평균, 평균 이상)과 같은 교사로 이루어졌다. 연구자들은 이런 환경에서의 학습이 학생의 학습 잠재력과 성과를 높인다는 것을 증명하고 싶었다. 하지만 실제로 나타난 결과는 예상을 훨씬 뛰어넘었다. 연구자들은 이 연구를 설명하는 논문에서, 사전事前 시험에서 평균 이하의 점수를 받았던 실험 대상군 학생들이 최고 점수를 받은 아이들을 시험 점수, 학습 이해, 지식 유지 정도에서 능가했다는 점에 주목했다. 가상현실 모의실험을 한 아이들과 하지 않은 아이들의 평균 점수는 93퍼센트 대 73퍼센트였다.[72] "가상현실은 아이들이 멀티모달multi-modal 모델을 이용해서 새로운 개념을 학습할 수 있게 함으로써 아이들의 잠재력을 끌어낸다." 한 연구자는 이렇게 말했다. "이것은 뇌가 새로운 개념을 가장 자연스러운 방식으로 이해할수 있게 한다."

일주일 후 학습 내용을 어느 정도 유지하는지 확인하기 위해 다시시험을 치렀을 때, 가상현실 집단은 평균 90퍼센트였고 통제집단은68퍼센트로 떨어져 그 격차가 더욱 벌어졌다. "잠재력이 현실화된극적인 변화는 단 한 가지 요인을 변화시킴으로써 일어났다." 그 연구자는 이렇게 말했다. 이런 결과가 더욱 흥미로운 것은, 1년 전까지도 전 세계 뉴스들이 다른 이야기를 했기 때문이다. "컴퓨터는 교육결과를 개선시키지 않는다!" BBC 방송의 헤드라인은 이렇게 장담했다.[73] "학교에서 컴퓨터를 자주 이용하는 학생들은 대개 시험 점수가낮다!"《U. S. 뉴스앤드월드리포트》의 기사는 이렇게 선언했다.[74] 그렇다면 이게 어떻게 된 일일까? 어째서 어떤 연구는 기술이 학생들의 잠재력과 성과를 높이는 수단이라고 주장하는 반면, 다른 연구는기술이 잠재력과 성과를 낮추는 요인이라는 딱지를 붙일 수 있는 걸까? 기술이 도움이 되는 걸까, 안 되는 걸까? 이 퍼즐을 해결하는 데도움이 되도록, 몇 가지 가장 중요한 조각들을 살펴보도록 하자.

어떻게 이용하느냐가 중요하다

첫째로, 대부분의 기사들이 2009년에서 2012년 사이에 실시된 연구조사를 바탕으로 최근에 보고된 자료를 근거로 삼았다. 이 연구는

PISAProgramme for International Student Assessment(국제 학업 성취도 평가)라고 하는 널리 표준화된 시험을 관리하는 책임을 맡고 있는 OECD(경제협력개발기구)에 의해 실시되었다. PISA는 수십 개 나라의 15세 아이들이 치르는 읽기, 수학, 과학 시험인데, 그다지 신뢰할 만하지는 않다.[75] 오히려 이 '연구'는 시험을 치르는 아이들이 학교에서 기술을 이용한 학습 시간에 대해 자기보고를 한 여론조사였다. OECD는 이 여론조사 결과를, 각 아이가 PISA 시험에서 받은 점수와 비교했다. 이 비교는 아이들이 학교에서 컴퓨터를 이용한 시간의 양과 PISA 점수 사이의 상관관계를 보여주었다. 분명 컴퓨터를 많이 이용할수록 점수는 더 낮았다. 일부 미디어는 이 결과를 두고 기술이 납세자의 세금을 낭비하고 있으며 교육의 관점에서 컴퓨터가 가진 유일한 잠재력은 아이들을 해칠 잠재력이라는 식의 기사들을 썼다. 하지만 이 연구를 더 깊이 파고들면 다른 이야기를 암시하고 있다. 즉 교육에서의 기술 이용에 관한 실험에 문제가 있다는 것이다.

우선 기술은 빠르게 변화한다. 2015년에 혁신적인 많은 기술이 2009년경에는 없었고, 하물며 현재 기준으로 혁신적이라 여겨지는 기술은 더 말할 것도 없다. OECD 조사가 이루어지던 시기에 우리는 주로 웹을 검색하고 사진을 보고 이메일을 보내는 데 컴퓨터를 이용했다. 하지만 당시 아이들이 정적인 웹사이트를 가지고 할 수 있는 일과, 2016년 베이징 연구에서 이용한 가상현실과 같은 역동적이고 상호작용적인 기술로 접근할 수 있고 이룰 수 있는 일을 비교하는 것은 적절치 않다.

OECD 연구의 두 번째 문제는, 연구자들이 학생이 기술을 가지고 실제로 하는 것(바로 이 장 시작 부분에서 이야기한 것)보다는 기술이 이용되고 있는지에 중점을 두고 있다는 점이다. 다시 한번 다른 모든 기술과 마찬가지로, 무엇을 이용하느냐 못지않게 어떻게 이용하느냐가 중요하다. 예를 들어 처방약을 생각해보자. 약은 '지시받은 대로' 사용할 때 안전하고 효과적이다. 따라서 그 지시를 무시하고도 효과가 있기를 기대할 수는 없다. 기술은 지시된 대로, 다시 말해 학생들의 마음을 사로잡고 동기를 부여하는 수단으로 이용될 때 학습과 창의성에 엄청난 도움을 줄 수 있다.

마지막으로, OECD 연구는 제한적인 평가 방식(표준 시험의 점수)을 이용하므로, 다른 성공의 기준을 은폐할 수 있다. 학습에 관한 대부분의 연구가 오로지 시험 성적에만 의존한다. 그래서 기술이 이용되어 학생의 시험 성적이 오르면 그 기술은 좋은 것임에 틀림없고, 점수가 내려가거나 변화가 없으면 근본적으로 쓸모없는 것이 되어버린다.[76] 그에 반해 베이징 연구는 이해력 이상의 것을 검토한다. 나중에 같은 학생들에게 다시 시험을 치르게 해서 개념의 보유 정도와 개념의 학습으로 이어진 비판적 사고 과정을 평가했을 때, 극적인 결과가 나왔다. 점점 더 분명해지고 있는 사실은 이런 국제적인 시험이 학생의 성공을 제대로 평가하지 못한다는 점이다.

TCPK이건 SAMR이건 또는 심지어 스스로 개발할 학습 틀이건, 교실(또는 가정)에서 기술을 결합하기 위한 출발점으로 이용하는 모델이 무엇이건, 그것이 가진 잠재력을 최대한 발휘하도록 이용해야 한다. 베이징 실험의 결과는 교육 기술이 학생들에게 영감을 불어넣고, 동기를 부여하고, 학생들의 마음을 사로잡아 변화시키는 방법으로 이용될 때 비로소 무슨 일이 일어날 수 있는지 보여준다.

14장

REWIRING EDUCATION

.
.

AI부터 VR까지,
학습 경험을
탈바꿈시키는 도구

모든 책, 학습 자료, 평가는
디지털 방식인 데다 상호작용적이어야 하고
각 학생에게 맞춤형으로,
그리고 실시간으로 피드백을 제공해야 한다.

- 스티브 잡스

기술이 계속 발전함에 따라 교육도 그와 더불어 발전하기 위해 준비해야 한다. 우리는 기술이 무엇을 할 수 있는지에 대한 기대치를 지속적으로 높여가야 한다. 기술은 우리가 허용하고 있는 것보다 훨씬 더 많은 일을 할 수 있다. 이를 변화시키려면, 기술이 우리에게 불리하게 작용한다는 생각을 멈춰야 한다. 기술이 우리를 위해 일하도록 만들어야 한다. 이는 단지 교사와 부모로서 우리의 삶을 더 수월하게 만든다는 뜻만이 아니라, 학습 경험을 완전히 탈바꿈시킬 수 있다는 뜻이기도 하다. 교육의 회로를 새로 바꾸려면 어떤 기술을 이용하느냐 못지않게 특정한 기술을 어떻게 이용하느냐가 중요하다.

　예를 들어 아이패드 자체는 그다지 혁신적이지 않을지 모르지만, 이를 특정한 방식으로 이용하면 학생들에게 동기를 부여하고, 학생들의 마음을 사로잡아, 창의성을 발현하고 학습을 증대시키는 효과를 거둘 수 있다. 그렇다면 어떤 혁신적인 기술이 교육의 회로를 바꾸는 데 가장 큰 잠재력을 가지고 있을까? 가장 유망한 기술을 몇 가지 소개한다.

인공지능

흔히 AI artificial intelligence 라고 하는 인공지능은 다른 기술에 대한 사용자 경험을 개별화할 수 있기에, 가장 중요한 기술 가운데 하나다. 개인맞춤이 효과적인 학습의 핵심이므로, AI를 간단히 살펴보면서 교육에 변화를 불러오는 기술을 검토하는 것이 타당하다.

인공지능은 문제해결, 의사결정, 복잡한 음성 번역 및 시각자료 번역 등 인간의 지능으로만 가능하다고 여겨지던 일을 수행할 수 있는 컴퓨터 소프트웨어다. 요컨대 AI는 사람처럼 생각할 수 있는 컴퓨터다. 기계 학습 분야에서 이루어진 발전 덕분에, 이제 AI는 이른바 빅데이터를 분석하는 능력을 가지고 있고, 그 데이터에서 찾아낸 패턴을 학습한 다음 이 새로운 정보에 기초해서 사물에 대해 생각하는 방식을 조정한다. 이 모든 일을 인간의 개입 없이 한다.

무한한 잠재력을 가진 기술이 있다면, 그것은 AI다. 컴퓨터가 스스로 학습하고 생각하고 적응하기 시작하면 그 가능성의 상한선은 없을 것이기 때문이다. 마크 저커버그 같은 기술산업의 많은 유명 인사들은 AI가 제공하는 가능성에 대해 열광하는 반면, 일런 머스크 같은 사람들은 AI가 무슨 일을 할 수 있을지 두려워하면서, 그것이 엄청나게 강력해져 인류에 가장 큰 위협이 될 수 있다고 경고한다. 2001년에 나온 공상과학 영화 〈A. I.〉와 2004년에 나온 윌 스미스 주연의 〈아이, 로봇I, Robot〉이 인공지능의 미래를 암울하게 물들이는 데 크게 기여했다. 하지만 현재로서는 어쨌든 교육 기술을 놀라운 방식으로 활성화하는 데 인공지능이 도움이 되고 있다. 인공지능이 어떻게 작동하는지 파고들기보다, 인공지능이 가능하게 하는 다른 혁신적인 기술을 살펴보면서 인공지능을 설명하는 것이 더 유익하리라 생각한다.

적응형 학습

적응형 학습adaptive learning은 인공지능을 이용해서 자동적으로 그리고 실시간으로 사용자(즉 학습자)의 대답과 행동을 분석해, 가르치는 내용의 난이도를 조절하는 소프트웨어다. 적응형 학습은 학생들이 현 단계의 수업을 완전히 이해하지 못했는데도 더 어려운 수업으로 넘어가는 것을 막아준다는 이점이 있다. 이는 수학이나 과학처럼 이전 단계의 학습 내용을 정확히 이해해야 이어나갈 수 있는 교과 영역에 특히 유용하다. 예를 들어 학생이 지수나 분수를 확실히 이해하고 있지 않으면 지수와 분수가 포함된 수학 연산의 우선순위 단원에서 정확한 답을 얻기란 거의 불가능하다.

연습문제지나 심지어 컴퓨터를 이용하더라도 전통적인 수업 방식을 고수한다면 이 학생은 모든 문제를 틀릴 수밖에 없다. 하지만 이는 이 학생의 교사나 부모인 우리에게 도움이 되지 않는다. 틀리는 이유가 무엇인지, 더 구체적으로 말하자면 어디에 문제가 있는지를 알 수가 없기 때문이다. 이 학생이 연산의 우선순위 개념을 이해하지 못하기 때문일까, 아니면 분수나 지수나 다른 어떤 것을 이해하는 데 애를 먹기 때문일까?

물론 좋은 교사라면 학생에게 풀이 과정을 보여달라고 해서 차근차근 살펴보고 문제가 있는 부분을 찾아낼 수도 있다. 하지만 그런 다음에는? 보통 이 시점에서 수업은 다음 단원으로 넘어가고 이 학생은 이미 뒤처지게 된다. 이런 학생이 이 학급에서 20명이 넘을 가능성이 크다. 이 학생들 각자가 이런저런 영역에서 뒤처져서, 교사는 복잡하고도 아주 커다란 퍼즐을 (게다가 빠르게) 해결해야 한다.

기적적으로 이 교사가 스무 가지 이상의 문제가 되는 부분을 정확히 찾아내더라도, 다시 '그런 다음에는?' 이렇게 학습 차별화는 어렵고, 여기서 적응형 학습 소프트웨어가 빛을 발한다. 이런 상황에서 적응형 학습 소프트웨어를 이용하면, 20명이 넘는 학생 각각에게 특별히 문제가 되는 부분을 알아내는 것과 같은 '고단하고 지루한 일'들을 몇 초 만에 해낼 수 있다. 그 덕분에 교사는 귀중한 시간과 에너지를 아껴서 가르치는 데 더 잘 이용할 수 있을 것이다.

적응형 학습 소프트웨어는 학생들이 자신의 속도로 공부하게 한다. 그러면 학생들이 주어진 기간 안에 무언가를 이해해야 한다는 압박감을 덜 수 있다. 학습에 관해 이야기한 5장의 내용을 떠올려보면, 이는 우리가 맞닥뜨리는 가장 큰 문제 중 하나다. 학생들은 그냥 무언가를 배울 수 있을 뿐이고, 반드시 같은 방식으로, 동일한 기간 안에 배울 수는 없다.

적응형 학습은 학생마다 배우는 부분과 시기가 다르기 때문에, 사실상 부정행위를 없애고 점수, 레벨, 배지 같은 내장된 게임화 기기를 통해 학생의 자신감을 높여주는 것으로 드러났다. 아직은 모든 학생들을 위한 진정한 개인맞춤 학습을 하지 못하지만, 적응형 학습 기술이 결국 그것을 가능하게 하리라고 확신한다.

지능형 비서

인공지능으로 가능해진 또 다른 혁신 기술은 애플의 시리, 아마존의 알렉사Alexa, 마이크로소프트의 코타나Cortana 같은 지능형 개인 비서다. 음성 인식 기계장치와 컴퓨터는 자연어● 사용자 인터페이스를 이용해서 사람이 하는 말을 인식한다. 하지만 이것이 전사 소프트웨어●●처럼 동일한 일을 하는 다른 것들과 차별화되는 이유는 이들 프로그램이 인간의 말을 인식한 후에 일어나는 일 때문이다. 지능형 비서를 작동시키는 인공지능은 우리가 말하는 것을 인식할뿐더러 우리가 실제로 무슨 정보를 원하는지를 인식해서 몇 초 안에 가져다준다. 예전에는 궁금한 게 생기면 무엇을 해야 했는지 기억하는가? 우리는 컴퓨터나 스마트폰에서 브라우저를 열어 원하는 질문을 글자로 입력해서 검색 결과를 훑어본 다음, 그중 가장 적절해 보이는 답을 읽었다. 그렇다, 이것이 여전히 답을 찾는 가장 흔한 방식이지만, 지능형 개인 비서가 아주 '똑똑'해지고 인기를 얻으면서 달라지고 있다.

● natural-language. 컴퓨터에서 사용하는 기계어와 구분하기 위해 인간이 일상생활에서 사용하는 언어를 이르는 말.

●● transcription software. 말을 글로 옮기는 소프트웨어.

이런 기술을 이용해 말로써 (작은 상자 형태이거나 모바일 기기 형태인) '비서'에게 질문을 하면 거의 즉시 답을 얻을 수 있다. 예를 들어 밤하늘을 관찰하는, 우주에 관심이 많은 학생을 상상해보자. 이 학생은 밤하늘에 보이는 것들에 대해 궁금한 게 무척 많지만, 관찰을 중단하고 스마트폰을 다급히 꺼내 답을 찾아보지는 않는다. 대신에 이 학생이 시리가 지원되는 스마트워치를 착용하고 있다면 계속 하늘을 올려다보면서 시리를 불러낼 수 있다. 그러면 스마트워치는 곧 있을 질문이나 지시에 답할 준비를 한다.

"지구에서 달까지의 거리는 얼마야?" 아이가 묻는다. 몇 초 안에 시리는 대답한다. "지구에서 달까지의 거리는 약 38만 1814킬로미터입니다." 시리를 작동시키는 인공지능은 아이의 질문을 듣고 음성을 컴퓨터 언어로 번역해서 아이가 원하는 것을 이해하고는, 인터넷을 검색해서 답을 찾아낸 다음 그 답을 표현하는 데 가장 적절한 방법을 알아내서 음성으로 그 답을 내놓는다. 이 모든 일을 하는 데는 단 몇 초밖에 걸리지 않는다! 그러면 아이는 자유로이 질문을 이어가고, 그 답을 가지고 무언가를 실행하라고(즉 그 답을 메모하라거나 저장하라거나 이메일로 보내라거나 등) 말하거나 완전히 새로운 질문으로 옮겨간다. 지능형 개인 비서는 우리가 어디를 가든 따라다니며 조용히 질문을 기다리는 만물박사와 같다.

이렇게 언제든 즉각 정보에 접근할 수 있기 때문에, 암기하는 것은 거의 쓸모가 없어지고 있다. 학생이 단기기억 공간을 비판적 사고에 더 잘 사용할 수 있는데도 몇 초 안에 답을 얻을 수 있는 사실을 담아

두느라 이 한정된 기억 공간을 낭비하는 게 과연 바람직한 일일까? 지능형 비서는 정보 검색의 미래가 아니다. 그것은 이미 여기서 우리의 다음 질문을 조용히 기다리고 있다.

사물 인터넷

사물 인터넷Internet of Things, IoT은 옷, 가전제품, 자동차, 가구, 기구 같은 일상 물품과 다른 거의 모든 것들에 내장된 집적회로, 전자장치, 감지기, 소프트웨어 같은 기술을 말한다. 사물 인터넷은 대개 와이파이를 통해 직접 인터넷에, 또는 블루투스를 통해 다른 장치에 연결된다. 말하자면 지능형 개인 비서는 기기를 통해 내용 정보를 제공하는 반면, 사물 인터넷은 물품의 소유자와 지능적으로 직접 소통하는 맥락에 따른 정보를 제공한다고 볼 수 있겠다.

그렇다면 사물 인터넷을 활용한 교육 경험은 어떤 것일 수 있을까? 우선, 학생증이나 몸에 착용할 수 있는 스마트기기에 내장된 무선 인식radio-frequency identification, RFID 기술을 이용할 수 있다. 이를 통해 교사는 출석을 부르느라 시간을 허비하는 일 없이 쉽게 출석을 파악할 수 있고, 부모는 아이가 학교에 가 있는지 알 수 있다.

학생은 역사책을 읽으면서 디지털 형광펜(이미 나와 있다)을 이용할 수 있다. 디지털 형광펜이 이 학생이 표시하는 텍스트를 학생의 스마트폰 앱에 무선으로 전송해서, 텍스트를 편집하고 검색할 수 있게 만들어 클라우드에 저장한다. 여기에 학생은 언제 어디서든 접근할 수 있다. 또 학생이 수업에 참여하는 동안 인지 능력을 추적 관찰할 수 있는 뇌파EEG 감지기가 내장되어 있고 사물 인터넷이 가능한 머리띠(역시 이미 나와 있다)를 착용해, 어떤 활동이 참여를 높이고 어떤 활동이 그렇지 않은지 교사에게 실시간으로 피드백을 제공함으로써 교사는 각 학생이 선호하는 학습 유형을 파악할 수도 있다.

가장 중요하게는 사물 인터넷이 가능한 기기로 제공되는 실시간 정보 덕분에, 교사는 학생들의 동기부여를 위한 콘텐츠 유형을 더 쉽게 개인맞춤할 수 있을 뿐만 아니라 내용을 전달하는 최선의 방법 또한 개인맞춤할 수가 있다. 그러면 교사는 어느 학생이 가장 도움이 필요한지 곧바로 알아내어 학생이 도움을 요청(많은 학생들이 어려워하는 일일 수 있다)하기 전에 먼저 다가갈 수 있다. 2016년 사물 인터넷에 연결된 기기가 이미 170억 개가 넘었고, 2020년에는 300억 개가 넘을 것으로 보인다.[77] 몇 년 전만 해도 사물 인터넷이란 게 없었다는 점을 고려하면, 사물 인터넷이 전 세계 학교에서 대세가 되는 건 시간문제일 뿐이다.

모바일 기술

모바일 기술 이상으로 우리의 일상생활을 바꿔놓은 현대 기술은 많지 않다. 이 점에서 모바일 기술은 개인용 컴퓨터의 탄생 및 인터넷의 출현과 1, 2등을 다툰다. 초기의 휴대정보단말기PDA부터 휴대전화, 스마트폰, 태블릿, 그리고 이제 웨어러블 기기까지, 모바일 기술과 그것을 구동하는 앱의 발전은 그야말로 기적이나 다름없다. 스마트폰, 태블릿, 웨어러블 기기는 데스크톱 컴퓨터와 휴대용 컴퓨터를 빠르게 대체하고 있다. 크기가 작고 휴대하기가 간편해 어디를 가든 가지고 다닐 수 있다. 그래서 항상 온라인 상태이기 때문에, 언제든 원하면 인터넷의 힘을 활용할 수 있다.

특히 교육 분야에서 모바일 기술이 빛나는 건, 이것이 텔레비전이나 라디오처럼 일차원적인 장치가 아니라는 점이다. 모바일 기술은 플랫폼이다. 플랫폼 시스템은 사용자가 생성한 다양한 콘텐츠와 서비스를 관리하기 위해 만들어졌다. 매킨토시가 맥OS 운영체제로, 개인용 컴퓨터가 마이크로소프트 윈도로 실행되듯이, 스마트폰, 태블릿, 웨어러블 기기는 애플의 iOS와 구글의 안드로이드 같은 소프트웨어 플랫폼으로 실행된다.

하지만 모바일 기기 플랫폼은 예전의 플로피 디스크, SD 카드, 시디롬에서 볼 수 있는 전통적인 소프트웨어를 사용하기보다, 거대한 디지털 생태계 내 (주로 제3자가 만든) '앱'으로 가동된다. 아이폰이 출시된 직후에 나온 TV 광고는 해결해야 할 문제를 언급하며 이렇게 말했다. "이 문제를 해결할 앱이 있어요!" 현재 애플과 구글의 앱스토어에는 합쳐서 200만 개가 넘는 앱이 있고 매일 100개 이상의 앱이 추가되고 있다. 그래서 만약 문제가 있다면, 그 문제를 해결할 앱도 있을 가능성이 아주 크다! 나는 디지털 플랫폼과 생태계가 앞으로도 계속해서 모바일 기술의 미래가 되리라고 본다. 앞으로 20년 후에는 이것이 어떤 형태로 나타날지는 아직 두고 봐야 하겠지만 말이다.

그렇다면 우리가 스마트폰을 꺼내 앱을 작동시킬 때 접근하게 되는 것은 정확히 무엇일까? 우리는 점점 더 많은 무료 콘텐츠에 접근하고 있다. 이미 대부분의 콘텐츠가 무료이고, 결국 거의 모든 콘텐츠를 누구나 무료로 이용할 수 있게 되리라고 본다. 이런 변화가 이미 학습을 붕괴시키고 있고, 정규 교육에도 점점 똑같은 일이 일어나고 있다. 학생들은 어디서든 칸아카데미와 아이튠스유 같은 서비스를 통해 매일 공짜로 고급 콘텐츠에 접근한다. 미 전역의 학교들이 모든 학생들의 계정을 줄지어 등록하고 있다. 디지털 네이티브들이 나이가 들어가고 (스위프트플레이그라운드와 X코드 같은 앱 덕분에) 앱을 설계하고 만들기가 엄청나게 쉬워지고 있는 지금, 사용자가 생성하는 콘텐츠가 계속해서 전례 없는 수준으로 늘어날 것이다.

특히 태블릿을 통한 모바일 접속 이용 가능성이 커지고 가격도 적절해지면서 웹2.0˙ 사이트와 위키피디아나 레딧 같은 서비스가 활성화되었다. 이들은 사람들이 온라인에서 함께 협력해서 문서를 편집하거나 문제를 해결하는 크라우드소싱, 사람들이 함께 프로젝트를 계획하고 만들어내는 공동창작 같은 형태로 가동되고 있다. 애플의 아이워크와 구글독스 같은 무료 소프트웨어를 이용한 공동편집과, 페이스북이나 트위터 같은 SNS를 통한 공유가 폭발적인 인기를 얻고 있다.

또한 차량 공유 스타트업 기업인 우버Uber와 주택 공유 스타트업

˙ 웹2.0이란 개방적인 웹 환경을 기반으로 네티즌이 자유롭게 참여하여 스스로 제작한 콘텐츠를 생산, 재창조, 공유하게 한다는 개념이다.

기업인 에어비앤비Airbnb 같은 혁신적인 조직이 주도해 '공유경제'라고 하는 완전히 새로운 유형의 경제가 출현하면서, 공동협력하는 현상이 온라인을 넘어 확대되고 있다. 모바일 기술로 가능해진 공유경제가 세계를 휩쓸고 있다. 우리가 사는 세상이 가끔은 더 분열되는 것처럼 보이지만, 모바일 기술과 이로부터 생겨난 공유경제가 우리를 다시 결속시키는 데 큰 역할을 하고 있다.

3D 프린터

학습을 완전히 탈바꿈시키는 잠재력을 가진 교육 기술 가운데 가장 흥미진진한 하나는 3D 프린터 기술이다. 일반 프린터보다 그다지 크지 않은 프린터로, 학생들은 디지털 파일을 3차원 물건으로 바꿀 수 있다. 내가 보기에, 이것이 진정 게임의 규칙을 바꿔놓아, 학생들이 거의 무엇이든 실물을 인쇄할 수 있게 해줄 것이다. 3D 프린터는 다양한 재료를 사용해서 작은 모형 조각상부터 실제로 들어가 살 수 있는 집까지 무엇이든 만들 수 있다. 의학 분야에서 3D 프린터는 인간의 장기를 만드는 데 이용되기도 한다. 과학자들은 3D 프린터 덕분에 언젠가 장기 기증이 필요 없어질 거라고 생각한다.

직접 해보는 학습과 분명한 관련성이 있기 때문에, 나는 3D 프린터가 최첨단 기술 가운데 하나라고 본다. 얼마 전 한 과학 학교가 메이커 공간을 3D 프린터 실험실의 형태로 매우 적절하게 이용하는 것을 보았다. 부피에 대해 배울 때, 고학년 학생들이 더 어린 학생들을 데리고 실험실로 갔다. 학생들은 실험실에서 각자 자기 이름의 첫 글자 모양의 그릇을 3D 프린터로 출력한 다음 누구의 글자에 담긴 부피가 가장 큰지 비교했다. 이렇게 수업이 개인적으로 관련이 있는 것이라고 느끼자, 아이들이 아주 좋아했다. 학생들은 교과서에서 부피에 대해 읽거나 공식을 암기하는 것보다 재미있고 흥미로운 방식으로 실제 그릇을 만들고 있었다. 이 수업에서 가장 흥미로운 건, 교사가 감독하지 않고 학생들이 다른 학생들의 학습을 돕도록 한 점이었다.

비슷한 3D 프린터 실험실이 박물관과 학교에 속속 생겨나고 있다. 이 공간에서 아이디어를 시제품으로 옮겨볼 수 있기 때문에 학생들은 수동적인 소비자에서 능동적인 창작자가 된다. 과학, 역사, 미술은 학생들이 창의성을 발휘해 직접 해보는 학습을 경험할 수 있게 함으로써 도움을 받고 있다. 그리고 교사들은 3D 프린터가 만들어내는 시각 보조 교재로 학생들의 관심을 사로잡고 있다. 무언가에 대해 글로 읽는 것과 그것을 실제로 만져보는 건 완전히 다른 차원의 일이다.

인터랙티브 북

전통적인 교과서와 인터랙티브 디지털 교과서 사이에는 큰 차이가 있다. 전자는 고정되어 있는 반면, 후자는 역동적이다. 내가 '인터랙티브 디지털 교과서'라고 할 때는 단지 전자책만을 가리키는 게 아님을 주의하기 바란다. 전자책은 단지 디지털로 만들어졌다 뿐이지, 종이 교과서보다 더 혁신적인 게 아니다. 전자책은 한꺼번에 수백 권도

가지고 다닐 수 있기 때문에 종이책보다 더 효율적이기는 하지만, 종이책만큼이나 고정되어 있다! 반면에 인터랙티브 북은 더 효율적으로 읽히기 위한 것이 아니다. 인터랙티브 북은 링크, 동영상, 음성, 대중 기반 주석, 사용자 간 공유 등을 결합함으로써 읽기 경험을 완전히 탈바꿈시킨다. 이런 기술은 그 어떤 교과서보다 훨씬 더 기억에 남을 만한 학습 경험을 제공할 수 있다.

인터랙티브 북과 교과서는 이제 막 그 잠재력을 발현하기 시작했다. 책에서 이루어진 마지막 큰 변화는 오디오북과 전자책의 출현이었지만, 신기하기는 해도 둘 다 학교에 변화를 불러오지도, 학교에서 널리 채택되지도 않았다. 어느 쪽도 읽기 경험을 개선하지 못했기 때문이다. 오디오북과 전자책은 단순히 전통적인 책을 다른 매체로 옮긴 것일 뿐이다. 하지만 오늘날 우리는 진정한 인터랙티브 북을 보고 있다. 이미지와 동영상의 3차원 애니메이션이 말 그대로 페이지에서 튀어나와, 책에서 논의되는 개념을 다차원적인 사례로 보여주고 개인별 지도를 독자들에게 제공한다. 독자들은 어려운 개념을 이해하기 위해 실시간 협업 소프트웨어를 사용하는 집단지성형 주석을 활용할 수 있다. 이것은 읽기 경험을 놀라운 수준으로 끌어올린다.

애플의 전자책 애플리케이션인 아이북스는 온갖 종류의 디지털 책이 관리되는 플랫폼의 한 예다. 여기에 있는 많은 창의성 넘치는 인터랙티브 북들이 아이북스오서로 만들어졌다. 내 생각에 아이북스오서는 가장 강력한 차세대 책 만들기 도구의 하나다. 아이북스오서는 가장 수요가 많은 애플의 교육 제품 가운데 하나가 되었다. 이제 아이들은 책 읽는 법을 배우기만 하지 않고 더 많은 것을 할 수 있기 때문이다. 아이들은 자기만의 완전한 인터랙티브 북을 만드는 방법을 배울 수 있다.

교실 풍경이 빠르게 변화한다

이 장에서 언급한 모든 기술이 교육의 풍경을 다양한 방식으로 탈바꿈시킬 잠재력을 가지고 있다. 이 모든 기술이 이미 작은 수준에서 영향을 미치기 시작해, 진정한 도전 과제를 또 하나 제시하고 있다. 어떻게 이들 기술에 대한 접근성을 높이거나 이들 기술을 확산시켜 운 좋은 소수만이 아니라 모든 학생과 교사가 기회를 얻어 그로부터 도움을 받게 할 수 있는지와 같은 문제 말이다. 학습 효과가 높은 기술을 확산시키는 일은 교육의 회로를 바꾸는 데서 가장 어려운 부분 중 하나다.

제아무리 혁신적인 기술일지라도 난데없이 튀어나와 빠르게 그 효과가 증명되자마자 세상 사람 절반이 그것을 이용하게 되는 경우란 없다. 느리고 꾸준한 성장이 원칙이다. 개인용 컴퓨터와 오늘날 존재하는 거의 모든 혁신적인 기술이 이런 식으로 서서히 확산되었다.

시리 같은 지능형 개인 비서를 기억하는가? 1987년 애플은 지능형 개인 비서의 아주 초기 형태인 '지식 내비게이터Knowledge Navigator'에 대한 구상을 보여주는 동영상을 내놓았다.[78] 정감 가는 '과학 아저씨' 빌 나이가 나오는 5분짜리 동영상*을 지금 되돌아보면서, 우리가 실로 그 기술을 얼마나 제대로 이해했는지 느낌이 묘하다. 그로부터 30년이 걸려서야 그것을 해낸 것이다!

현재 좋은 소식은 학습에 효과가 있는 기술이 널리 채택되는 속도가 달라지고 있다는 것이다. 무엇이 효과가 있고 무엇이 없는지에 관한 정보에 더 빠르게 접근할 수 있고, 역시 혁신적인 기술인 소셜미디어와 SNS가 사람들로 하여금 더 쉽게 소통하고 공유할 수 있게 해주기 때문이다. 효과가 있는 기술은 기부나 투자를 통해 자금을 충분히 조달하게 되면서 예전보다 훨씬 더 빠르게 확산되는 경향이 있다. 기술이 확산되는 데 걸리는 시간이 개선되고 있는 것이다. 아래 제품과 서비스의 사용자가 10억 명에 도달하기까지 걸린 시간을 생각해보자.[79] 그 시간이 얼마나 더 빨라지고 있는지를 실감하게 된다.

1985년 마이크로소프트 윈도: 25년

1990년 마이크로소프트 오피스: 21년

1998년 구글 검색: 12년

2004년 페이스북: 8년

2008년 왓츠앱: 6년

보다시피 핵심 기술이 확산되는 데 걸리는 시간이 상당히 단축되고 있다. 인터넷 속도 개선과 소셜미디어의 출현은 정보가 번개처럼

● 1993~1998년 PBS에서 방영한 〈과학 아저씨 빌 나이(Bill Nye the Science Guy)〉라는 제목의 어린이 대상 과학 교육 프로그램.

사람들 사이에 퍼질 수 있게 했다. 사람들은 자신의 문제를 더 빠르게 해결해주는 기술의 존재를 깨닫고 있다. 이는 모든 기술이 확산될 거라는 말이 아니다. 하지만 혁신적인 교육 기술이 더 많은 아이들에게 그 어느 때보다도 더 빠르게 도달할 것이라고 낙관할 수 있는 이유다. 게다가 다행히 교육에 변화를 일으킬 잠재력이 가장 큰 기술인 증강현실이 이미 나와 있다. 만약 이런 기술이 이로부터 도움을 받을 수 있는 수백만 명의 학생들에게 빠르게 다가갈 수 있다면, 우리가 아는 대로 교육의 미래를 변화시킬 수 있을 것이다.

앞으로 5년 후

시대와 상황이 빠르게 변화해서
우리 목표의 초점을 끊임없이
미래에 맞춰야 한다.

- 월트 디즈니

2016년 여름, 나는 집을 나설 때면 거의 예외 없이 스마트폰을 들여다보면서 떼 지어 돌아다니는 사람들을 보곤 했다. 이들은 종종 멈춰 섰다가, 후진했다가, 별것도 없는데 흥분해서 손으로 허공을 가리키기도 했다. 그러다 낯선 사람들끼리 하이파이브를 주고받고 대화를 나누기 시작했다. 이런 식으로 나는 모바일 기반 증강현실 게임인 포켓몬고를 처음 접했다. 이 모든 이들이 포켓몬이라는 작은 디지털 괴물을 찾아서 소파를 벗어나 야외로 나갔다는 사실이 내게는 놀라웠다.

　나는 증강현실에 대해 잘 알았지만, 사람들이 현실세계로 나가 무언가를 하도록 동기를 부여하는 도구로서 이렇게 강력할 줄은 몰랐다. 10대들이 자발적으로 도서관과 박물관으로 들어가는 것을 내 두 눈으로 직접 목격했다! 하기야 내가 사는 실리콘밸리의 아이들은 온갖 이상한 일들을 한다. 그래서 나는 궁금했다. 다른 곳에서 이 게임을 하는 사람들은 얼마나 될까? 예상대로 엄청났다. 포켓몬고 앱은 애플 앱스토어에서 가장 많은 다운로드 횟수를 기록했다. 게다가 이 앱이 출시된 첫 주에 그런 기록을 세웠다! 이 앱이 나오고 2주 안에 2000만 명이 넘는 사용자를 모아들여(트위터보다 더 많다), 미국 역사상 다운로드 수가 가장 많은 모바일 게임이 되었다. 역사적이라 할 만한 포켓몬고 게이머의 폭발적 증가는 내게 증강현실이 게임이 아니라 동기부여 도구로서 갖는 진정한 잠재력을 보여주었다. 나는 이것이 교육에 미칠 영향력이 막대하다는 걸 알았고, 증강현실이 곧 다가올 미래에 중요한 역할을 하리라고 생각했다.

포켓몬고에서 배울 것

증강현실은 컴퓨터가 생성한 콘텐츠를 현실세계에 덮어씌운다. 예를 들어 포켓몬고에서 게이머가 GPS 신호를 기반으로 물질세계에서 움직이면 작은 포켓몬 형상이 게이머의 스마트폰 화면에 나타나고, 게이머는 손가락으로 톡톡 두드려 화면에 뜬 포켓몬을 잡는다. 현실세계에 겹쳐진 포켓몬을 볼 수 있도록 버튼을 눌러 카메라를 켜면 증강현실 부분이 나타난다. 스마트폰 카메라를 통해 친구, 교회 계단, 도서관 서가 등 무엇을 보든 포켓몬이 포함되어 보인다.

가상현실, 증강현실, 그리고 이제 혼합현실mixed reality, MR이 몰입형 기술로 불리는 더 폭넓은 분야에 속한다. 대부분의 사람들이 증강현실보다는 가상현실에 더 익숙하기 때문에, 나는 다음과 같은 간단한 방법으로 이 둘의 차이를 설명한다. 가상현실은 헤드셋을 이용해 우리를 디지털 세계로 데려다놓는 반면, 증강현실은 디지털 세계를 우리의 물질세계로 가져오고, 혼합현실은 이 둘을 결합한다.

가상현실에 관한 한 우리는 이미 그것이 일부 성공을 거두고 있음을 보고 있다. 13장에서 소개한 베이징 실험의 결과에서 그 근거를 찾을 수 있다. 가상현실의 360도 컴퓨터 생성 환경은 완전히 에워싸는 듯한 3차원 세계다. 이것이 언젠가는 교사와 학생이 과거나 현재나 미래의 세계 어디든 가상 현장학습을 갈 수 있게 해줄 것이다. 증강현실에서처럼 교사가 티라노사우루스를 우리 세계로 데려오기보다, 아이들이 고글이나 안경이나 헤드셋을 착용해 티라노사우루스의 세계로 이동할 것이다. 그곳에서 티라노사우루스와 당시 자연환경을 공부할 수 있을 것이다. 장기적으로 볼 때 가상현실의 잠재력은 엄청나다. 나는 그것이 학생들에게 개인용 타임머신을 제공하는 것과 같다고 생각한다. 학생들은 헤드셋을 쓰기만 해도 8000만년 전 백악기로 가서 선명한 3차원으로 실물 크기의 공룡들 사이를 걸어볼 수 있다. 오큘러스리프트Oculus Rift를 가진 페이스북, 홀로렌즈HoloLens를 가진 마이크로소프트, 구글 카드보드Google Cardboard와 데이드림Daydream 헤드셋을 가진 구글이 이 분야를 선도하고 있다. 애플은 수년 동안 가상현실을 연구개발하고 있지만 증강현실에 훨씬 더흥분하고 있다.[80]

가상현실의 미래는 실로 밝지만, 나는 두 가지 이유에서, 확고하게 증강현실 편이다. 첫째, 아이들은 3차원 가상세계로 완전히 사라지는 것을 좋아하지 않는다. 잠깐씩 가상현실을 경험하는 건 아주 멋진일이지만, 우리는 모두 이런 것들(특히 항상 최우선하는 게임)이 대단히 중

독성이 있다는 사실을 안다. 그래서 우리는 결국 우리 아이들을 다시 못 볼지도 모른다! 물론 이건 그냥 농담이다. 둘째, 더 실질적인 이유는 현재 빠르게 증강현실이 이용 가능해지고 있기 때문이다. 교육의 회로를 새로 바꾼다는 건 어떤 가상의 미래에 학생과 기술이 갖는 잠재력을 예측하려는 게 아니라 지금 이 모든 가능성을 끌어내려는 것이다.

내가 방문한 학교 가운데 증강현실 같은 기술을 가장 적절히 이용하는 곳은 멕시코 모렐리아에 있는 바르몬드학교Varmond School다. 설립자인 노엘 트라이노르Noel Trainor와 노에미 트라이노르Noemi Trainor가 운영하는 바르몬드는 중학교 2학년까지 있는 국제학교로, 기본적으로 모든 교과 과정에 기술을 결합하도록 설계되었다. 적응형 도전 기반 학습 틀을 바탕으로 하는 바르몬드학교는 대부분 수업에서 증강현실과 다른 첨단기술을 이용한다. 모든 교사와 학생을 위한 3D 프린터 실험실, 인터랙티브 북, 모바일 기기를 갖추고 있다. 그리고 6장에서 강조한 모든 학습 공간이 학교 전체에 걸쳐 완벽하게 이루어져 있다. 나는 직업상 수많은 학교를 방문하는데, 다른 모든 모범적 실천에 더해서 바르몬드학교만큼 혁신 기술을 성공적으로 결합한 학교는 보지 못했다. 여러 가지 면에서 미래의 학교는 벌써 여기에 와 있다.[81]

증강현실의 잠재력

지난 10년 동안 몇몇 조직이 온갖 수준의 교육에서 증강현실을 활용해왔다. 이 가운데 가장 선구적인 조직 하나가 비영리 TV 방송국 PBS다. PBS 키즈는 2010년에 이미 '공룡 기차의 부화 파티'®라는 온라인 증강현실 게임을 내놓았다. 이 게임에서 아이들은 현실과 가상이 결합된 세계를 가로질러 공룡 알이 부화되도록 도와야 했다. 1년 후 PBS 키즈는 최초의 멀티플레이어 증강현실 3차원 게임 앱인 '페치! 런치 러시Fetch! Lunch Rush'를 출시했다. 게임에 등장하는 개가 지시하는 대로 점심 도시락을 잡는 게임이다. 당시 보도자료에 따르면, 이 게임은 "가상세계와 현실세계를 정말로 마음을 사로잡는 경험과 뒤섞어 6~8세 아이들에게 덧셈 뺄셈 등의 수학 능력을 가르침으로써 새로운 학습 세계를 연다." 이 게임은 PBS 키즈의 기술 목표에 완벽히 부합한다. "우리의 목표는 매체를 이용해 아이들의 타고난 호기심을 키워 주변 세계를 탐색하도록 자극하는 것입니다." 당시 PBS 키즈의 선임 부사장은 이렇게 말했다.[82]

증강현실 교육 공간의 또 다른 초기 혁신자는 나사NASA였다. 나사는 2012년 증강현실 앱인 스페이스크래프트 3D를 내놓았다. 여기서

● 〈공룡 기차(Dinosaur Train)〉는 아기 공룡 버디와 형제들이 기차를 타고 공룡들이 살던 시대를 건너다니며 여러 가지 일을 겪는 이야기를 통해 자연스럽게 지질과 자연에 관한 지식을 배우고 호기심을 갖게 자극하는 애니메이션 시리즈다. '부화 파티(Hatching Party)'는 이 시리즈 시즌 1의 28화 제목으로, 버디, 타이니, 프테라노돈 부인이 코리토사우루스인 친구 코리의 형제자매들이 부화해서 새로 태어나는 자리에 참석하는 이야기다. 국내에서는 EBS가 〈아기 공룡 버디〉라는 제목으로 방영했다.

학생들은 휴대전화를 이용해 바로 눈앞에서 나사 우주선의 3차원 형상을 볼 수 있었다. 이들은 아주 최근에 생겨나고 있는 분야의 선구적인 노력을 보여주는 예 중 하나에 지나지 않는다. 증강현실은 조용히 강력한 기술로 성장해왔지만 여전히 잘 알려져 있지 않았다. 하지만 최근 들어 상황이 달라지고 있다.

최초의 포켓몬고가 유행하고 정확히 1년 후인 2017년, 애플은 새로운 iOS 기반 증강현실 개발자 도구세트를 출시했다. 에이알키트ARKit라고 하는 이것은 제3의 아이폰과 아이패드 앱 개발자들이 증강현실을 그들의 앱에 쉽게 결합할 수 있게 한다.[83] 이는 이제 포켓몬만이 아니라 무엇이든 우리의 집이나 교실에 '나타'날 수 있다는 뜻이다. 선택은 사실상 무한해서 이미지, 자료, 표, 그래프, 그리고 그 밖에 무엇이든 포함한다. 이제 우리는 이들 가운데 무엇이든 현실세계의 공간에 실제로 놓여 있는 것처럼 놓아둘 수 있다. 이는 공간 위를 맴돈다는 게 아니라 공간 안에 머문다는 뜻이다. 위치 측정 및 동시 지도화simultaneous localization and mapping, SLAM라고 불리는 내장형 기술과 심도 감지depth-sensing 카메라 덕분에, 더욱 정밀하게 가상의 물건을 현실세계의 장소에 옮겨놓을 수 있다.

교육의 관점에서 증강현실이 갖는 최고 장점은 단순한 홀로그램 이미지보다 훨씬 더 많이 겹쳐놓을 수 있다는 점이다. 증강현실 기술은 지도, 그래프, 동영상, 그리고 재미있는 사실이나 정의나 통계자료나 온라인 논평 같은 문서를 투영할 수 있다. 모바일 기기에서 이런 홀로그램의 투영은 이미지 또는 QR 코드를 찍거나 스캔하는 장치를 이용함으로써, 또는 위치정보 태그를 통해 특정한 위치에 도달하자마자 작동할 수 있다. 이들 홀로그램을 보는 방법은 증강현실 헤드셋을 쓰거나 디지털카메라 또는 컴퓨터 모니터를 이용하는 등 다양하다. 각 경우에서 장치가 렌즈 위에 이미지를 겹겹이 찍는데, 이 디지털 레이어들은 사용자가 필요에 따라 더하거나 제거할 수 있다. 증강현실을 통해 주기율표부터 전기傳記, 우주 탐험까지 온갖 정적인 콘텐츠에 생기를 불어넣을 수 있다.

그렇다면 학생들은 이것을 가지고 무엇을 할 수 있을까? 앞서 이야기한 모든 것이 지금 가능하거나 1~2년 안에 가능해지는 시나리오를 살펴보자. 앞서 만난 우주를 사랑하는 소년이 시리를 이용해 궁금증에 대한 답을 즉각 얻었던 것을 기억하는가? 그렇다면 별을 볼 수 없는 낮에는 무엇을 보면서 공부해야 할까? 이제 소년은 해결책을 가지고 있다. 거실에서 전등불을 끄고, 아이폰이나 아이패드의 태양계 증강현실 앱을 띄워서 가구 위에 나타나는 태양계를 보기만 하면 된다. 그런 다음 거실을 걸어다니며 앱이 3차원으로 비춰주는 은하 형성을 비교한다. 또한 이들 은하를 확대하거나 축소해서 특정한 별이나 행성을 보고, 손가락으로 그것들을 조종하고, 그 둘레를 돌고, 다양한 각도에서 볼 수 있다. 이 앱은 또 요구에 따라 소년이 특별히 관심 있는 내용을 강조해서 표시한 문서를 비춰주기도 한다.

하지만 잠깐, 만약 소년이 지금 앞에 비춰진 것보다 안드로메다에 대해 더 알고 싶다면? 여기서부터가 정말 흥미로운 부분이다. 왜냐하면 에이알키트와 에이알키트가 제공하는 앱들은 크고 불편한 헤드셋과 달리 아이폰이나 아이패드에 들어 있기 때문이다. 이는 소년의 휴대전화가 할 수 있는 모든 것이 태양계 앱과 상호작용할 수 있다는 뜻이다. 그래서 소년이 어떤 의문이 들면 시리에게 묻기만 하면 된다. 그러면 몇 초 안에 답을 얻게 될 것이다. 그리고 이 모든 게 열성적인 교육자들이 생각하기에는 그다지 흥미롭지 않다고 한다면, 이것이 모두 모바일을 통해 이루어진다는 사실을 기억하자. 이는 학습자가 어디에 있든 가능하다는 뜻이다. 학습자는 시간(앱은 언제든 이용할 수 있다)과 장소(모바일은 우리를 상당히 자유롭게 한다)에 구애받지 않는다.

이것이 내가 증강현실의 잠재력에 대해 그렇게 흥분하는 이유다. 증강현실은 지금까지 발명된 것 중 가장 혁신적인 교육 기술이 될 수 있다. 잠시 증강현실과 3D 프린터, 인공지능, 적응형 학습, 웨어러블 기기, 사물 인터넷, 로봇공학, GPS, 빅데이터, 생체인식, 소셜미디어, 온디맨드,* 인터넷 실시간 방송, 크라우드소싱, 공동창작, 공유경제 등과의 결합 가능성을 생각해보자. 나는 이 가운데 어느 하나가 증강현실과 함께 작용해서 어떻게 학습을 개선할 수 있을지 생각만 해도 흥분된다. 게다가 이 놀라운 기술들이 이미 나와 있다. 그렇다, 지금까지 증강현실에 대해 이야기한 모든 것이 지금도 가능하거나 조만간 가능해진다. 기술 자체는 이미 있고, 누군가가 관심을 기울여 저 멋진 태양계 앱을 만들어야 한다!

증강현실의 좀 더 먼 미래를 볼 때, 가능성에 대한 전망이 훨씬 더

---

* on-demand. 사용자의 요구에 따라 네트워크를 통해 필요한 정보를 제공하는 방식.

흥미로워진다. 1~2년 안에, 교사(와 부모)는 거의 어떤 주제에 대해서든 상호작용형 증강현실 콘텐츠가 담긴 모바일 앱을 다운로드할 수 있을 것이다. 사용자 생성 콘텐츠를 지원하는 앱들이 기술에 가장 취약한 사람들도 귀중한 콘텐츠를 추가하고 전 세계 학습 커뮤니티들과 공유할 수 있도록 해주기 때문이다. 만약 교사나 부모의 필요에 맞는 게 아직 없다면, 역동적인 증강현실 콘텐츠를 직접 만들어 테스트해서 난이도를 조절해 개별 학생 수준에 맞출 수 있을 것이다. 에이알키트와 같은 발전이 증강현실을 플랫폼으로 바꾸고 있고, 플랫폼이 존재하는 곳에서 생태계는 그리 멀지 않다.

홀로그램의 마술

나는 기술의 부상과 인기에 대한 장기 예측을 좋아하지 않지만, 산업 전문가들이 예견하는 바를 조금 공유해보자. 들리는 바에 따르면, 대략 5년 후에는 홀로그램도 좀 더 현실화된다고 한다. 이런 유형의 증강현실이 충분히 큰 크기로 실현되면, 우리는 홀로그램 이미지를 보려고 스마트폰 화면을 들여다볼 필요도 없이 그 이미지가 바로 우리 눈앞에 완전한 3차원으로 나타날 것이다.

그래픽이 계속 개선되면서 홀로그램은 사진처럼 선명한 이미지를 만들어낼 것이고, 언젠가는 그런 이미지에 후각, 청각, 미각, 촉각 같은 감각을 추가한 4D 환경(최근에 새로 생겨나고 있는 또 하나의 기술이다)을 만들 수 있을 것이다. 공룡에 대해 읽는 대신에, 마치 우리와 함께 학교에 있는 것처럼 보고 느끼고 듣고 심지어 냄새를 맡을 수 있는 실물 크기의 티라노사우루스 홀로그램 영상을 통해 이 공룡에 대해 배운다고 상상해보라. 박물관에서는 조각들이 살아 움직여 그들의 이야기를 전하고, 증강현실과 인공지능을 이용해서 열린 질의응답 시간을 보낼 수 있을 것이다. 학습자는 증강현실 영상이 마치 실물인 듯이 그 둘레를 돌면서 물리적으로 상호작용할 수 있을 것이다.

내가 요즘 가장 좋아하는 홍보 동영상은 증강현실 스타트업 기업인 매직리프Magic Leap가 만든 것이다. 2010년 플로리다주 플랜테이션에서 로니 애보비츠Rony Abovitz가 설립한 매직리프는 언뜻 보기에 가장 최첨단의 혼합현실 기술을 들고 갑자기 등장한 것 같았다. 머지않아 그들이 계획하고 있는 일에 대한 이야기가 입에서 입으로 퍼지기 시작하고 온갖 해괴한 소문이 떠돌았다. 애보비츠는 2016년《와이어드Wired》의 한 기사가 이들에게 붙인 별명대로, 매직리프가 '세계에서 가장 비밀에 싸인 스타트업' 기업의 역할을 맡은 걸 즐기는 듯했다.[84] 매직리프의 기술을 직접 본 사람은 아주 소수였지만, 그 기술을 둘러싼 소문이 점점 무성해져서 매직리프는 1억 달러가 넘는 자금을 조달할 수 있었다. 구글과 알리바바 같은 가장 유명한 벤처 자본의 자금도 들어갔다. 2016년《포브스Forbes》는 매직리프의 가치를 45억 달러로 평가했다. 아직 제품 하나 발매하지 않은 스타트업 기업으로서는 나쁘지 않았다!

사람들이 매직리프를 더욱 놀라운 눈으로 보게 만든 것은 간단한 2분짜리 시험용 동영상이었다. 이 동영상은 매직리프의 웹사이트 홈

페이지로 설정되어 그곳을 방문하는 사람에게 연속해서 반복 재생되었다. 이 동영상은 관람석에 앉아 텅 빈 체육관 바닥을 뚫어져라 쳐다보는 학생들로 가득 찬 고등학교 체육관을 보여주면서 시작했다. 그러다가 갑자기 실물 크기의 고래가 체육관 바닥을 뚫고 나오며 허공으로 높이 뛰어오른다. 바로 그 앞에서 학생들은 믿을 수 없다는 듯 올려다보며 손뼉을 치면서 "와! 오! 아!"하고 소리를 질러댄다. 수정처럼 맑은 물이 온 체육관에 튀어 바닥 전체를 흠뻑 적시는 것 같다. 그때 고래가 다시 바닥 안으로 떨어져 완전히 사라진다. 몇 초 후에는 물도 모두 사라진다.

정말 "와"다! 알려진 대로라면, 이 놀라운 동영상은 증강현실과 홀로그램의 미래가 이미 여기에 와 있음을 보여주었다. 다만 세상의 다른 모든 사람들이 아직 실감하지 못했을 뿐! 유감스럽게도, 아이들에게 물을 튀기는 홀로그램 고래는 홍보용 장치에 지나지 않았다. 하지만 내가 이렇게 시간을 들여 자세히 이야기하는 이유는 아이들에게 가상의 물을 튀기는 실물 크기의 가상 고래가 실로 학습의 미래라고 강하게 믿기 때문이다. 나는 정확히 이런 방식으로 미래의 어느 시점에는 증강현실을 통해 학습할 수 있으리라 생각한다.

오늘날 홀로그램에 대해 생각할 때면 언제나 나는 아들 크리스가 중학교 2학년이던 30년 전을 돌이켜보지 않을 수 없다. 크리스는 자신이 좋아하는 주제를 가지고 과학 프로젝트를 해야 했다. 크리스는 홀로그램을 선택했는데, 당시에는 그게 잘 알려져 있지 않았다. 하지만 크리스는 홀로그램이 가장 멋지다고 생각했다. 그래서 나는 크리스를 MIT 미디어랩으로 데려가서 홀로그램 연구자 몇 명과 만나 이야기를 나누게 해주었다. 크리스는 무척 흥분했다! "홀로그램이 미래예요, 아빠." 크리스가 돌아오는 길에 말했다. 나는 홀로그램이 어떤 것인지 잘 몰랐기 때문에 그저 빙긋 웃으면서 "그래"라고 말했다. 이는 디지털 네이티브들이(심지어 중학교 2학년짜리도) 기술에 관한 한 언제나 우리보다 한 발 앞서 있음을 보여주는 예에 지나지 않는다.

변화

극적인 변화의 시대에 미래를 물려받는 이들은
배워 익히는 사람들이다.
반면에 이미 학습된 사람들은 더 이상 존재하지 않는 세계에
살도록 준비된 자신을 발견할 뿐이다.

- 에릭 호퍼

몇 년 전 나는 오스트레일리아의 한 학생에게 자기 나라의 교육 환경에 대해 이야기해달라고 부탁했다. 그 학생은 퀀타스Qantas 교육 이론을 이야기했다. 나는 "양자quantum 이론이라는 게 무슨 뜻이지?" 하고 물었다. "아뇨, 퀀타스, 항공사 말이에요. 이 항공사는 모든 디지털 기기의 전원을 끄게 하고 비행하는 동안 나를 아무것도 못하게 묶어두죠. 나는 조종사가 날 목적지까지 데려가주기를 바랄 뿐이고요. 비행기가 착륙할 때까지 기다려야 해요. 그런 후에야 디지털 생활로 돌아올 수 있죠." 통찰력이 돋보이는 이 이야기는 학교가 디지털 세계를 따라잡지 못하고 있음을 말해주었다. 안타깝게도 이런 현실은 여전하다. 우리 모두의 과제는 이에 대해 뭔가 대책을 세우는 것이다.

　나는 우리가 교육을 보수하고 교체하는 것에서 벗어나 교육의 회로를 새로 바꿀 때라고 생각한다. 이는 디지털 네이티브의 요구에 효과적으로 부응하지 못하는 낡은 설계로부터 벗어난다는 뜻이다. 기술 이전에 심리학에 의지해, 모든 아이들이 적절한 동기를 갖는 한 성공 잠재력을 갖는다고 믿는다는 뜻이다. 수동적인 교육이 아니라 능동적인 학습에 중점을 두고, 도전 기반 학습 틀에서 볼 수 있는 다양한 도전을 자극하는 이상적인 학습 공간을 학생들에게 제공한다는 뜻이다. 모든 학생들에게 손으로 그리고 코딩으로 뭔가를 만드는 법을 배우는 것과 같은, 21세기 삶을 준비하는 데 필요한 접근권과 기회를 제공한다는 뜻이다. 교수법에 대해 다시 생각하고 지속적인 전문성 개발을 지원해서 교사가 정보 전달자보다는 학습 조력자가 되도록 해야 한다는 뜻이다. 그리고 마지막으로, 기술에 대한 기대치를 높여 혁신적인 방식으로 이용해서, 모든 학생의 잠재력을 끌어내고 마땅한 교육의 미래를 향해 시동을 걸 수 있다는 뜻이다. 문제는 '무엇을, 어떻게 할 것인가'이다.[85]

부모들은 언제나 지도자들에게 맞서기에 가장 좋은 위치에 있다. 하지만 가장 목소리를 높이는 부모들은 자기 아이들을 이미 좋은 학교에 보내고 있을 가능성이 높다. 만약 자기 아이들이 좋은 교육을 받고 있다면 전혀 문제가 없다고 생각하기 쉽다. 이런 부모들은 또 현재 교육 시스템에서 잘 적응했을 가능성이 높다. "공교육이 나쁘다고, 그리고 개혁이 필요하다고 하는 것은 모두 허튼소리예요." 언젠가 한 부모가 나를 꾸짖었다. "같은 교육을 받았지만 난 멀쩡하잖아요. 지금 교육 시스템도 충분히 좋다고요!" 교사가 계속해서 학생들의 요구에 부응하는 데 어려움을 겪는 이유는 바로 현실을 모르는 이런 사고방식 때문이다. 그리고 이것이 한 세기가 지나도록 교육이 그다지 달라지지 않은 이유다. 이 부모의 생각은 분명 틀렸으니, 신경 쓰지 말자. 교육 시스템은 과거의 것과 똑같을 수 있을지 모르지만, 세상은 그렇지가 않다. 낡은 교육 모델은 우리 아이들에게 새로운 세상을 맞이할 준비를 시키기에 '충분히 좋은' 것과는 거리가 멀다.

부모가 해야 할 일

포니익스프레스는 1860년 그레이트플레인스를 건너고 로키산맥을 넘어 우편물을 배달하던 운송 서비스다. 그러려면 여행하기에 그다지 안전한 곳은 아니었던 '인디언 거주지역'을 거쳐야 했다. 당시 조랑말을 타고 달리는 사람을 구하는 광고는 이런 식이었다. "구인. 젊고 마르고 강단 있는, 18세 미만인 자. 전문 기수여야 하고 매일 죽음을 기꺼이 무릅써야 함. 고아 선호." 한 예술작품은 용감무쌍한 포니익스프레스 기수들에게서 영감을 받아, 기둥을 세워 전신 시스템을 위해 전선을 연결하는 일꾼에게 손을 흔드는 젊은이를 그렸다. 이때 이 젊은이는 미래를, 메시지를 훨씬 더 빠르고 값싸고 안전하게 전달하는 방법을 보고 있었다. 이것은 위험한 포니익스프레스 서비스를 끝장내는 혁신적인 기술이었다. "우리는 교육의 포니익스프레스일까, 아니면 새로운 학습 환경을 위한 토대를 놓고 있는 걸까?"

오늘날 우리는 계속 가만히 앉아서, 더 잘할 수 있는 방법이 있는데도 너무 많은 아이들을 실패하게 만드는 포니익스프레스 같은 우리교육 시스템의 결함을 받아들일지 생각해봐야 한다. 과거의 전신 시스템처럼, 지금 존재하는 혁신적인 기술들이 교육의 회로를 새로 바꿀 수 있고, 결국 오늘 우리의 교실을 설계하는 방식이 우리 사회의 미래를 규정할 것이다.

더 많은 사람들이 우리 교육 시스템의 문제와 그에 맞서는 데 이용할 수 있는 기회를 인식하게 될수록, 진정한 변화가 가능하다고 믿는다. 나는 독자 여러분이 이 책을 행동 개시를 촉구하는 신호로 생각하기를 바란다. 만약 그렇게 생각한다면, 앞장서서 다른 사람들에게 다가가 대화를 시작하고, 우리의 교육 및 정치 지도자들이 변화를 가져올 수 있는 최근 연구, 교수법, 기술을 이용하도록 요구하자. 진정한 변화는 위에서 아래로 옮겨가지 않는다. 지도자들이 대중에게 팔아먹을 묘책을 내놓아 마술처럼 세상을 변화시키는 식으로는 되지 않는다. 중요한 변화, 전면적인 변혁은 평범한 시민들이 외치는 행동 촉구를 통해 아래로부터 시작된다. 그것이 점점 권력자들에게로 올라가, 그들이 현 상황을 거부하고 더 나은 쪽으로 상황을 변화시키도록 압력을 가한다.

유치원부터 고등학교까지 핵심 목표
• 새로운 세대인 학생들의 마음을 사로잡아라
• 기존의 교육 연구를 활용하라
• 교육에서 기술이 할 수 있는 역할에 대한 기대치를 높여라
• 교실 학습 경험을 변화시켜라
• 개인맞춤 학습을 가능하게 하라
• 학생 평가 제도를 재평가하라
• 지속적인 전문성 개발을 제공해 교사의 전문성을 높여라
• 새로운 학습의 ABC를 정의하라

어렸을 때 내가 불평을 하면 아버지는 언제나 무표정한 얼굴로 나를 잠시 쳐다보다가 마침내 이렇게 말씀하셨다. "그래서…… 어떻게 할 거냐?" 이는 '입을 다물거나 행동으로 나서라'는, 말하자면 마음에 안 드는 게 있으면 실제로 뭔가를 하거나, 그렇지 못할 거면 불평하지 말라는 이의 제기였다. 이제 나는 우리가 아이들에게 다가가 가르치는 일을 잘하지 못한다고 불평하는 사람에게 똑같은 대답으로 이의를 제기한다. 그래서 어떻게 할 것인가? 다행히도 오늘날에는 독자 여러분이 할 수 있는 일이 많다.

독자 여러분은 한 개인으로서 진정한 변화를 주도할 권한을 가지고 있다. 인터넷과 SNS의 폭발적 증가는 역사를 통틀어 그 어느 시대보다도 보통의 개인들에게 권한을 부여하고 있다. 온라인 청원을 하거나 트위터나 페이스북이나 인스타그램에 글을 올려 자기 생각을 공유하는 한 사람의 부모, 교사, 또는 활동가만 있으면 된다. 여러분은 혁신적인 변화로 이어지는 일련의 사건을 일으킬 잠재력을 가지고 있다. 그것은 여러분과 더불어 시작된다. 마하트마 간디의 말대로 "세상의 변화를 보고 싶으면 스스로 변화해야 한다." 나는 교육의 회로를 새로 바꾸는 운동에 여러분이 동참하기를, 그 대화에 참여하기를, 보고 싶은 변화를 위해 스스로 변화하기를 촉구한다.

| 감사의 말 |

이 책을 포함해 가치 있는 일은 혼자 힘으로 되지 않는다. 우리는 이 책을 지지해주거나 이 책에 영향을 미친, 아래에 언급하는 이들에게 개인적으로 고맙다는 말을 전하고 싶다. 이들은 이런저런 식으로 이 책이 나오는 데 중요한 역할을 했고, 우리 두 저자의 삶에 진정한 변화를 일으켰다.

압둘 코핸, 애덤 새비지, 에이드리언 랭, 알렉산더 로버트-티소, 알리 파토비, 앨리셔 캐니아, 알폰소 로마 주니어, 앤디 피터슨, 앤절라 더크워스, 앤젤리카 타운, 앵거스 킹, 어니타 코타, 벤 오린, 빌 게이츠, 빌 글래드스톤, 빌 사이먼, 빌 서덜런드, 크리스 데더, 클라크 길버트, 클레이턴 크리스턴센, 데일 도허티, 대릴 애덤스, 데이비드 손버그, 데이비드 빈카, 다이앤 태버너, E. O. 윌슨, 일런 머스크, 에릭 머주어, 에리카 하먼, 게오르기나 로페스 게라, 글렌 예피스, 고든 셔크윗, 하디 파토비, 헤더 버터필드, 하워드 가드너, 제임스 프레이리, 제임스 E. 라이언, 제이미 하이니먼, 제인 앤더슨, 재닛 워즈니악, 제이슨 에디저, 예나 콜린스, 제니퍼 캔조너리, 제시카 릭, 조디 다인해머, 존 메디나, 존 카우치, 존 스타, 조던 카우치, 캐런 브레넌, 캐런 캐터, 카림 라크하니, 키스 콜러, 켄 로빈슨, 크리스 버전, 크리스 카우치, 래리 리프, 로런 파월 잡스, 리어 윌슨, 린지 마셜, 말콤 글래드웰, 맬러리 드위널, 마크 프렌스키, 마르코 토레스, 마크 에드워즈, 마크 니컬스, 마크 저커버그, 메리 로 카우치, 매트 쿠퍼, 메러디스 류, 마이클 클리퍼드, 마이클 혼, 마일스 타운, 마인디 콘해버, 노엘 트라이노르, 노에미 트라이노르, 프리실라 챈, '철저한' 라디카 리, 리드 헤이스팅스, 리타 프레스콧, 리츠 셔먼, 루벤 푸엔테두라, 러시 림보, 살만 칸, 세라 어빈저, 사이먼 시넥, 스테퍼니 해밀턴, 스티브 잡스, 스티브 워즈니악, 수가타 미트라, 태라 갤러거, 티퍼니 카우치, 팀 쿡, 테드 로즈, 톰 서드베리, 톰 휘트니, 토니 와그너, 웬디 왕, 윌리엄 랜킨.

모두에게 감사한다.

존과 제이슨

| 주 |

프롤로그

1 Wilson, S.S. "Bicycle Technology." *Scientific American* 228, no. 3 (1973): 81 – 91.

1장 전혀 다른 세대, 디지털 네이티브

2 Prensky, Marc. "Digital Natives, Digital Immigrants Part 1." *On the Horizon* 9, no. 5 (2001): 1 – 6.

3 Englander, Elizabeth. "Research Findings: MARC 2011 Survey Grades 3 – 12." *MARC Research Reports*, 2011. http://vc.bridgew.edu/marc_ reports/2

4 Gardner, Howard. *The App Generation: How Today's Youth Navigate Identity, Intimacy, and Imagination in a Digital World.* New Haven, CT: Yale University Press, 2014.

5 Dewey, John. *Experience and Education.* New York: Macmillan, 1938.

6 Lynch, Tom. "Not a Lightbulb: Uncovering Thomas Edison's Greatest Lesson on Education." *Medium*, June 9, 2016. https://medium.com/@ tomliamlynch/not-a-lightbulb-c00904d79506

2장 표준화된 교육 시스템의 가장 큰 결함

7 Christensen, Clayton M., Michael B. Horn, and Curtis W. Johnson. *Disrupting Class: How Disruptive Innovation Will Change the Way the World Learns.* New York: McGraw-Hill, 2008.

8 Rose, Todd. *The End of Average: How We Succeed in a World That Values Sameness.* San Francisco: HarperOne, 2016.

9 Ibid.

3장 왜 모두가 똑같이 배워야 한다고 생각할까

10 Sweeney, Sarah. "A Wild Rose in Bloom." *Harvard Gazette*, March 15, 2013. https://

news.harvard.edu/gazette/story/2013/03/a-wild-rose-in-bloom

11 Rose, Todd. *Square Peg: My Story and What It Means for Raising Innovators, Visionaries, and Out-of-the-Box Thinkers.* New York: Hyperion, 2013.

12 Steinberg, Douglas. "Determining Nature vs. Nurture." *Scientific American Mind* 17, no. 5 (2006): 12-14.

13 Shenk, David. *The Genius in All of Us: New Insights into Genetics, Talent, and IQ.* New York: Anchor Books, 2011.

4장 '무엇을 배우는가'보다 더 중요한 것

14 Stipek, Deborah J., and Kathy Seal. *Motivated Minds: Raising Children to Love Learning.* New York: H. Holt and Co., 2001.

15 Deemer, Sandra. *Reflections on How Educators Use Motivational Theories in Educational Psychology.* Dubuque, IA: Kendall Hunt Publishing Company, 2012.

16 Deci, Edward L., and Richard M. Ryan. *Intrinsic Motivation and SelfDetermination in Human Behavior.* New York: Plenum Press, 1985.

17 Stipek, Deborah J. *Motivation to Learn: Integrating Theory and Practice.* Boston: Allyn and Bacon, 2002.

18 Geis, George L. "Student Participation in Instruction: Student Choice." *The Journal of Higher Education* 47, no. 3 (1976): 249-273.

19 Gladwell, Malcolm. *Outliers: The Story of Success.* New York: Back Bay Books, 2013.

20 Duckworth, Angela. *Grit: The Power of Passion and Perseverance.* New York: Scribner, 2016.

5장 소비/암기형 학습의 종말과 새로운 학습 유형

21 Medina, John. *Brain Rules: 12 Principles for Surviving and Thriving at Work, Home, and School.* Edmonds, WA: Pear Press, 2008.

22 Cimons, Marlene. "How the Brain Learns." *U.S. News & World Report*, February 24, 2012. https://www.usnews.com/science/articles/2012/02/24/how-the-brain-learns

23 Fleming, Neil D. "The VARK Modalities." *VARK: A Guide to Learning Styles.* http://vark-learn.com/introduction-to-vark/the-vark-modalities

24 Gardner, Howard. *Frames of Mind: The Theory of Multiple Intelligences.* New York: Basic Books, 2011.

25 Hestenes, David. "Wherefore a Science of Teaching?" *The Physics Teacher* 17 (1979): 235-242.

26 Lambert, Craig. "Twilight of the Lecture." *Harvard Magazine*, Mar-Apr 2012. https://harvardmagazine.com/2012/03/twilight-of-the-lecture

27 Thornburg, David D. "Campfires in Cyberspace: Primordial Metaphors for Learning in the 21st Century." *Ed at a Distance* 15, no. 6 (2001).

28 United States Department of Education. *What Works: Research About Teaching and Learning.* Washington, DC: U.S. Government Printing Office, 1987.

29 Lai, Emily R. "Metacognition: A Literature Review." *Research Report*, April 2011. https://images.pearsonassessments.com/images/tmrs/ Metacognition_Literature_Review_Final.pdf

7장 대본이 아니라 리얼리티가 필요하다

30 Morrow, Daniel. "Excerpts from an Oral History Interview with Steve Jobs." *Smithsonian Institution Oral and Video Histories*, April 20, 1995. http:// americanhistory.si.edu/comphist/sj1.html

31 Watters, Audrey. "How Steve Jobs Brought the Apple II to the Classroom." Hackeducation, February 25, 2015. http://hackeducation. com/2015/02/25/kids-cant-wait-apple

32 Dwyer, David. "Apple Classrooms of Tomorrow: What We've Learned." *Educational Leadership* 51, no. 7 (1994): 4 – 10.

33 Ringstaff, Cathy, Keith Yocam, and Jean Marsh. "Integrating Technology into Classroom Instruction: An Assessment of the Impact of the ACOT Teacher Development Center Project." Apple. https://www.academia. edu/6858773/ Integrating_Technology_into_Classroom_Instruction_ An_Assessment_of_the_ Impact_of_the_ACOT_Teacher_Development_ Center_Project_Research_APPLE_ CLASSROOMS_OF_TOMORROW_ Authors Jean_Marsh_Independent_Educational_ Researcher

34 Sandholtz, Judith, et al. "Teaching in High-Tech Environments: Classroom Management Revisited, First – Fourth Year Findings." Apple. https://www.scribd.com/document/4101317/9541

35 "Apple Classrooms of Tomorrow, Today: Learning in the 21st Century: Background Information." April 2008. http://cbl.digitalpromise.org/ wp-content/uploads/ sites/7/2017/07/ACOT2_Background.pdf

8장 도전 기반 학습: 콘텐츠 소비자에서 창작자로

36 "A Heart Anatomy Lesson with a Digital Pulse." Apple. https://www. apple.com/education/teach-with-ipad/classroom/heart-anatomy

37 Nichols, Mark, Karen Cator, and Marco Torres. "Challenge Based Learning User Guide." Redwood City, CA: *Digital Promise*, 2016. http:// cbl.digitalpromise.org/wp-content/uploads/sites/7/2016/10/CBL_ Guide2016.pdf

38 Johnson, Laurence F., Rachel S. Smith, J. Troy Smythe, and Rachel K. Varon. "CBL: An Approach for Our Time." Austin, Texas: New Media Consortium. https://www. nmc.org/sites/default/files/pubs/1317320235/ Challenge-Based-Learning.pdf

39 "Toolkit." *Digital Promise*. http://cbl.digitalpromise.org/toolkit

9장 접근성: 모두에게 기회를

40 Moodian, Margaret. "The Rock and Roll Superintendent Making a Difference." *Huffington Post*, March 30, 2016. https://www.huffingtonpost. com/margaret-moodian/the-rock-and-roll-superin_b_9570332.html

41 Simonite, Tom. "Billions of People Could Get Online for the First Time Thanks to Helium Balloons That Google Will Soon Send Over Many Places Cell Towers Don't Reach." *MIT Technology Review*, 2014. https:// www.technologyreview.com/s/534986/project-loon

42 "ConnectED." Apple. https://www.apple.com/connectED/

43 "ConnectED Initiative." Obama White House Archives. https:// obamawhitehouse. archives.gov/issues/education/k-12/connected

44 Fowler, Geoffrey A. "An Early Report Card on MOOCs." *Wall Street Journal*, October 8, 2013. https://www.wsj.com/articles/an-early-reportcard-on-massive-open-online-courses-1381266504

45 Horn, Michael B., Heather Staker, and Clayton M. Christensen. *Blended: Using Disruptive Innovation to Improve Schools*. San Francisco: Jossey-Bass, 2015.

46 Khan, Salman. *The One World Schoolhouse: A New Approach to Teaching and Learning*. London: Hodder & Stoughton, 2012.

47 "Khan Lab School Reinvents American Classroom." *CBS This Morning*, November 20, 2015. https://www.cbsnews.com/videos/khan-lab-schoolreinvents-american-classroom

48 Wong, Queenie. "Exclusive: How Zuckerberg and Chan's New Private School Mixes Health Care and Education." *Mercury News*, December 23, 2016. http://www. mercurynews.com/2016/12/23/exclusive-howzuckerberg-chan-primary-school-works

10장 메이커 운동: 창의성과 자율성의 핵심

49 Owlet Learning. "Elon Musk on his school, Ad Astra." YouTube video, May 27, 2016. https://www.youtube.com/watch?v=7X0BG9JzoXM

50 McCracken, Harry. "Maker Faire Founder Dale Dougherty on the Past, Present, and Online Future of the Maker Movement." *Fast Company*, April 29, 2015. https://www.fastcompany.com/3045505/maker-faire-founderdale-dougherty-on-the-past-present-and-online-future-of-the-maker-moveme

51 Galvin, Gaby. "Makers Movement Changes the Landscape." *U.S. News & World Report*, May 22, 2017. https://www.usnews.com/news/makercities/articles/2017-05-23/makers-movement-changes-the-educationallandscape

52 Blake, Vikki. "Minecraft Has 55 Million Monthly Players, 122 Million Sales." IGN, February 27, 2017. http://www.ign.com/ articles/2017/02/27/minecraft-has-55-million-monthly-players-122million-sales

11장 코딩: 디지털 리터러시의 시작

53 TedTalk. "A 12-Year-Old App Developer." YouTube video, October 2011. https://www.ted.com/talks/thomas_suarez_a_12_year_old_app_ developer

54 Wing, Jeannette M. "Computational Thinking." *Communications of the ACM* 49, no. 3 (March 2016). https://www.cs.cmu.edu/~15110-s13/Wing06-ct. pdf

55 Alba, Davey. "Tech Workers Are Way Picky About the Cities They'll Work In." *Wired*, September 15, 2015. https://www.wired.com/2015/09/techworkers-way-picky-cities-theyll-work

56 Greenberger, Martin. *Computers and the World of the Future*. Cambridge, Mass.: MIT Press, 1969.

57 "About ScratchJr." *ScratchJr.* https://www.scratchjr.org/about/info

58 "Swift Playgrounds." Apple. https://www.apple.com/swift/playgrounds

59 Papert, Seymour. *Mindstorms: Children, Computers, and Powerful Ideas*. New York: Basic Books, 2005.

60 Adam, Anna, and Helen Mowers. "Should Coding Be the 'New Foreign Language' Requirement?" *Edutopia*, October 30, 2013. https://www. edutopia.org/blog/coding-new-foreign-language-requirement-helen-mowers

61 Zinth, Jennifer. "Computer Science in High School Graduation Requirements." *Education Commission of the States*, September 2006. http:// files.eric.ed.gov/fulltext/ED556465.pdf

12장 기술은 과연 교사를 대체할까

62 Wozniak, Steve, with Gina Smith. *I, Woz: Computer Geek to Cult Icon: How I Invented the Personal Computer, Co-Founded Apple, and Had Fun Doing It.* New York: W. W. Norton & Company, 2006.

63 "About." *Woz U.* https://woz-u.com/about

64 Juergens, Gary. "Steve Wozniak on Education." YouTube video, November 4, 2016. https://www.youtube.com/watch?v=LchNLvjBfBo

65 Rich, Motoko. "Teacher Shortages Spur a Nationwide Hiring Scramble (Credentials Optional)." *New York Times*, August 9, 2015. https://www. nytimes.com/2015/08/10/us/teacher-shortages-spur-a-nationwide-hiringscramble-credentials-optional.html

66 Towne, J.W., and Rita J. Prescott. *Conversations with America's Best Teachers: Teacher of the Year Award Winners Give Practical Advice for the Classroom and Beyond.* Los Angeles, CA: Inkster Pub, 2009.

67 "A Modern Look at Romeo & Juliet." Apple. https://www.apple.com/ education/ teach-with-ipad/classroom/romeo-and-juliet

13장 아이패드로 무엇을 해야 할까

68 Koehler, Matthew J., et al. "What Is Technological Pedagogical Content Knowledge (TPACK)?" *The Journal of Education* 193, no. 3 (2013): 13 - 19.

69 Puentedura, Ruben. "SAMR: Beyond the Basics." Hippasus, April 26, 2013. http://www.hippasus.com/rrpweblog/archives/2013/04/26/ SAMRBeyondTheBasics.pdf

70 "Apple Distinguished Educators." Apple. https://www.apple.com/ education/apple-distinguished-educator

71 "Apple in Education Profiles." Apple. https://www.apple.com/education/ real-stories/essa

72 Beijing Bluefocus E-Commerce Col, Ltd., et. al. "A Case Study—The Impact of VR on Academic Performance." *UploadVR*, November 25, 2016. https://uploadvr.com/chinese-vr-education-study

73 Coughlan, Sean. "Computers 'Do Not Improve' Pupil Results, Says OECD." *BBC News*, September 15, 2015. http://www.bbc.com/news/ business-34174796

74 The Hechinger Report. "Study: Computer Use in School Doesn't Help Test Scores." *U.S. News & World Report*, September 22, 2015. https:// www.usnews.com/news/articles/2015/09/22/study-students-who-usecomputers-often-in-school-have-lower-test-scores

75 Davis, Owen. "What International Education Rankings Don't Measure." *The Nation*,

December 5, 2013. https://www.thenation.com/article/whatinternational-education-
rankings-dont-measure

76 "Students, Computers and Learning: Making the Connection." OECD, September
15, 2015. http://www.oecd.org/publications/studentscomputers-and-learning-
9789264239555-en.htm

14장 AI부터 VR까지, 학습 경험을 탈바꿈시키는 도구

77 Nordrum, Amy. "Popular Internet of Things Forecast of 50 Billion Devices by 2020
is Outdated." *IEEE Spectrum*, August 18, 2016. https:// spectrum.ieee.org/tech-talk/
telecom/internet/popular-internet-of-thingsforecast-of-50-billion-devices-by-
2020-is-outdated

78 Mac Learning. "Apple Knowledge Navigator Video (1987)." Youtube video, March 4,
2012. https://www.youtube.com/watch?v=umJsITGzXd0

79 Desjardins, Jeff. "Timeline: The March to a Billion Users." *Visual Capitalist*, February
26, 2016. http://www.visualcapitalist.com/timeline-the-marchto-a-billion-users

15장 앞으로 5년 후

80 Bacca, Jorge, et al. "Augmented Reality Trends in Education: A Systematic Review of
Research and Applications." *Journal of Educational Technology & Society* 17, no. 4 (2014):
133 – 149.

81 "Varmond School Home Page." Varmond School. http://varmondschool. edu.mx

82 "PBS KIDS Launches Its First Educational Augmented Reality App." *PBS*, November
14, 2011. http://www.pbs.org/about/blogs/news/pbs-kidslaunches-its-first-
educational-augmented-reality-app

83 "Introducing ARKit." Apple. https://developer.apple.com/arkit

84 Kelly, Kevin. "The Untold Story of Magic Leap, the World's Most Secretive Startup."
Wired, May 2016. https://www.wired.com/2016/04/ magic-leap-vr

에필로그

85 Locatelli, Alice. "Sparking the Future of Education." *eSpark Learning*, December 2014.
https://www.esparklearning.com/future-ofeducation-white-paper

옮긴이 김영선

중앙대학교 문예창작학과를 졸업하고 홍익대학교 대학원 미학과를 수료했다. 출판편집자, 양육자를 거쳐 현재는 전문번역가로 일하고 있다. 옮긴 책으로《처칠의 검은 개 카프카의 쥐》,《자동화된 불평등》,《투 더 레터》,《망각의 기술》,《왜 하이데거를 범죄화해서는 안 되는가》,《부모인문학》,《지능의 사생활》,《어느 책중독자의 고백》,《괴짜사회학》,《왼쪽-오른쪽의 서양미술사》등이 있다.

교실이 없는 시대가 온다

초판 1쇄 발행 2020년 4월 28일
초판 13쇄 발행 2024년 10월 1일

지은이 존 카우치, 제이슨 타운
옮긴이 김영선
발행인 김형보
편집 최윤경, 강태영, 임재희, 홍민기, 강민영, 송현주, 박지연
마케팅 이연실, 이다영, 송신아 **디자인** 송은비 **경영지원** 최윤영

발행처 어크로스출판그룹(주)
출판신고 2018년 12월 20일 제 2018-000339호
주소 서울시 마포구 동교로 109-6
전화 070-5080-4037(편집) 070-8724-5877(영업) **팩스** 02-6085-7676
이메일 across@acrossbook.com **홈페이지** www.acrossbook.com

한국어판 출판권 ⓒ 어크로스출판그룹(주) 2020

ISBN 979-11-90030-43-4 03370

만든 사람들
편집 최윤경 **교정** 오효순 **표지디자인** 양진규 **조판** 성인기획